Kronik

KISA OSMANLI TARİHİ
Osmanlı İmparatorluğu Tarihine Kuşbakışı

—

HALİL İNALCIK

KRONİK KİTAP: 299
Osmanlı Tarihi Dizisi: 49

YAYIN YÖNETMENİ
Adem Koçal

YAYINA HAZIRLAYAN
Ali Işık

EDİTÖR
Ahmet Yaşar

KAPAK TASARIMI
Kutan Ural

MİZANPAJ
Kronik Kitap

1. Baskı, Mart 2016,
Akademik Ders Notları
Kronik Kitap'ta 6. Baskı, Aralık 2023

ISBN
978-625-8431-66-7

KRONİK KİTAP
Şakayıklı Sk. N°8, Levent
İstanbul - 34330 - Türkiye
Telefon: (0212) 243 13 23
Faks: (0212) 243 13 28
kronik@kronikkitap.com

Kültür Bakanlığı Yayıncılık Sertifika No: 49639

www.kronikkitap.com
kronikkitap

BASKI VE CİLT
Optimum Basım
Tevfikbey Mah. Dr. Ali Demir Cad. No: 51/1
34295 K. Çekmece / İstanbul
Telefon: (0212) 463 71 25
Matbaa Sertifika No: 41707

YAYIN HAKLARI
Bu kitabın Türkiye'deki tüm yayın hakları Kronik Yayıncılık A.Ş.'ye aittir. Tanıtım amacıyla yapılacak kısa alıntılar dışında, hiçbir şekilde kopya edilemez, çoğaltılamaz, yayımlanamaz.

YAYINEVİNİN TAKDİMİ

Kısa Osmanlı Tarihi, tarihçilerin kutbu Halil İnalcık'ın Osmanlı tarihi ile ilgili ders notlarını bir araya getiriyor. İnalcık, 1942 yılında Ankara Üniversitesi Dil ve Tarih-Coğrafya Fakültesi'nde başladığı öğreticiliğine, başta Chicago ve Bilkent olmak üzere çok sayıda üniversitede (Harvard, Princeton vb.) devam ettirmiştir. Lisans, Yüksek Lisans ve Doktora düzeylerindeki bu derslerde sonradan meslektaşı olacak ve Osmanlı çalışmalarını bugünkü konumuna eriştirecek öğrenciler yetiştirmiştir.

İlk olarak 2016 yılında *Akademik Ders Notları* adıyla yayımlanan bu eser okurlara daha kolay ulaşması için iki kitap halinde neşredildi. Serinin ilk kitabı *Kısa Osmanlı Tarihi*. İkinci kitap ise *Millî Mücadele Tarihi* (1908-1923) başlığıyla 2022 yılının Ekim ayında okuyucunun ilgisine sunuldu.

Kısa Osmanlı Tarihi, İnalcık'ın üç ders notundan oluşmaktadır. İlk not Uluslararası Güney-Doğu Avrupa Araştırmaları Derneği'nin (Association Internationale des Etudes du Sud-Est Européen-AIESEE) 1966 yılında Sofya'daki toplantısında sunulmuş ve 1969 tarihinde kongrenin tutanakları içinde basılmış olup Osmanlı İmparatorluğu'nun başlangıcından nihayetine dek genel bir çerçevesini ortaya koymaktadır. İkinci not Chicago Üniversitesi Tarih Bölümü'nde 1972-1986 yıllarında verilen ders özetlerinden oluşmaktadır. İnalcık bu notlarında II. Murad (1421-1451), II. Mehmed (1451-1481) ve II. Bayezid (1481-1512) dönemlerindeki askeri ve siyasi gelişmeleri ana hatları ile ele aldıktan sonra Osmanlı klasik dönemindeki vergilendirme, askerlik işleri ve bütçe harcamaları konularını irdelemektedir. Makale ve kitaplarında detaylı ve derinlikli olarak anlattığı çetrefilli meseleleri daha anlaşılır ve özet bir şekilde bu notlarda ortaya koymaktadır.

Üçüncüsü ise İnalcık'ın üniversite akademik kariyerinin başlangıcında çok önemli rolü olan bir ders notudur. 1938-1939 akademik yılında Dil ve Tarih-Coğrafya Fakültesi'nde Prof. Fuat Köprülü'nün Orta Çağ tarihi seminerinde hazırlamış olduğu L. Cahun, W. Barthold ve L. Bouvat'nın Timur üzerindeki incelemelerini karşılaştırdığı ödevi İnalcık'ın Köprülü'nün referansı ile fakülteye ilmi yardımcı (asistan) olarak girmesine vesile olmuştur. İnalcık'ın kişisel biyografisi açısından önemli olan bu seminer ödevi sonraki yıllarda hazırlayacağı çok sayıdaki derinlikli akademik çalışmalarının, konuşmalarının ve derslerinin başlangıcını temsil ettiğinden *Kısa Osmanlı Tarihi* kitabının içerisine dâhil ettik.

Yayınevi olarak İnalcık'ın bu eserini yayımlarken, eserin ilgili yerlerinde imlâ düzenlemeleri ve referans standardizasyonu gibi kısmî değişiklikler yaptık. Bu eserin yayınlanması konusunda her türlü desteğini bizden esirgemeyen Prof. Dr. Halil İnalcık'ın çok değerli kızları Sayın Günhan İnalcık Hanımefendi'ye teşekkürü bir borç biliyoruz.

Kronik Kitap

I. BÖLÜM

OSMANLI İMPARATORLUĞU TARİHİNE KUŞBAKIŞI

(1969 Sofya Kongresi'ne Rapor)

ÖNSÖZ

AIESEE (Milletlerarası Güney-Doğu Araştırmaları Derneği) Prehistorya'dan günümüze Balkan tarihi ve kültürü üzerinde tüm dünyada çalışan bilim adamlarını bir araya getiren kapsamlı bir uluslararası organizasyondur. Cemiyetin merkezi Romanya, Bükreş'tir. Balkan tarihinin Romen büyük araştırmacısı N. Jorga, Balkanlar-ı Avrupa tarihinin ve kültürünün bir parçası saymaktaydı. Jorga, Balkan (kelime Türkçe dağlık bölge demektir) terimi yerine Güney Doğu Avrupa terimini tercih etmekteydi. Romen tarihçiler de bu geleneği izleyerek cemiyete aynı adı vermişlerdir. AIESEE, Türkiye dâhil, Balkan devletlerine öncelikle yer vermiş, aynı zamanda tüm dünyada Balkan incelemeleri üzerinde çalışan uzmanları üye yapmıştır. O zamanki statüye göre merkezî idarede Balkan devletleri (Türkiye dâhil) temsilcileri daimi üyedir, her iki yılda bir toplanarak cemiyetin faaliyetleri üzerinde rapor yazarlar ve 5 yılda bir yapılması kararlaştırılan kongrenin hazırlıklarını yürütürlerdi.

Cemiyetin toplantılarına Türkiye'yi temsilen, uzun yıllar katıldım ve Balkanlar-ı gezdim. Statü uyarınca 1972-74 yılları arasında cemiyetin başkanlığını yaptım, Türkiye temsilciliğim bugün de devam etmektedir.

Halil İnalcık

OSMANLI İMPARATORLUĞU TARİHİNE KUŞBAKIŞI[1]

Dönemler

Osmanlı İmparatorluğu'nun doğuşu sorunu üzerine I. Dünya Savaşı'ndan sonra derinlemesine yapılan incelemeler, bu sorunun Selçuklu Devleti tarihi çerçevesinde batı *uc*larında (serhad) gâzi Türkmen beyliklerinin kuruluşu meselesinin bir parçası olarak değerlendirilmesi gerektiğini göstermiştir.[2]

Selçuklu Devleti'nin sınır bölgeleri Akdeniz, Karadeniz ve Batı ucu olarak örgütlendirilmişti. Her bölgenin başında Selçuklu sultanının görevlendirdiği bir bey bulunurdu. Bu *uc*lar daha 13. yüzyılda Denizli (Tonguzlu), Karahisar (Afyon), Kastamonu, klasik İslâm-Türk medeniyetinin yerleştiği merkezler olarak gelişmişti. Daha ileride dağlık bölgelerde yarı-göçebe savaşçı Türkmenler, kaynaklardaki

---

1 Bu yazının aslı *Milletlerarası Güney-Doğu Araştırmaları Derneği* (AIESEE)'nin Sofya'daki 1966 Kongresi'ne bir rapor olarak sunulmuş ve kongrenin tutanakları (Actes du Premier Congrxes International des Etudes Balkaniques st du Sud-Est Européen, III, Sofya, 1969) içinde basılmıştır.

2 Bkz. Fr. Giese, "Das Problem der Entstehung des Osmanischen Reiches, dons," *Zeitschrift für semitistik und verwandte Gebiete*, II (1924), 242-271; W. L. Langer ve R. P. Blokei, "The Rise of the Ottoman Turks and its Historical Background," *American Historical Review*, XXXVII (1931), 468-505; M. Fuad Köprülü, *Les Origines de l'Empire Ottoman*, Paris, 1935; Türkçesi: *Osmanlı İmparatorluğu'nun Kuruluşu*, Ankara: TTK, 1959; idem, "Osmanlı İmparatorluğu'nun Etnik Menşei Meseleleri", *Belleten*, VII (1943), 219-314; Paul Wittek, *The Rise of the Ottoman Empire*, London, 1938; H. İnalcık, "The Question of the Emergence of the Ottoman State," *International Journal of Turkish Studies*, 2-2 (1981-82), 71-79.

deyimle, *Etrak-i Uc* üstündü.[3] Onlar arka bölgelerde egemen Ortadoğu kozmopolit kültürünün, hayatının ve merkezî devlet siyasetinin etkisinden uzak ve bunlara karşıydılar. *Uc*larda dinî yaşama eski Türk gelenekleri egemendi. Orada aktif elemanlar kendini gazâya adamış, aldığı ganimetle yaşayan alp-erenlerdi. Dinî yaşama Râfızî (heterodox) dervişler, abdal adıyla tanınmış Türkmen babaları yön veriyordu.

1261'de Selçuklu sultanı İzzeddin Keykâvûs, Moğolların koruduğu ve destek verdiği rakibi karşısında yandaşlarıyla birlikte uclardaki bu Türkmenlerin yanına sığındı ve sonunda Bizans'a kaçmak zorunda kaldı. Keykâvûs'la ilgili bir olay Balkan tarihi ve İslâmlaşmayla yakından ilgili bir gelişmeye yol açmıştır: Onu destekleyen Türkmenlerden kırk kadar Türkmen obası Bizans topraklarında ona katılmış ve Bizans imparatoru tarafından Dobruca'ya yerleştirilmişti. Orada onlar köy ve kasabalar kurmuş ve güçlü Altınordu emiri Nogay'ın koruması altına girmişlerdi. Nogay Müslüman'dı ve Türkmen babalarından olup Balkanlar'da İslâmiyet'in yerleşip yayılmasında önderlik eden ünlü Türkmen babası Sarı Saltuk'un etkisi altındaydı.[4] Paul Wittek'e göre bu Türkmenler Keykâvûs'a bağlılıkları dolayısıyla Keykâvûs/Gagavuz adını almışlardır.[5] Bunun yanın-

---

3 K. Aksarayî, *Müsâmeretü'l-Ahbâr*, yay. O. Turan, Ankara, 1944, 102-110; Uclarda sosyal koşullar için bkz. P. Wittek, *Das Fürstentum Mentesche, Studie zur Gesch. Westkleinasiens im 13.-15. Jahrhundert*, İstanbul, 1934, I. Bölüm; M. Köprülü, *ibid.*, III. Bölüm; H. İnalcık, "The Ottoman Turks and the Crusades, 1329-1522," *A History of the Crusades*, Cilt. VI, yay. K. M. Setton, H. W. Hazard ve N. P. Zacour, Madison: The University of Wisconsin Press, 1989, 222-230; *idem*, "The Emergence of the Ottomans," *The Cambridge History of Islam*, yay. P. M. Holt, A. K. Lambton, B. Lewis, Cambridge, 1970.

4 Bu kaynak hakkında bkz. M. Fuad Köprülü, "Anadolu Selçukluları Tarihinin Yerli Kaynakları," *Belleten*, VII (1943), 430-441; Ebû'l-Hayr Rûmî, *Saltuknâme*, yay. F. İz, Ş. Tekin, Doğu Dillerinin ve Edebiyatlarının Kaynakları No: 4, Cambridge, Mass.: Harvard University Press, 1973-1976.

5 Bu olay için bkz. P. Mutafçiev, *Die Angebliche Einwanderung von Seldschuk-Türken in die Dobrudscha im XIII. Jahrhundert*; H. W. Duda, "Zeitgenössische Islamische Quellen und das Oğuznâme des Jazyğyoglu Ali zur angeblischen Türkischen Besiedlung der Dobrudscha im 13. Jhd. N. Chr.," *Balgarska Akademi ana Naukite i Izkustvata*, kniga LXVI-1, 2, Sofia, 1943; T. Kowalski,

da Balkan Türklerinin büyük destanı *Saltuknâme*'de, Baba Saltuk İslâmiyet'i yaymak için savaşan bir gâzi olarak gösterilir. Sonraları Osmanlılar bu bölgeyi kontrolleri altına alınca Balkanlar'da *uc* kuvvetlerinin ve Râfızî hareketlerin özellikle Kalenderîliğin, Abdallığın yayılışında başlıca odak noktası olacaktır. 1299'da Nogay ölünce bu Türkmen grubu koruyucularını kaybettiler. Keykâvûs halkının bir bölüğü Anadolu'ya dönmeye çalıştı. Kalanlar ise Hristiyanlaşarak Gagavuz adı altında varlıklarını sürdürdüler.

Moğolların Sultan Mesûd'u Konya tahtına yerleştirmeleri ve onun rakibini destekleyen Germiyan *uc* Türklerine karşı harekâta girişmeleri üzerine Türkler gözlerini Batı'ya, Bizans topraklarına çevirdiler. Böylece Batı Anadolu, Germiyan subaşıları tarafından fethedildi ve 1290-1310 yılları arasında Aydın, Saruhan ve Karesi beylikleri ortaya çıktı. Bu beylikler Osmanlı Beyliği gibi Selçuklu sınırları ötesinde fetihle doğmuş yeni bir Türkmen beylikleri halkası oluşturuyordu.[6] Osmanlı Beyliği'ni de içeren Batı Anadolu beyliklerinin tarihini incelerken başlıca iki faktör, gazâ ve göç, üzerinde durmak gerekir. Bu beyliklerin siyasi örgütlenmesinde Moğollardan kaçıp uclara gelen Selçuklu askerî önderleri başlıca rolü oynamışlardır.

"Les Turks et la langue turque de la Bulgari edu Nord-Est, Pols," *Akad. Umiej. Mém. De la commission Orientale*, no. 16, Cracow, 1933; P. Wittek, "Yazijioghlu Ali on the Christian Turks of the Dobruja," *BSOAS*, XIV-3 (1952), 639-668; Arab kaynakları için bkz. W. de Tiesenhausen, *Altınordu Devleti Tarihine Ait Metinler*, Türkçe çevirisi: İ. H. İzmirli, İstanbul, 1941, 169-218, 274-283; H. İnalcık, "Dobrudja," *EI²*, II, 610-613.

6 Batı Anadolu'daki bu beylikler için özellikle bkz. P. Wittek, *Das Fürstentum Mentesche*; H. Edhem Eldem, *Garbi Anadolu'da Selçukluların Vârisleri*, İstanbul, 1926; İ. H. Uzunçarşılı, *Anadolu Beylikleri ve Akkoyunlu, Karakoyunlu Devletleri*, Ankara, 1937; Himmet Akın, *Aydınoğulları Tarihi Hakkında Bir Araştırma*, Ankara, 1946; İ. Mélikoff-Sayar, *Le Destan d'Umur Pacha*, Paris, 1954; P. Lemerle, *L'Emirat d'Aydın, Byzance et l'Occident, Recherches sur "La geste d'Umur Pacha"*, Paris, 1957; B. Flemming, *Landschaftsgeschichte von Pamphylien, Pisidien und Lykien im Spätmittelalter*, Wiesbaden, 1964; Y. Yücel, *Anadolu Beylikleri Hakkında Araştırmalar*, Ankara: TTK, 1991; H. İnalcık, "The Rise of the Turcoman Maritime Principalities, Byzantium and Crusades," *Byzantinische Forschungen*, IX, 179-219.

Gazâ

Başlangıçta Selçuklu sınırları içinde kuzeyde Kastamonu *uc*larında güneyde Denizli beyleri 1283'ten sonra da Germiyan beyleri aktiftiler. Fakat ikinci dönemde bu beylerin emrindeki kumandanlar veya Türkmen boy-beyleri sınır ötesi Bizans Anadolu'sunda fethettikleri topraklarda yeni bağımsız beylikler kurdular ve ötekileri arka-bölge beylikleri durumuna düşürdüler. Aydınoğlu Mehmed, Saruhan ve Karesi beyler, Germiyan *uc* beylerinin subaşıları (kumandanları) idiler. Osman Gâzi ise Kastamonu beylerinin emri altında bir boy-beyiydi. Bizanslı çağdaş tarihçi Pachymeres ile eski Osmanlı rivayeti karşılaştırılınca şu gerçek ortaya çıkmaktadır: Kastamonu beyleri Bizans'a karşı gazâ hareketini gevşek tuttukları zaman Osman ucların en ileri bölümünde gazâyı son derece atılganlıkla sürdürmüş, böylece bu yanda gâzileri yanına çekmiş, onların gerçek önderi durumuna yükselmiştir. Onu beylik kurucusu büyük bir gâzi önderi durumuna çıkaran başarı ise eski Bizans başkenti İznik'i kuşatması ve 1302 yazında Bapheus'da (şimdi bu yerin Yalova'dan 10 km doğuda Yalak-ova/Hersek köyü olduğunu belirlemiş bulunuyoruz) Bizans imparatorunun gönderdiği orduya karşı baskınla kazandığı zaferdir.[7] Bu zaferle kendisi ve kendisinden sonra oğulları *uc*larda rakipsiz bir nüfuz ve şevket (charisma) kazanmış böylece hanedanı ve Osmanlı Devleti kurulmuştur (1302). Son araştırmalar daha Osman Bey döneminde beylik kurumlarının hakkıyla kurulmuş bulunduğunu ortaya koymaktadır. Osman'ın bir kabile reisi mi (F. Köprülü) yoksa bir gâzi örgütünün başı mı (P. Wittek) olduğu tartışma konusu olmuştur.[8] Gerçekte

7 G. Pachymeres, *Kitap X*, Bölüm 25; E. Zachariadou, "Pachymeres on the 'Amourioi' of Kastamonu," *Byzantine and Modern Greek Studies*, 3 (1977), 57-70. Krş. Neshri, *Gihânnümâ*, I, cod. Menzel, ed. Fr. Taeschner, Leipzig, 1951, 32; H. İnalcık, "The Rise of the Ottoman Dynasty: The Siege of Nicaea and the Battle of Bapheus," *Conference on the Ottoman Emirate, 1300-1389*, 11-13 January 1991, Institute for Mediterranean Studies, Rethymno.

8 Giese'ye göre, *ibid.*, ahî örgütüne katılmış idiler ve bu örgüte egemen ilkeler Osmanlı Devleti'nin kuruluşunu sağlayan dinamik bir temel oluşturmuştur;

o, *uc*da Kayı aşiretinden yarı-göçebe bir Türkmen grubunun başı da olabilir (F. Sümer). Fakat öyle görünüyor ki sonraları Rumeli'de gördüğümüz Turahanlu, Evrenuzlu akıncıları gibi Osman'ın çevresindekiler, yani "Osmanlılar" da daha çok her yandan gelmiş *gâzi*lerden *garip-yiğit*lerden oluşmuştur. Eski Osmanlı geleneğinde[9] o *garip*leri, yani yerini yurdunu bırakıp gelmiş savaşçıları gözeten bir başbuğ olarak gösterilir. Osman herhalde Germiyan beyi gibi Selçuk Devleti'nin üst basamağından bir bey değildi. Öbür taraftan Âşıkpaşazâde'nin iddia ettiği gibi bir çoban da değildi. Osmanlı geleneğinde Osman'ın etrafındakiler yoldaşlar, *nökerler*, gâziler, *ahîler*, *fakılar* ve *derviş-abdallar*dı.[10] O fethettiği yerleri onlara *timar*, *vakf* ve *mülk* olarak dağıtmaktaydı. Gâzi Mihal gibi Bizans sınır askerî önderlerinden bazıları da onunla birleşmişlerdir. Mihal'e yapılmış zengin toprak temlîkleri 15. yüzyıl tahrîr defterlerine göre hâlâ Orta Sakarya bölgesinde onun torunları elindeydi. Aslında devlet kurucu askerî çekirdek Türk-Moğol step devletlerindeki gibi Osman'a bağlı bu *nökerler*, Roma *comitatus*u gibi ortaya çıkmıştır.

H. Gibbons, *The Foundation of the Ottoman Empire*, London izleyen C. Arnakis, *İlk Osmanlılar*, Atina (Yunanca) Rumların İslâmı kabulü ve Türkmenlerle sosyal kaynaşmasını savunur.

9 Osmanlı tarihinin ilk yüzyılına ait Osmanlı rivayetleri başlıca iki bağımsız rivayet haline gelmiştir. Bkz. H. İnalcık, "The Rise of the Ottoman Historiography", *Historians of the Middle East*, ed. B. Lewis-P. Holt, London, 1962, 152-167; V. L. Ménage, *Neshrî's History of the Ottomans, The Sources and Development of the Text*, London, 1964.

10 *The Travels of Ibn Battuta*, ed. ve. çev. Sir Hamilton Gibb, Cambridge, 1958, 419. Ahîler hakkında bkz. F. Köprülü, *Türk Edebiyatında İlk Mutasavvıflar*, İstanbul, 1918, 237-242; Fr. Taeschner, "Beiträge zur Geschichte der Ackis in Anatolien (14.-15. Jhdt)auf rund neuer Quellen," *Islamica*, IV (1931), 1-47; idem, "Akhî", *EI*[2]; A. Gölpınarlı, "Burgazi ve Fütuvvetnâmesi," *İFM*, XV (1935), 76-154; "Şeyh Seyyid Gaybî oğlu Şeyh Seyyid Hüseyin'in Fütuvvetnâmesi," *İFM*, XVII (1955-56), 27-72, metin, 73-126. Abdallar üzerinde bkz. H. İnalcık, "Sultan and Dervish: On Analysis of the Otman Baba Vilâyetnâmesi", *The Middle East and the Balkans under the Ottomans*, Bloomington, 1992.

1332 veya 1333'te bu bölgeleri gezmiş olan İbn Battuta ahîleri, Türkmenlerin ülkesinde köyde ve kentte her yerde sosyal örgütlenmenin en önemli elemanları olarak görmüştür. Arşiv belgeleri de bunların *uc*lardaki zaviyelerinde yolcuları konuk eden, yayılmada, yerleşmede ve Türk köylerinin kuruluşunda önemli rol oynadıklarını ortaya koymaktadır.[11] Şehirlerde ahîlerle beraber en çok fakılar *uc* beylerine fetihlerini örgütlemekte yardımcı olmuşlar İslâm hukukunun ve arka bölgedeki merkezlerin İslâmî yönetim ve kültür kurumlarını getirmişlerdir. İbn Battuta Batı Anadolu'da kurulan beyliklerde beylerin yanında daima danışman olarak bu fakıları bulmuştur.[12] Osmanlılarda Çandarlı fakîh ailesi aynı durumda olup ilk dönemde devlet idaresini tümüyle kontrolleri altında tutmuşlardır.

Göç

Batıda gâzilerin fethettiği verimli topraklara doğudan ve İç Anadolu'dan yoğun göç hareketini Osmanlı arşivlerindeki vakıf ve tahrîr defterleri tamamıyla doğrulamaktadır.[13] Bu göçlere sebep olarak Orta Anadolu'daki iç kargaşa kadar Moğol vergi siyaseti ve baskısı da ileri sürülmüştür. Batıya doğru aralıksız gazâ ve fetih hareketinin temel nedeni olarak bu göçleri ve nüfus baskısını gerçek faktör sayanlar haklı görünmektedirler.[14] Gerçekten 14. yüzyıldaki fetihler yoğun bir göç ve yerleşme hareketi ile birlikte yürümüş böylece Batı Anadolu ve Trakya hızla Türkleşmiştir.

Fetih ve yerleşme hareketi Batı Anadolu beyliklerinde Ege Denizi'nde ister istemez durdu. 1330-1345 yılları arasında deniz yoluyla

11 Bkz. Ö. L. Barkan, "Kolonizatör Türk Dervişleri," *Vakıflar Dergisi*, II (1943), 279-386.

12 *Ibid.*

13 Ö. L. Barkan, *ibid.*; idem, "Osmanlı İmparatorluğu'nda Bir İskân ve Kolonizasyon Metodu Olarak Sürgünler," *İFM*, İstanbul, XV (1953-54), 209-237; H. İnalcık, "Ottoman Method of Conquest," *Studia Islamica*, II (1954), 122-129.

14 Osman Turan, *Selçuklular Tarihi ve Türk-İslâm Medeniyeti*, Ankara, 1965, 211-216; H. İnalcık, "The Yürüks, Their Origin, Expansion and Economic Role," *Oriental Carpet and Textile Studies*, yay. W. Denny, Londra, 1986, 39-65

Balkanlar'da gazâ önderliğini Aydınoğlu Umur Bey üzerine almıştır.[15] Ondan sonra Osmanlılar coğrafi durumları sayesinde bu hareketi Balkanlar'da sürdürebilecek tek beylik olarak kaldı. 1345'ten sonra Anadolu gâzileri Osmanlı bayrağı altında toplanmaya başladılar.

Uc geleneği ve aralıksız gazâ, yerleşmede ve Osmanlı İmparatorluğu'nun kuruluşunda gerçekte temel dinamik faktördür. Osmanlılar göçle güçlenerek *uc* gâzi geleneğiyle 15. yüzyılda bütün İslâm dünyasının koruyucuları rolünü benimseyeceklerdir. İslâm evrenselliğini simgeleyen gazâ, dünya egemenliği için büyük atılımların devletin askerî karakterinin ve sıkı merkeziyetçiliğin ana ilkesi olmuş ve sonuna kadar öyle kalmıştır. Anadolu'da İlhanlı egemenliğinin zayıflaması Balkanlar'da Bizans egemenliğinin çökmesi üzerine ortaya çıkan yeni güçler arasında coğrafi konum göç ve gazâ bu iki bölgede üstünlük kurma şansını Osmanlara bağlamıştır. Osmanlıların Avrupa yakasında Gelibolu'da bir köprübaşı kurmaları gerçekten bir dönüm noktası olmuştur.

Balkanlar'da Yayılma: Yeni Uclar, Osmanlı Yayılışının Genel Koşulları

Sultan Orhan'ın büyük oğlu Süleyman Paşa 1352'de Gelibolu'nun kuzeyinde Tsympe (Cinbi) Kalesi'nde Bizans imparatoru V. Kantakuzenos'un müttefiki olarak yerleşme imkânı buldu. Bu kaleyi Balkanlar'da yayılma için bir köprübaşı olarak örgütledi. Bunun hemen arkasından Aydıncık'taki küçük Osmanlı donanması ile 3.000 kişilik bir orduyu Gelibolu'nun 7-8 km kuzeyinde Kozlu-Dere'ye çıkardı ve iki deniz arasında hâkim stratejik tepeleri, bu arada Bolayır ve Hexamilion (Ortaköy)'ü ele geçirdi.[16] 1354 Mart'ının birini ikisine bağlayan gece bir yer sarsıntısı Gelibolu ve öteki kalelerin

15 Bkz. P. Lemerle, *L'Emirat d'Aydın, Byzance et l'Occident*, Paris, 1957; krş. H. İnalcık, "The Rise of the Turcoman Maritime Principalities, Byzantium and Crusades," *Byzantinische Forschungen*, IX, 179-217.

16 Bkz. H. İnalcık, "Edirne'nin Fethi (1361)," *Edirne Armağan Kitabı*, Ankara, 1964, 137-159.

surlarını yıkınca, hemen bu kaleleri aldı ve onararak güçlü harekât üsleri haline getirdi. Anadolu'dan çabucak geçirdiği Türkmenleri bu noktalara yerleştirdi. Böylece Rumeli'de Paşa Sancağı, Osmanlı Rumeli'sinin çekirdeği kurulmuş oldu. Orhan'ın yaptığı vakıfların vakfiyesi, bize bu yerleşmenin koşulları üzerinde güvenilir bilgiler vermektedir. Rivayetleri destekleyen bu belgeye göre Süleyman Paşa bu köprübaşında tutunabilmek için Anadolu'da kısa zamanda buraya göçmen getirip bilinçli bir yerleşim politikası uygulamıştı. İdaresi altına giren yerli Rumları kazanmak için *istimâlet*, yani hoş tutup kendi yanına kazanma (Kur'ân'daki *ta'lifül-kulûb*) politikasını güttü. Rumlar gerçekten Osmanlılarla iş birliği halinde görünmektedir. Bu arada Gelibolu'daki Bizans Asen'in genç oğlu kardeşlerine kızarak Osmanlı tarafında geçti. Şah Melik adını alıp Müslüman oldu ve Osmanlılara öncülük etti. Süleyman'ın ansızın ölümünden sonra Osmanlı yayılışı durdu. Ancak 1359'da Şehzade Murad lalası Şahin'le birlikte Gelibolu'ya geçince fetih ve yayılış yeniden başladı. Geniş bir harekât planı sonucunda 1361'de Edirne alındı. Anmaya değer ki bu harekât sırasında da Osmanlılar İstanbul'daki imparatora karşı Mateo Kontakuzenos'un haklarını korumak için geldiklerini öne sürüyorlar ve Rum ahalinin desteğini sağlıyorlardı. Edirne fatihi Şehzade Murad 1362'de babasının Bursa'da ölümü üzerine gelip Osmanlı tahtına oturdu.

I. Murad dönemi (1362-1389) imparatorluğa doğru gelişimde kritik bir dönemdir. Osmanlılar, Makedonya Sırp prensleri, Bizans ile ittifak edip Edirne üzerine yürüdükleri zaman onları Sırp-Sındığı (Çirmen) Savaşı'nda kesin bir yenilgiye uğratmışlar (1371), bunun sonucunda Güney Balkan prensleri ve Bizans I. Murad'ın egemenliğini tanımıştır. Balkan devletlerinin son direniş girişimi Kosova Ovası'ndaki meydan savaşında kesin olarak kırılmıştır (1389). Böylece Balkanlar'da bağımlı devletlerden oluşmuş bir imparatorluk kurmuş, I. Bayezid ise ilk kez bunu merkeziyetçi bir imparatorluk haline dönüştürmüştür. Fakat onun *istimâlet*i bir yana atan bu acele girişimi imparatorluğunun Timur tarafından bir vuruşta yıkılmasıyla sonuçlanmıştır. Fetret Dönemi'nde ve hatta I. Mehmed (1413-1421) zamanında Osmanlılar uzun bir süre Balkanlar'da bağımlı devletlerin varlığına saygı gösterme gereğini duymuşlardır.[17] Osmanlı şehzade-çelebileri arasındaki uğraşıda Bizans imparatoru II. Manuel İstanbul Boğazı üzerindeki kontrolünü ustaca kullanarak Fetret Dönemi'nde egemen bir durum kazanmış, Osmanlı tahtına istediğini getirmeyi becermiştir. Öyle ki II. Murad (1421-1451) bile bir yandan haçlılar öbür yandan Timur'un oğlu Şahruh'un korkusu altında gerek Balkanlar'da gerek Anadolu'da bağımlı devletler düzenini bir süre, 1421-1430 döneminde, kendiliğinden bozmaya cesaret edememiştir. Selânik'in fethiyle (1430) Balkanlar'da yeniden Osmanlı üstünlük dönemi açılmıştır. Batı Balkanlar'da hızla gelişen fetihler Bosna'nın tâbiliği, Sırp Despotluğu'nun ortadan kaldırılması, nihayet Macaristan ve Venedik ittifakıyla haçlı Avrupa'sının reaksiyonu, John Hunyadi'nin başarılı seferleri, Varna (1444) ve II. Kosova (1448) savaşlarında Osmanlı zaferiyle sonuçsuz bırakılmıştır.[18] II. Mehmed (1451-1481) döneminde Osmanlılar yeniden Yıldırım Bayezid'in merkeziyetçi imparatorluğunu canlandırma işine girişebilme gücünü kendilerinde göreceklerdir. Bu genel siyasi çerçeve içinde fetihlerin savunma, yönetim ve toplumsal temellerini aşağıda ana çizgileriyle özetlemeye çalışacağız.

Süleyman Paşa Rumeli'ye yerleşince eski Türk geleneğine göre gecikmeksizin *sağ-kol*, *orta-kol* ve *sol-kol*da *uc*lar örgütledi. Sol-kolda Evrenuz (Evrenos) Bey, önce İpsala'ya yerleşti. Zamanla kendi *uc* merkezini Gümülcine'ye sonra Serez'e götürdü. Onun torunları II. Murad döneminde *uc* bölgelerini daha ileriye götürerek Arnavutluk'ta Ergirikasri (Argyrokastron)'da *uc* tuttular, orada sancakbeyi oldular. Orta-kol, Süleyman Paşa'nın, sonraları Rumeli beylerbeyinin

17 Bu gelişme hakkında genel eserlerle birlikte bkz. H. İnalcık, "Mehmed II," *İA*, VIII, "Bâyezid," *EI*², I, "Mehmed I," *EI*².

18 Osmanlılar, Venedik ve haçlılar için bkz. H. İnalcık, "The Ottoman Turks and the Crusades, 1329-1522", *A History of the Crusades*, Cilt. VI, yay. K. M. Setton, H. W. Hazard ve N. P. Zacour, Madison: The University of Wisconsin Press, 1989, 222-227.

sefer doğrultusudur ve Paşa Sancağı'nın ilk şeklidir (I. Murad'ın Osmanlı payitahtını Edirne'ye götürdüğü yanlış bir yoruma dayanır. Osmanlıların devlet merkezi 1402'ye kadar Bursa'ydı). Bu kolda beylerbeyiler Edirne, Filibe, Sofya doğrultusunda Bizans'ı Orta Avrupa'ya bağlayan eski askerî yol üzerinde ilerlemişlerdir. Sağ-kol ucu Zagra, Karınovası (Karnobad), Dobruca, Silistre yönünde gelişmiştir. 14. yüzyıl sonlarına doğru yarımadanın göbeğinde Üsküb, Sırbistan, Bosna ve Arnavutluk'a doğru; güneyde Tırhala, Yunanistan ve Mora'ya karşı uc merkezleri olarak örgütlenmiş, bu merkezlere ünlü *uc* beyleri ve Türkmen-Yörük kuvvetleri yerleşmiştir.

Böylece üç koldan sürekli genişlemeyi izleyerek *uc*lar yeni yeni ileri sınır bölgelerine taşınmaktaydı. *Uc* sancakları 15. yüzyıl ortalarına kadar babadan oğula irsî *uc* beylerinin yönetimi altında merkezî yönetim karşısında oldukça bağımsız bir yapıya sahiptiler. Onlar fethedilen yerlerin timar olarak kendi adamlarına dağıtılmasında da söz sahibiydiler. *Uc* beyleri komşu devletlerle doğrudan doğruya ilişki kurabilirlerdi. Öbür taraftan sultanların genellikle saraydan kendi köleleri arasından atadıkları beylerbeyiler, Rumeli'deki bütün sancaklar üzerinde merkezî otoriteyi temsil etmekteydiler. Fakat *uc* sancakları ile beylerbeyleri arasındaki çekişme Fatih Sultan Mehmed'e kadar Osmanlı Devleti'nin iç politikasında daima ağır basan bir faktör olmuştur. Fetret Dönemi'nde (1402-1413) merkezî otorite zayıflayınca Rumeli'de gerçek iktidarın *uc* beylerinin eline geçtiğini görmekteyiz. II. Murad *uc* sancaklarına saraydan yetişmiş kulları atamaya başlamış, II. Mehmed zamanında *uc* beyleri devlet içindeki üstün durumlarını kaybetmişlerdir.[19] Onlarla arka bölge ve merkezî idare arasında karşıtlık özellikle timar sorunları ağır çatışmalara neden olmuş Osmanlı tarihinin genel gelişimini kuvvetle etkilemiştir. Dobruca ve Deliorman ucunda sultanlık iddiasıyla ortaya atılanların özellikle I. Mehmed döneminde Şeyh Bedreddin'in orada destek

19 H. İnalcık, *Fatih Devri Üzerinde Tetkikler ve Vesikalar*, I, Ankara 1954, 57-58; P. Wittek, "De la défaite d'Ankara à la Prise de Constantinople," *REI*, Cahier I, 1938.

aramaları başlıca bu durumla ilgilidir.[20] Anadolu'da da durum aynıdır. Biliyoruz ki Çelebi Mehmed asker ve yandaş bulmak için babası I. Bayezid'in kaldırdığı soyul beylere aile topraklarını geri vermiş, sonraları Fatih Mehmed, onlara birçok yükümlülükler yükleyerek merkezî idarenin kontrolü altına almıştır.

Bununla beraber Fatih'e kadar süren dönemde *uc*lar yayılışta birinci derecede rol oynamışlardır. *Uc* gâzilerinin sürekli baskısı altındaki komşu Hristiyan senyörler ve devletler bu beylerin baskısından kurtulmak için sultanın tâbiliğini ve harac ödemeyi kabul ediyorlardı. Haraç miktarı ne kadar küçük olursa olsun bir kere yerleşti mi Osmanlı Devleti o ülke halkını İslâm hukukuna göre kendi tebaası (*ahl al-zimma*) sayıyordu. Onlar bağımlılık koşullarına herhangi biçimde karşı bir tutuma girince Hanefî fıkhına göre o ülke tekrar *Dar al-harb* durumuna düşüyor *uc* gâzilerinin durmayan akınlarına sahne oluyordu. Nihayet bağımlılık bağlarının sıkılaştırılması ve sonuçta yerli hanedanının ortadan kaldırılmasıyla o ülkenin doğrudan doğruya bir Osmanlı sancağı haline getirilmesi siyasi koşullara göre az çok zaman alıyordu.[21] Sultanlar, Osmanlı yayılışında dereceli fetih politikasını 16. yüzyıla kadar dikkatle izlemişlerdir. Tuna kuzeyindeki ülkelerin doğrudan doğruya imparatorluğa katılması için hiçbir zaman koşullar tamamıyla uygun görülmemiştir.[22] Macaristan'da da başlangıçta bu sistem uygulanmış fakat Habsburglar

---

20 Şeyh Bedreddin hakkında Fr. Babinger, *Die Vita (Menâkibnâme) des Schejchs Bedr ed-Din Mahmud, gen. Ibn Qâdi Samavna, von Chalîl b. Schejch Bedr ed-Dîn Mahmud*, Leipzig-Jassy, 1943; H. J. Kissling, "Das Menâkibnâme Scheich Bedr ed-Dîn's, des Sohnes des Richters von Samavna", *ZDMG*, 100/1 (1950), 112-176; A. Gölpınarlı, *Simavna Kadısıoğlu Şeyh Bedreddin*, İstanbul, 1966; N. Filipović, *Princ Musa i Šeyh Bedreddin*, Sarajevo, 1971.

21 Bkz. H. İnalcık, "Ottoman Methods of Conquest", *The Ottoman Empire: Conquest, Organization and Economy, Collected Studies*, Londra: Variorum, 1978, no. 1.

22 Bununla birlikte Güney Boğdan'ın ve Bucak'ın Akkerman Sancağı olarak Rumeli Eyaleti'ne bağlandığı bilinmektedir. (bkz. "Budjak," *EI²*). Ayrıca 1000 / 1598 tarihinde Eflak kısa bir süre bir beylerbeyi yönetimine verilmişse de bundan çabuk vazgeçilmiştir.

karşısında savunma gereği bu ülkenin de geniş yetkili bir Beylerbeyilik haline getirilmesi sonucunu doğurmuştur.

Balkanlar'da Türk nüfusunun yoğun biçimde yerleşme bölgeleri Meriç vadisi, Trakya, Doğu Bulgaristan, birbiri ardından *uc* bölgeleri olmuşlardır. *Uc*lara başlangıçta göçebe halk gönderiliyordu. Ahîlerin ve dervişlerin zaviyeleri yahut *uc* gâzi önderlerinin çiftlikleri yeni Müslüman köylerin çekirdeğini oluşturmaktaydı. Bu ilk yerleşme aşamasının ardından sürekli göç ve yerleşme aşaması geliyordu.

15. yüzyıl tahrîr defterlerinden anladığımıza göre göçmen Müslüman Türkler genellikle yeni köyler kuruyorlar şehir ve kasabalarda ise ayrı mahalleler oluşturuyorlardı.[23] Müslüman-Hristiyan karışık olarak gördüğümüz köy ve şehirlerde Müslümanlar genellikle İslâmlaşmış Hristiyanlardır. Timur istilası Balkanlar'a Anadolu'dan yeniden büyük bir göç dalgası atmıştır.[24] Timur'dan sonra devletin ağırlık merkezi Rumeli'ye geçmiştir denebilir. Fetret Dönemi'nde çelebiler arasındaki mücadeleyi özellikle *uc* beyleri belirlemiş ve devletin asıl payitahtı Edirne olmuştur.

Balkanlar'da Osmanlı yayılışının politik ve sosyal koşullarına gelince o zaman Balkanlar birçok devletçik ve feodal senyörlüğe bölünmüş durumdaydı. Onların aralarındaki çekişmeler Osmanlı yayılışına çok yardım etmiştir. Bu durum Osmanlı Devleti'ni önce bir yardımcı, sonra koruyucu devlet olarak egemenliğini yerleştirme olanağı veriyordu.[25] Aynı zamanda biri karada öbürü denizlerde ve

---

23 Bkz. Ö. L. Barkan'ın hazırladığı 16. yüzyıl başında nüfus yayılışı haritası: "Osmanlı İmparatorluğunda Bir İskân ve Kolonizasyon Metodu Olarak Sürgünler," *İFM*, XII, 56-79 ve XV, 209-237.

24 Başbakanlık Osmanlı Arşivi'nde bu bakımdan önemli olan defterler şunlardır: Maliyeden Müdevver, no. 549, 180; Selânik-Serez Tapu Defteri, no. 7; Silistre, no. 483; Gelibolu için bkz. H. İnalcık, "Gelibolu", *EI²*, 1455 tarihli önemli bir defter de İstanbul Belediye Kütüphanesi'nde (Cevdet yazma no. 89, Paşa Sancağı) bulunmaktadır. *Die Altosmanischen anonymen Chroniken*, I, yay. Giese, Breslav-Leipzig 1922, 45.

25 Bu durumu Bulgaristan için belirten iyi bir inceleme P. Nilov, "Turskoto Zavaldjavane na Bălgarija i sădbata na poslednite Šismanovci," *Izvestija na Istor. Druženstvo*, 7/8 (1928), 41-112; bunu tamamlamak üzere N. Jorga,

kıyılarda egemen iki büyük devlet kuzeyde Macaristan batıda ve güneyde Venedik bu siyasi parçalanmadan yararlanarak Balkanlar'da yayılma politikası güdüyorlar ve Osmanlılar karşısında güçlü rakipler olarak yükseliyorlardı. Onlar siyasi ve askerî egemenlikle beraber Katolikliği yaymaya veya üstün kılmaya çalışıyorlar, bu nedenle onların egemenliği Balkan halk yığınları tarafından benimsenmiyordu. Özellikle Ortodoks kilisesinin toprakları Katolik kilisesine mâl edildiği için Ortodoks ruhban, durumu olduğu gibi bırakan Osmanlı idaresini yeğliyorlar, Osmanlılar da onların imtiyazlarını ve kilise bağımsızlığını tanıyor, böylece onları Osmanlı devlet kadrosuna sokuyorlardı. Bu nedenle 1432 Arvanid defterinde timar tasarruf eden metropolitlerin varlığına şaşmamalıyız. Osmanlı Devleti, Macaristan ve Venedik'e karşı gerçekte Balkanlı bir devlet olarak çıkmaktaydı ve bu onun başarısında büyük ölçüde rol oynuyordu. Her Balkan devletinde daima Osmanlıları kuvvetle destekleyen bir politik grup vardı. Aristokrasi ve saray çevrelerinin genellikle Batı Hristiyan dünyasından yardım beklediği doğrudur. Gerçekte 1366'da Amadeo de Savoia'nın haçlı seferi sonucunda[26] Rumeli ile Anadolu arasında başlıca geçit olan Gelibolu, Osmanlıların elinden çıktığı için (tekrar ancak 1376'da Osmanlıların eline geçti) Balkanlar'da fetih hareketi bir süre aksamıştır. Boğazlar'ın büyük deniz devleti Venedik kontrolü altında olması Osmanlıların Balkanlar'daki durumunu ve siyasetini 1453'e kadar daima etkilemiştir. 1416'da bir Venedik donanması gelip Gelibolu'da Osmanlı donanma ve deniz üssünü tahrib etmiş, 1423-1430 döneminde Venedikliler Selânik'i ellerinde tutmuşlar, 1444 haçlı seferinde Boğazlar'ı kesmişlerdir.

Histoires des Roumains et Romanité Orientale, III-IV, Bucarest, 1937; Mora için bkz. D. Zakythinos, *Le Despotat Grec de Morée*, I, Paris, 1932; Küçük Balkan devletlerinin Osmanlı Devleti ile ilişkilerini o dönemin koşulları içinde objektif olarak yeniden incelediğimizde birçok olay ve gelişmenin çok daha iyi anlaşılacağına kuşku yoktur. Bu devletlerin durumu Bizans'ın durumundan hayli farklıydı.

26 Amedeo di Savoia'nın harekatı için bkz. P. Nikov, *ibid.*; A. S. Atiya, *The Crusade in the Later Middle Ages*, London, 1938, 379-397; Gelibolu için "Gelibolu," EI^2, (H. İ).

Öbür taraftan Balkanlar'da Osmanlı yayılışını kolaylaştıran temel nedenler sosyal koşullardır.

Balkanlar'da Osmanlı Fethinin Sosyal Koşulları

Marksist tarihçiler (başlıca Bulgar tarihçi V. Mutafçieva, Bosnalı N. Filipoviç ve Bulgar B. Cvetkova), Osmanlı feodal yayılışını Marksist teoriye göre yorumlayarak timar rejimini, geri doğu feodalizminin tipik bir biçimi olarak kabul ederler. Bu tarihçilere göre, Osmanlı merkeziyetçi yönetimi ve bu yönetim altında tarım topraklarının devlet eline geçmesi bu rejimde *feodal* nitelik görmeye engel değildir. Belki bu daha çok onun ayırt edici bir karakteridir. Çünkü onlara göre feodal toplumun temel karakteri şudur: Üretim gereçleri ve özellikle toprak üzerinde üreticinin mülkiyet hakkı yoktur, devlete aittir ve üretici sınıflar egemen bir askerî sınıf altında onlara bağımlıdırlar. Tüm sosyal formasyonu belirleyen temel olay budur. Böylece devlet bir sömürü makinesinden başka bir şey değildir; sipahiler ise bu sömürücü grubun kalabalık alt tabakasını oluşturur. Bu egemen askerî sınıf, devlet başta toprağı kendi kontrolü altında tutmakta ve topraktan reâyânın elde ettiği gelirin büyük bölümüne ortak olmaktadır. Bu nedenle örneğin Mutafçieva'nın üzerinde durduğu konular toprak mülkiyetini ellerinde bulunduranlar "feodal rant"ı ellerinde tutanlar ve bağımlı grupların statüsü gibi konulardır. Ona göre timar sistemi "feodal rantın bölüşülmesini amaçlayan bir feodal toprak mülkiyet sistemidir." Bu sistemde merkezî otoriteyi elinde tutan padişah, en büyük feodalden başka bir şey değildir. Mutafçieva özellikle büyüklerin kontrolündeki vakf ve mülklerin bağışıklık ve ayrıcalıkları dolayısıyla *serbestiyet* denilen devlet kontrolünden kurtulmuş bir rejim altında bağımsızlığı ve sömürücü karakteri üzerinde durur. Böylece bu gibi toprakların sömürüye yol açan kontrolsüzlüğe ve geniş olanaklara sahip bulunduklarını vurgular. Bu arada vakıflarda köle işçiliğinin geniş ölçüde uygulandığına dikkat çeker. Osmanlı Devleti'ni askerî zora dayanan feodal bir kurum sayar. Devletin kanunlarına göre aldığı vergileri haksız bir sömürü olarak yorumlayan Marksist teoriyi eleştirmenin yeri burası değildir. Ancak şu kadarını söylemek yeter ki bu yorum biçimi belli bir doktrine dayanır ve tek yanlıdır. Bununla beraber tarihî gerçeklerin belli bir yanı sosyal sınıfların ilişkileri üzerinde derinleşen bu incelemelerin doktriner yanları bir tarafa bırakılmak koşuluyla yine de tarih bilgimizi özellikle halk kitlelerinin yaşam koşulları üzerindeki bilgimizi zenginleştirdiğine ve önümüze yanıt bekleyen bir yığın yeni tarihî soru çıkardığına kuşku yoktur. Onlar örneğin köylünün sömürülmesi sorunuyla ilgili olarak gerçek üretim ve bundan vergi olarak ödenen şeylerin oranı üzerinde dururlar ki bu kuşkusuz önemli bir inceleme konusudur.

Bizans'ın son döneminde merkezî otoritenin zayıflaması ile birlikte vilayetlerde büyük *pronia* (timar) ve *kharistikion* (kilise toprakları) sahiplerinin birtakım mali ve hukuki bağışıklıklarla merkezî hükümet karşısında gittikçe daha bağımsız bir hale geldikleri, toprak ve köylü üzerinde haklarını genişlettikleri, köylü üzerinde angarya ve feodal vergileri arttırmaya çalıştıkları, son araştırmaların ortaya koyduğu gerçeklerdir.[27] Bütün bu gelişmeler Osmanlı yayılışı sırasında en bunalımlı noktaya varmış bulunuyordu. Rumen tarihçi Nicolae Jorga Osmanlı fethini Batı Avrupa'da feodal parçalanma ve yerel senyörlükler yerine merkezî ve mutlak devlet otoritesinin yerleşmesi biçiminde bir gelişme olarak yorumlarken tümüyle haklıdır.[28] Os-

---

27 G. Ostrogosky, *Pour l'histoire de la féodalite byzantine*, çev. H. Gregoire et P. Lemerle, Bruxelles, 1964; G. Ostrogosky, *Quelques problemes d'histoire de la paysannerie byzantine*, Bruxelles, 1956; P. Charanis, "On the Social Structure and Economic Organization of the Byzantine Empire in the Thirteenth Century and Later," *Byzantino-slavica*, XII (1951), 94-153; D. A. Zakythinos, *Crise monétaire et crise économique à Byzance du XIIIe au XVe siècle*, Atina, 1948; G. Cankova-Petkova, "La population agraire dans les teres bulgares XIe-XIIe siècles," *Byzantino-slavica*, I (1962), 299-312; D. Angelov, "Certains Aspects de la Conquete des Peuples Balkaniques par les Turcs," *Byzantino-slavica*, XVII-2 (1959), 220-275.

28 *Histoire des États Balkaniques Jusqu'*à 1924, Paris, 1925; *Geschichte des Osmanischen Reiches*, I, 1908, 196-304; N. Jorga, "Latins et Grecs et l'etablissement des Turcs en Europe (1342-1362)," *Byz. Zeitschrift*, XVI (1906),

manlılar doğrudan doğruya fetih ve ilhâk aşamasında yerel aristokrasiye ait toprakları timar haline getirerek devletin toprak üzerindeki kontrolünü yeniden sağlıyorlar, her türlü yerel feodal bağlılıkları kaldırmaya çalışıyorlardı.[29] Tarım topraklarının mîrî toprak sistemiyle devlet mülkiyeti altına konması ve köylünün yalnız ve yalnız devletin raiyyeti durumunda bulunması ancak güçlü bir merkezî otorite ile olanaklıydı ve bu durum gerçek bir sosyal devrim anlamındaydı. Osmanlılar yalnız senyörlerin değil birçok yerde manastırların topraklarını da timara çevirdiler yahut onların köylü üzerindeki angarya ve imtiyazlarını kaldırdılar.[30] Yeni rejimde her türlü

179-222; D. Zakythinos, *Le Despotat Grec de Morée, vie et institutions*, Atina, 1953; W. Miller, *The Latins in the Levant*, London, 1938; K. M. Setton, *Catalan Domination of Athens, 1311-1338*, Cambridge, Mass., 1948; idem, *The Papacy and the Levant* (*1204-1571*), I, Philadelphia, 1976; H. İnalcık, "The Ottoman Turks and the Crusades," yukarıda; D. Angelov, "Certain aspects de la conquête des peuples balkaniques par les turcs," *Byzantino-slavica*, XVII-2 (1959), 220-275; E. Frances, "La féodalité byzantine et la conquête turque," *Studia et Acta Orientalia*, IV (1933), 69-90; D. Angelov, "Zur Frage des Feudalismus auf dem Balkan im XIII. Bis zum XIV. Jhdt.," *Etudes Historiques à l'occasion du XIe Congrès International des Sciences Historiques, Stockholm 1960*, Sofia 1960, 107.

29 Vesikalar için bkz. H. İnalcık, *Sûret-i Defter-i Sancak-i Arvanid*, Ankara, 1954, 63 (timar 163), 64, 84 (timar 234-237), 94 (timar 255-256), 96-100; özellikle bkz. H. İnalcık, *Fatih Devri Üzerinde Tetkikler ve Vesikalar*, I, Ankara 1954, vesika no. 11.

30 Tahrîr defterlerinden anlıyoruz ki Rumeli'de eski manastırlar yerinde bırakılmıştır. Athos manastırlarının muhtar yönetimi ve eski imtiyazları Osmanlı Devleti tarafından vakıf çerçevesinde Osmanlı-İslâm hukukuna uydurulmuştur. Yani toprakları aslen *mülk* sayılmış ve *mîrî* topraklar rejimine bağlı tutulmamıştır. Fakat her mülk arazi gibi, bu topraklar da âşâra tâbi idi. 937/1530 tarihine ait bir Selânik *tahrîr* defterinde (Başbakanlık Arşivi, İstanbul, Tapu no. 403) Aynaroz (athos) keşişleri yılda *maktû* (*kesim*) olarak 25.000 akça veriyorlardı. Bu paranın cizye, hububat âşârı ile bahçe ve bostan âşârı bedeli olduğu açıkça belirtilmiştir. Bu parayı verdikten sonra Athos toprakları sınırları içinde elde ettikleri tarım ürünlerinden artık âşâr vermemekte idiler. Üstelik rahiplere her türlü olağanüstü devlet hizmeti ve vergilerden (*avârız-i divâniyye*) bağışlanmıştı. Bu tarihlerde Athos'ta 14 manastırda 1.424 keşiş sayılmıştır. Osmanlı İmparatorluğu yönetiminde Ortodoks ruhbanın durumu hakkında

gelir kaynağı ve ayrıcalık ancak padişah beratıyla devlet adına elde edilir hale geldi. Her şey padişah adına çıkarılan bir kanunla önceden belli edildi ve bu kanunların uygulanması yerel beylerden alınıp bağımsız kadıların eline verildi. Bu bürokratik-merkeziyetçi yönetimin ilkin I. Bayezid döneminde üstün geldiği anlaşılmaktadır.

---

bkz. H. Scheel, *Die staatsrechtliche Stellung der ökümenischen Kirchenfürsten in der alten Türkei*, Abh. Der Preuss. Akad der Wiss, 1942, Philhist. Klass, no. 9; I. Hadrovics, *L'Église serbe sous la domination turque*, Paris, 1947; J. Kabrda, *Le système Fiscal de l'église Orthodoxe dans l'empire Ottoman*, Brno, 1969; H. İnalcık, "The Status of the Greek Orthodox Patriarch under the Ottoman," *Turcica*, XXI (1992). Keşişlerin kendilerine öteden beri *vakıf* arazisi olarak tanınmış topraklar dışında ektirdikleri yerler, genel devlet vergi ve arazi hükümlerine tâbidir: yani bu yerler tapu-resmi ödemek yoluyla tapu ile elde edilir ve bu gibi yerlerden alınması alışılmış olan âşâr ve *rüsûm*un ödenmesi gerekir. Gerçekten Athos manastırlarının bu gibi birçok *mîrî* araziyi kendi ellerine geçirdikleri fakat kendilerine ait *vakıf* arazi imtiyazlarından yararlanmak istedikleri görülmüş, bu yüzden hükümetle aralarında çıkan anlaşmazlık 1568 yılında şu biçimde sonuçlanmıştır: sonradan katılan yerler tapu ile keşişlere satılmış, böylece bu mîrî topraklar üzerinde mülkiyet hakları kanuna uygun hale getirilmiş ve bundan sonra bu gibi yerlerden elde ettikleri ürün için ayrıca âşâr vermeleri emredilmiştir (buna ait belge, P. Lemerle ve P. Wittek tarafından yayımlanmıştır: "Recherches sur l'histoire et le statut des monastères Athonites sous la domination turqu," *Archives d'Histoire du Droit Oriental,* (1948), 442-472; benim bu belgeyi açıklamam yukarıda yazdığım gibi biraz farklıdır. *Vakıf* statüsü verilen manastırlar, İslâm vakıflarına tanınan birtakım bağışıklık ve ayrıcalıklardan yararlanmakta idiler. Vergi memurları ve yerel otoriteler Athos bölgesine karışamazlardı. Athos'un Bizans devrindeki statüsünün karşılaştırmalı bir incelemesi yapılmamıştır. Osmanlı yönetimi, Anadolu'da bazı bölgelerde, örneğin Trabzon'da birçok manastırı kaldırmıştır, krş. H. Lowry, "Monasteries, Tekkes and Their Fate: 1. The Fate of Byzantine Monastic Properties under the Ottomans, Examples from Mounth Athos, Limnos and Trabzon," *Byzantische Forschungen*, XVI (1990), 275-311; idem, "A Note on the Population and Status of the Athonite Monasteries under the Ottoman Rule (ca. 1520)," *WZKM*, 73 (1981), 115-135; *Continuity and Change in the Late Byzantine and Early Ottoman Society*, yay. A. Beyer ve H. Lowry, Birmingham ve Washington, 1986. Süzebolu karşısında Keşişler Adası'nda keşişler cizye karşılığı yılda *maktû* 153 akça verirler, öteki vergilerden ve *avârız-i divâniyye*den muâf tutulurlardı (T. Gökbilgin, *Edirne ve Paşa Livâsı*, İstanbul, 1952, 372, not. 579).

Eski gâzi geleneğini yansıtan anonim halk kronikleri[31] bu padişah devrini kul sisteminin merkezî vergi tahrîr ve defter yöntemlerinin merkezî hazine ve hükümdar kontrolünün egemen hale geldiği bir dönem olarak kınarlar.

Arşiv kayıtlarından anlıyoruz ki I. Bayezid Anadolu ve Rumeli'de çoğu araziyi yerel senyörlerden almış timar halinde kendi kullarına dağıtmıştır. Bu kayıtlar ve II. Mehmed'in ilk saltanat yıllarında çıkardığı *Raiyyet Kanunu* da bu koşulları ve Osmanlı bürokratik-merkeziyetçi sistemini yansıtan önemli belgelerdir.[32]

Osmanlı yönetiminde tebaa başlıca iki büyük sınıfa ayrılırdı.[33] 1) *Askerî sınıf*, yani padişah beratıyla bir devlet hizmeti yapan üretimle uğraşmayan ve vergiden tümüyle bağışık olan sınıf, 2) *Raiyyet* (çoğulu *reâyâ*), yani üretimle uğraşan, vergiye tâbi tebaa. Esas vergiler *raiyyet rüsûmu* denilen ve birtakım eski feodal hizmetler karşılığı alınan parasal vergilerden (çift-resmî, *bennak*, mücerred resimleri, Hristiyanlardan *ispence*) ve zaman zaman devletin yüklediği olağanüstü vergi ve hizmetlerden (*avârız-ı divâniyye*) ve nihayet toprak ürünlerinden alınan âşâr'dan oluşur. Bununla birlikte padişah birtakım sürekli hizmetler karşılığında (derbendcilik, madencilik gibi) bir bölük reâyâyı bu vergilerin tümünden veya bir bölümünden özel bir beratla affeder. Berat sahibi olan reâyâ askerî sınıf ile raiyyet arasında *muâf ve müsellem reâyâ* adı ile ayrı bir yer alır. Bunlar aslında daima raiyyet kalırlar; devlet istediği zaman bu bağışıklıkları kaldırarak onları yeniden tam raiyyet durumuna getirebilir.[34] Fakat aslında askerî olanlar *ma'zûl* ve *mütekâit* oldukları, yani fiilen hizmet görmedikleri zaman da (eğer kazanç hayatına atılmamışlarsa) *raiyyet rüsûmu*nu vermezler, raiyyet olmazlar. Askerî sınıfa maaşlı (ulûfeli) ve timarlı askerler, memurlar, saray halkı, ulema ve bütün

31 Yay. Fr. Giese, I, 31.

32 Fr. Kraelitz, *Kânûnnâme des Sultan Mehmeds*, *MOG*, I, 191-22.

33 Bkz. H. İnalcık, "Osmanlılarda Raiyyet Rüsûmu" *Belleten*, XXIII-92 (1959), 575-600.

34 Bu sınıflar düzeni için bkz. H. İnalcık, *ibid.*; H. İnalcık, "Ottoman Methods of Conquest," bkz. yukarıda not 12.

bu zümrelerin akrabaları ve köleleri girer.[35] Askerî olanların hizmetinde bulunan kölelerin askerî sınıfa girmesi ve en yüksek devlet hizmetlerine kadar yükselebilmesi olanaklıdır; Osmanlılarda bu yöntem *gulâm* veya *kul* sistemi denilen temel bir kuruma vücut vermiştir.[36] *Devşirme* yöntemiyle toplanan çocuklar sonradan bu kulların çoğunluğunu oluşturmuştur (devşirmenin daha I. Bayezid devrinde uygulandığını biliyoruz). Böylece Balkanlar'da Hristiyan köylü çocukları kul sistemine sokulmuştur. Devşirmenin geniş ölçüde uygulandığı dönemlerde yılda ortalama 3.000 devşirme oğlanı toplandığı hesap edilmiştir.[37] Türk-Müslüman raiyyetin askerî sınıfa girebilmesi ancak *gönüllü* adıyla *uc*larda veya seferlerde hizmet ederek yararlık göstermesi ve padişah beratıyla timar veya ulûfe aması yoluyla olabilirdi. Görülüyor ki Osmanlılarda sınıf statüsü temelde devlet içinde belli hizmet ve fonksiyonlara bağlı bir şeydir. Osmanlı devlet anlayışına göre sosyal barış ve denge herkesin kendi sınıfı içinde tutulmasına bağlıdır. Raiyyet askerî sınıfa girince sosyal dengenin bozulacağına inanılıyordu.[38]

Temel raiyyet vergisi sayılan çift-resmi Fatih Kanunnâmesi'nde yedi hizmet karşılığında alınan 22 akçadır,[39] daha sonra 33, hatta 50 akçaya yükselmiştir (1350'ye doğru bir miskal altın 22 akça ve

35 H. İnalcık, "15. Asrın Türkiye İktisadi ve İçtimaî Tarihi Kaynakları," *İFM*, XV, 53.

36 Kul sistemi için bkz. H. İnalcık, "Ghulâm," *EI*[2], II; V. Ménage, "Devshirme," *EI*[2], II; P. Wittek, "Devschirme and Shari'a," *BSOAS*, XVII-2 (1955), 271-78; J. A. B. Palmer, "The Origins of Janissaries," *Bulletin of the John Rylands Library*, XXXII-2 (1953), 448-81; S. Vryonis, "Isidore Glabas and the Turkish *Devshirme*," *Speculum*, XXX-3 (1956), 433-43; *idem*, "Seljuk Gulâms and Ottoman Devshirmes," *Der Islam*, 41 (1965), 224-252; B. D. Papoulia, *Ursprung und Wesen der "Knabenlese" im Osmanischen Reich*, München, 1963; İ. H. Uzunçarşılı, *Kapıkulu Ocakları*, Ankara: TTK, 1943, 13-18, 623-624.

37 B. Miller, *The Palace School of Muhammed the Conqueror*, Cambridge, 1941, 79.

38 Krş. Nizâm al-Mulk, *Siyar al-Mulûk* (*Siyâsetnâme*), yay. R. Darke, Tahran, 1962, 178-180; Tursun Beg, *Tarîh-i Abu'l-Fath*, *The History of Mehmed the Conqueror*, yay. H. İnalcık ve R. Murphey, Minneapolis ve Chicago: Bibliotheca Islamica, 1978, Text folios 2-15.

39 H. İnalcık, "Osmanlılarda Raiyyet Rüsûmu," *Belleten*, XXIII (1959), 577-581.

1431'de bir Venedik altını 35 akçaydı). Bu yedi hizmet üç gün kişisel hizmet karşılığı üç akça, bir araba ot sağlama karşılığı yedi akça, yarım araba saman karşılığı yedi akça, bir araba odun karşılığı üç akça ve köylünün arabası ile hizmet karşılığı iki akçadır. Görülüyor ki Osmanlılar önceleri köylünün senyöre borçlu olduğu hizmetleri kolay ödenir toptan bir para vergisi haline getirmişlerdir. Bizans'ın son zamanlarında para ekonomisinin geliştiği bölgelerde, feodal hizmetleri paraya çevirme eğilimi kendini göstermişti. Osmanlı yönetimi para ekonomisinin gelişmesine olanak sağlayarak buna imkân hazırlamıştır. Doğu-batı ticaretini Bursa ve Balkanlar üzerine çekmek, *zimmîleri*, yani yerli gayrimüslimleri aşağı gümrükle korumak geniş bölgelerde yol güvenliğini sağlamak suretiyle para ekonomisinin gelişmesine yardım etmişlerdir; böylece köylü için daha kolay ödenir bir para vergi rejimi getirebilmişlerdir. Eskiden yerel angaryalar halinde bulunan bu yükümlülükler köylüyü ezen birçok kötü uygulamaya yol açmaktaydı. Balkanlar'ın bazı bölgelerinde örneğin Arnavutluk'ta ve Tuna nehri boyundaki bölgelerde bazı eski feodal gelenekler *bid'at*, yani kanuna aykırı gelenekler olarak Osmanlı döneminde de uygulanmıştır. Fakat Osmanlı kanunlarını simgeleyen prensipler askerî sınıfa ödenecek vergileri ve her çeşit hizmeti kesin bir biçimde tanımlamak ve angaryaları kaldırma yolundadır.[40] Oysa Osmanlılardan önce köylünün senyör için angarya çalışması kötüye kullanılıyor, angarya bazı bölgelerde haftada iki güne yükseliyordu.[41]

---

40 Osmanlıların ilk dönemindeki iktisadi durumları hakkında bkz. H. İnalcık, "Türkiye'nin İktisadî Vaziyeti Üzerinde Bir Tetkik Münasebetiyle," *Belleten*, XV (1951), 629-661; *idem*, "Bursa and Commerce of the Levant," *Journal of Economic and Social History of the Orient*, III-2 (1960), 131-147; *idem*, "Bursa XV. Yüzyıl Sanayi ve Ticaret Tarihine Dair Vesikalar," *Belleten*, XXIV (1960), 45-102.

41 Bkz. G. Ostrogorsky, *Pour l'Histoire de la féodalité byzantine*, 356-368; Stojan Novaković, *Zakonik Stefana Dušana cara Srpskog*, Belgrade, 1898; Bid'atlar için bkz. Ö. L. Barkan, *XV. ve XVI. Yüzyıllarda Osmanlı İmparatorluğunda Ziraî Ekonominin Hukukî ve Malî Esasları*, I, İstanbul, 1943; ayrıca bkz. *Kânûn i Kânûn-nâme za Bosanski, Hercegovacki*, Monumenta Turcica, I. Orientalni Institu u Sarajevu, Sarajevo, 1957.

Sonuçta Osmanlıların Balkanlar daha kullanışlı ve belirli bir vergi sistemi getirdiği söylenebilir.

Öbür taraftan Osmanlılar yukarıda belirttiğimiz değişiklikler dışında Balkanlar'da *paroikoi* ve *meropsi* adı altında tanıdığımız bağımlı köylü kitlesini *raiyyet* statüsü altında aynen devam ettirmişler, yerli kurumları Osmanlı yönetim ilkelerine göre değiştirmekle beraber, genellikle yerinde bırakmışlardır. Bu devamlılığı sağlayan Osmanlı kurumu *tahrîr*dir.[42] *Tahrîr*, özel bir komisyon eliyle bir sancağın gelir kaynaklarını ve bunların toplanmasına ait yerel gelenek ve yöntemleri yerinde incelemek ve defterlere geçirmektedir. Bu defterlerde, herkesin statüsü ve ödeyeceği vergiler uzun bir zaman için saptanıyordu. Tahrîr yönteminin, I. Bayezid zamanında uygulandığına dair kayıtlar vardır. Osmanlılar, sonraları her sancağın defteri başına oradaki düzen âdetleri gösteren bir kanunname koymuşlardır.[43] 16. yüzyılda Balkanlar'da bu kanunnameler birbirinden çok farklı değildir. Öyle görünüyor ki daha 15. yüzyılın birinci yarısında Osmanlı vergi esasları yerleşmiş, belli bir *Kanun-i Osmanî* ortaya çıkmıştır. Bu kanundaki bazı ilkeleri yukarıda belirttik; fakat hangi maddelerin Balkan yerli kurumlarından ve kanunlarından, hangilerinin Selçuk Devleti geleneğinden kaynaklandığını görmek için yeni araştırmalar gerekmektedir. Çift-resmi sisteminin dahi daha önce Anadolu'da ortaya çıktığı düşünülebilir (örneğin bennak vergi adı Ermeniceden geçmiş olabilir).

Osmanlı yönetimi daima raiyyetin koruyucusu olduğunu, yerel sömürülere ve zorbalıklara karşı raiyyeti koruduğunu açıkça göstermek istemiştir. Belgelerin oldukça bollaştığı 15. yüzyılda bunun açık ifadelerini bulmaktayız. Kısacası Osmanlı bürokratik-merkeziyetçi imparatorluk yönetimini Balkanlar'da geniş köylü kitleleri için herhalde Marksist veya milliyetçi Balkanlı tarihçilerinin söyledikleri

42 *Tahrîr* için bkz. H. İnalcık, *Sûret-i Defter-i Sancak-i Arvanid*, XVIII-XXIII.

43 Bkz. Ö. L. Barkan, *XV. ve XVI. Yüzyıllarda Osmanlı İmparatorluğu'nda Ziraai Ekonominin Hukukî ve Malî Esasları, I*, İstanbul, 1943. Bu kanunnâmelerin büyük bir bölümünü basmıştır; şimdi daha tam bir yayın girişimi şu eserde: A. Akgündüz, *Osmanlı Kanunnâmeleri*, I, İstanbul, 1990.

biçimde, eskisinden ağır bir baskı ve sömürü rejimi olarak tanımlamak haksız görünmektedir. Balkanlar'da çoğu zaman Osmanlı yayılışının kolay ve hızlı temposunu senyörlerin köylüler tarafından Osmanlılara karşı tutulmamış olmasını kabul ederek açıklamak olanaklıdır. Buna ek olarak Osmanlıların kendilerine bağlı gördükleri yerli aristokrasiyi askerî sınıf içine aldıklarını hatta Ortodoks metropolit ve piskoposları devlet hizmetlileri arasına kabul ettiklerini,[44] birçok önemli manastırın imtiyazlarını onayladıklarını ve birçok şehirlerin eski ayrıcalık ve vergi bağışıklıklarını yerinde bıraktıklarını belirtmek gerekir.

Fatih ve Bürokratik-Merkeziyetçi İmparatorluğun Kurulması

Fatih Sultan Mehmed imparatorluğun gerçek kurucusudur. Fatih bildiğimiz temel özellikleriyle klasik Osmanlı idare rejimini kesin biçimde yerleştirmiştir.[45] Başka bir deyimle Anadolu ve Rumeli'yi bir tek ülke halinde birleştirip, mutlak bir otorite altında imparatorluğu örgütleyen Fatih Sultan Mehmed olmuştur. İstanbul'un fethi dönüm noktasıdır. Böylece Fatih bir anda İslâm dünyasının en şanlı ve güçlü hükümdarı durumuna gelmiş ve kendi ülkesinde son derece büyük bir nüfuz ve otorite kazanmış bulunmaktaydı. Her şeyden önce o bütün saltanatı boyunca İstanbul'u Balkanlar'ın ve Anadolu'nun gerçekten siyasi-dinî bir metropolü haline getirmeye çalıştı. Bu amaçla her yandan şehre Türk, Rum, Ermeni, Yahudi nüfusu getirip yerleştirdi; Rum Patrikliği'ni eski yetki ve ayrıcalıklarıyla canlandırdı. Şehri kalkındırma amacıyla İtalyanlara geniş ticaret serbestîleri tanıdı. Venedik'e karşı Floransalıları tuttu. 1478 tarihli sayıma göre Galata'da o zaman 332 Avrupalı aile vardı. Bütün Galata nüfusu 1.521 haneydi. İstanbul ve Galata'nın

---

44 Bkz. H. İnalcık, *Fatih Devri Üzerinde Tetkik ve Vesikalar*, I, 137-184; Sırpça çevirisi "Od Stefana Dušana do Osmanskog Carstva," *Prilozi*, III-IV (1952-53), 23-54.

45 Bkz. H. İnalcık, "Mehmed II", *İA*, VII (1957), 506-535.

bütün nüfusu 16.324 hane (aile) idi, İstanbul'da 3.667, Galata'da 260 dükkân sayılmıştı. Fatih, Kayser'in payitahtını almakla kendisini Roma İmparatorluğu'nun biricik haklı mirasçısı sayıyor ve fetihlerinde bu görüşten esinleniyordu. O, her şeyden önce *Gâzi Sultan* unvanını benimsemekle beraber kişiliğinde İslâm, Türk ve Bizans imparatorluk geleneklerini bağdaştırarak klasik Osmanlı padişahı yaratmış oluyordu. Fatih, Macaristan ve Venedik'e Balkan işlerine karışma fırsatı verebilecek bütün yerli hanedanları ortadan kaldırarak yarımadayı bir tek yönetim altında birleştirme siyasetinde başarıya ulaştı. 1463'te Çanakkale Boğazı'nda yaptırdığı kalelerle Boğazlarda tam egemenlik kurdu ve bir haçlı donanmasının İstanbul'a saldırması olasılığını kaldırdı. Karadeniz'i bir Osmanlı gölü haline getirme planında ona karşı yalnız Boğdan Voyvodası Büyük Stefan Lehistan'a dayanarak direniş gösterdi. 1484'te Kili ve Akkerman'ın fethiyle bu egemenlik tamamlanmıştır. *Sultanu'l-Berreyn ve Hakanu'l-Bahreyn* (iki kara ve iki denizin hükümdarı) unvanını kullanan Fatih, Karadeniz ve Ege üzerinde egemenliğini belirtiyor, böylece Anadolu ve Balkanlar'ı birleştirerek İstanbul etrafında 400 yıl dayanan imparatorluk çekirdeğini kurmuş oluyordu.

Öte yandan Fatih içeride merkeziyetçi-bürokratik yönetimi güçlendirmek için birtakım köklü önlemler aldı: Yeniçerileri iki katına, 10.000 ere çıkardı; o zamana kadar oldukça bağımsız davranan *uc*ları merkezin daha sıkı kontrolü altına soktu. Eski vakf ve mülkleri yeniden gözden geçirip, binası yıkık olan veya zamanında devletçe onaylanmamış yalnız kadı onayı ile kalmış vakıflara ait toprakları devlete mâl etti.[46] Bu yolla 20.000'e yakın köy ve *mezra'a* doğrudan doğruya devlet tasarrufu altına geçti ve timar olarak sipahilere dağıtıldı. Ulema ve özellikle zaviye ve toprak sahibi şeyh ve dervişler

46 Bu "nesh" hareketine ilk şu yazılarımda değindim: "Mehmed II," *İA*, 533; "Mehmed the Conqueror (1432-1481) and His Time," *Speculum*, XXX-3 (1960), 408-27; krş. V. P. Mutafçieva, *Agrarian Relations in the Ottoman Empire in the 15th and 16th Centuries*, New York, 1988; B. Cvetkova, "Sur Certaines reformes du regime foncier au temps de Mehmed II," *JESHO*, VI-1 (1963), 104-120.

bundan etkilendiler. Anadolu'da eski yerli, soylu kişiler elinde bıraktığı mülk topraklar için de, *eşkinci* adıyla orduya asker göndermeyi zorunlu kıldı. Devlet, tarım topraklarının çıplak mülkiyet hakkını, *harâcî-mîrî* niteliği sebebiyle yalnız kendisine ait sayıyordu. *Temlîk* ve *vakfın* dahi bu hakkı kaldırmadığı görüşü bu dönemde yerleşmiş görünmektedir. Zayıf yönetimler zamanında özel kişiler, *temlîk* ve *vakf* yoluyla *mîrî* aleyhine toprak üzerinde tasarruf haklarını ve alanlarını genişletmişlerdi. Bizans döneminde olduğu gibi, Osmanlı döneminde de, tarım topraklarının kullanımı ve kontrolü devletle özel kişilerarasında gizli-açık, sürekli bir uğraşı ve anlaşmazlık konusu olmuştur. Osmanlılar vakf ve mülkleri, ilk kez I. Bayezid (1389-1402) döneminde geniş ölçüde devletleştirdiler. İkinci reformu Fatih yapmıştır. Devlet, toprak üzerinde gerekli kontrolü 16. yüzyıldan sonra kaybetmeye başlayacaktır. Âyân döneminde, *mîrî* topraklar üzerinde, kişilerin kontrol ve kullanım hakları, *mâlikâne-mukataa* yoluyla hayat boyu, hatta irsî bir hal alarak son derece genişlemiştir. Tanzimat döneminden sonra yavaş yavaş bu topraklar üzerinde Roma hukuku ve Batı'nın mülkiyet anlayışına yakın bir mülkiyet anlayışı yerleşecektir. Şu bir gerçektir ki devlet toprak rejimi, timar sistemiyle sıkı sıkıya bağlıdır. Anadolu'da ve Rumeli'de 1475'te aşağı yukarı 40.000 timarlı sipahi tahmin olunuyordu. Fatih'in toprak reformu sonucu özellikle vakıflardan yararlanan dinî gruplar ve eski büyük toprak sahibi soylular hoşnutsuzluk gösterdi. II. Bayezid tahta geçince vakf ve mülkleri geri verdiyse de bu tepki çok genişlemedi.

Öbür taraftan Fatih altı kez yeni akçe (devletin resmî gümüş parası) bastırdı ve her defasında eski akçayı dolaşımdan kaldırdı. Eski akçaları gümüş râyici üzerinden ödediğinden, piyasadaki gümüş stokunun altıda birini devlet geliri olarak almış oluyordu. II. Bayezid tahta çıkar çıkmaz ayaklanan yeniçeriler ona bu yöntemden de vazgeçmesini zorla kabul ettirmişlerdir.

Fatih dönemi anlatılırken Bizans etkisi sorununa da değinmek gerekir. Gerçekte N. Jorga ve başkaları bunu abartmışlardır. M. F. Köprülü'nün eleştirileriyse yanlış anlaşılmıştır. Köprülü, saray ve merkezî devlet kurumlarında Bizans etkisini, Osmanlılardan önceki

İslâm devletlerinde aramanın daha doğru olduğunu söylemiş, vergilerde ve adetlerde doğrudan doğruya etki olabileceğini kabul etmiştir.[47] Bugün bu alanda bilgilerimiz genişlemiştir.[48] Osmanlıların Balkanlar'da ve Bizans topraklarında *istimâlet* politikası sonucu olarak birtakım vergileri, bazı şehirlerin ve grupların bağışıklıklarını ve ayrıcalıklarını, yerli askerî sınıfları, halkın yüzyıllardan beri alışık olduğu birçok kurumu yerinde bıraktığını görmekteyiz.[49]

Osmanlılar ve İmparatorluk Ekonomisi

Osmanlıların tarım ve ticarete yabancı kaldıkları, Türklerin yalnız asker veya göçebe oldukları biçiminde dar ve bağnaz görüşlerin en son yayınlarda dahi tekrarlandığını bugün hayretle görmekteyiz. Bu görüşleri düzeltmek için şu olguları anımsamak yeter: Daha ilk dönemde Orhan'ın kurduğu *yaya ordusu*, Türk çiftçilerden oluşmaktaydı. 1330'larda İbn Battuta 300 şehir ve kalesi olan Orhan'ı Türkmen beyleri arasında en zengini sayar.[50] Bursa'nın erkenden Arabistan ve İran kervanlarının Batı'da vardıkları en ileri bir İslâm pazarı durumuna geldiğini ve İstanbul ve Galata aracılığıyla Akdeniz uluslararası ticaretine aktif olarak katıldığını biliyoruz.[51] Bursa

47 M. Köprülü, "Bizans Müesseselerinin Osmanlı Müesseselerine Tesiri Hakkında Bazı Mülâhazalar," *THİM*, I (1931), 165-313.

48 Bkz. H. İnalcık, "The Problem of Relationship between Byzantine and Ottoman Taxation," *Akten des XI. Internationalen Byzantinisten-Kongresses*, 1958, 237-242; B. Cevtkova, "Influence exercé par certaines Institutions de Byzance et des Balkans du Moyen âge sur le système féodal Ottoman," *Byzantino-Bulgarica*, I (1962), 237-250.

49 M. Hadžijahić, "Die privilegierten Städte zur Zeit Des Osmanischen Feudalismas," *Südost-Forschungen*, XX (1961) 130-158; H. İnalcık, "Stefan Duşan'dan Osmanlı İmparatorluğuna," *Fatih Devri Üzerinde Tetkikler ve Vesikalar*, Ankara, 1954, 136-184; H. Beldiceanu, *Les actes des premiers sultans conservesdans les manuscrits, 1390-1512*, Paris-La Haye, 1964; H. Śabanović, "Upravna podejela Jugoslavenskih zemlja pod turskom vladavinom do Karlovackog mire 1699 god," *Gadišnjak Istoriskog Drustva Bosne i Hercegovine*, IV (1952), 171-204; *idem, Bosanski Pašaluk*, Sarajevo, 1959.

50 *Ibn Battuta*, II, 451-452.

51 H. İnalcık, "Türkiye'nin İktisadi Vaziyeti," 640-47; "Bursa," *EI*².

bedestenini yaptıran ve Cenevizlilerle 1352'de bir ticaret antlaşması yapan Orhan'dır.

Bursa'nın zenginliği, özellikle İran ipek kervanından kaynaklanmaktaydı. J. Schiltberger,[52] 14. yüzyıl sonlarında Bursa'yı Yakın Doğu'nun en büyük ipek sanayi ve ticaret merkezleri arasında sayar. Küçük Asya ve İran'ın ticaret antrepoları olan Balat, Ayasoluk ve Foça'nın Osmanlı egemenliği altına geçmesinden sonra, İtalyan deniz devletleriyle ticaret ilişkileri daha da genişlemiştir.

Anadolu'dan giden buğday, şap, ipek, pamuk ve deri İtalya ticareti için o zaman son derece önem taşımaktaydı. Osmanlılar, Venediklilerin ve Cenevizlilerin tam gümrük bağışıklığına son vermiş fakat yüzde iki gibi düşük bir gümrük koymuşlardır.[53] Gümrük oranı Fatih tarafından, 1463'te Venedik'le savaş başlayınca %5'e çıkarılmıştır. Müslümanlar ve haracgüzârlar (yani Osmanlılara harac veren bütün gayrimüslimler) için oran o zaman %4'tü. Levant'ta kolonisi olan İtalyanlar, yerli unsurlara, uluslararası ticareti yasaklamışlar kendi tekellerinde tutmuşlardır. Osmanlı koruyucu politikası sonucu, yerli Rumlar, Yahudiler, Ermeniler, Raguzalılar ve tabii Müslüman Türkler Levant ticaretinde her tarafta İtalyanlara rakip duruma gelmişlerdir. 15. yüzyıl sonu Akkerman ve Kefe gümrük defterlerinin gösterdiği gibi,[54] kuzey ülkeleri, yani Boğdan, Lehistan ve Moskof ülkeleriyle ticaretin yerli elemanlar elinde canlılığını

52 J. Schildberger.

53 Osmanlı gümrük politikası için bkz. H. İnalcık, "Noteson Beldiceanu's Translation of MS fonds Turc ancien 39 Bib. Nationale," *Der Islam*, 43 (1967), 139-157; B. Cvetkova, "Kâm vâprosa za pazarnite, pristaništnite mita i taksi v njakoi bâlgarski gradove prez XVI. v. (Le régime des droits et des taxes perçus sur les marchés et les ports dans certaines villes bulgares du XVIe s.)," *Izvestija na Instituta istorija pri BAN*, XIII (1963), 183-260.

54 Akkerman ve Kili limanlarına ait 1495-1515 tarihli gümrük defterleri için bkz. *JESHO*, III-2, 132; H. İnalcık, *The Ottoman Empire: The Classical Age*, London, 1943; N. Beldiceanu, "La conquète des cités marchandes de Kilia et de Cetâtea Alba par Bayezid II," *Süddost –Forschungen*, XXIII, 36-115; H. İnalcık, *Contributions ta the History of the Black Sea Trade: I. Caffa Customs Register of 1487-1490*, Cambridge, 1992.

koruduğunu, hatta genişlediğini görmekteyiz. Güneyden kuzeye baharat, Batı ve Orta Anadolu pamukluları, Bursa ipeklileri, şarap, kuru üzüm gitmekte, kuzeyden ise kürk, Eflak atı, yünlü kumaş, keten, demir eşya, balık ve havyar gelmekteydi. Akkerman-Kili ve Dobruca bölgesi et ve hububatıyla İstanbul'u besleyen bir ambar durumuna gelmişti, tarım ve hayvancılığın ilerlemesi sonucu bölge hızlı bir ekonomik gelişme göstermiştir. O zaman İstanbul, Balkan ülkeleri ürünleri için büyük bir pazar haline gelmişti.[55]

Özetle, Osmanlı yönetiminde bölgelerarası ticaret yerli öğeler lehine bir gelişme dönemine girmiş ve bütünleşmiş bir imparatorluk ekonomisi ortaya çıkmıştır.

Osmanlılarda Hilafet, İmparatorluğun Dünya Siyaseti

II. Bayezid döneminde Osmanlılar, ilk defa olarak açık denizde Venedik'e meydan okuyabilecek bir donanmaya sahip olduklarını göstermişler ve Batı Anadolu'dan hareket eden deniz gâzileri Batı Akdeniz'de Kuzey Afrika İslâm ülkelerini istilaya başlayan İspanya'ya karşı seferlere başlamışlardır. Hint Okyanusu'nda I. Selim Arabistan fütuhatıyla Osmanlı Devleti'nin bir dünya politikası güdebilmesi için gereken koşulları hazırlamıştır. O, önce Anadolu'da Kızılbaş-Şi'i

55 İstanbul'un büyük bir pazar olarak Balkan ekonomisinde bu dönemde oynadığı önemli rol henüz ayrı bir araştırma konusu olmamıştır. Ahmet Refik'in yayınladığı vesikalar (*İstanbul Hayatı, 1553-1591*, İstanbul, 1935; *idem*, *İstanbul Hayatı*, 1000-1100, İstanbul, 1931; idem, *İstanbul Hayatı, 1100-1200*, İstanbul, 1930) konu üzerinde önemli materyal içerir. Konu için şu incelemeler önemlidir. L. Güçer, "XVIII. Yüzyıl Ortalarında İstanbul'un İaşesi İçin Lüzumlu Hububatın Temini Meselesi," *IFM*, XI, 397-416; *idem*, *XVI-XVII. Yüzyıllarda Osmanlı İmparatorluğunda Hububat Meselesi ve Hububattan Alınan Vergiler*, İstanbul, 1964; M.-K. Alexandrescu-Dersca, "Contribution à l'étude de l'approvisionnement en blé de Constantinople au XVIIIe siècle," *Studia et Acta Orientalia*, I (1957), 13-37; R. Mantran, *İstanbul dans la second moitié du XVIIe siècle*, Paris, 1962, 179-231; bu eser üzerinde bkz. *Tarih Araştırmaları Dergisi*, II (1964), 381-402; H. İnalcık, "Dobrudja," *EI²*, II; H. İnalcık, "İstanbul," *EI²*, IV; R. Murphey, "Provisioning İstanbul," *Food and Foodways*, II, 217-263.

aşiretleri ve onları destekleyen Safevî İran'ını[56] ezerek, Osmanlı Devleti'nin çiftçi unsura dayanan merkeziyetçi karakterini güçlendirmiştir. Doğu Anadolu, Suriye ve Mısır'ın fethi, imparatorluk topraklarını bir misli büyütmüş, Osmanlı bütçesi, üçte bir ölçüsünde bir artış göstermiştir. Ateşli silahlar sayesinde İslâm dünyasının, önünde durulmaz en güçlü devleti durumuna gelen Osmanlı İmparatorluğu, daha 1517 tarihinden itibaren Kızıl Deniz'de egemen olup Portekizlileri bu denizden atmış, Hint Denizi'nde onlara karşı Selman Reis'i desteklemiştir. Selman Reis'in ünlü planı gösteriyor ki Osmanlılar daha o zaman Hint ticaretini eskisi gibi Ortadoğu'ya geri getirmek için bilinçli bir biçimde çalışmaya başlamışlardır.

I. Selim'den sonra, dünya hâkimiyetiyle bağlantılı olarak, bir hilafet siyaseti devletin iç ve dış politikasında ağır basmaya başlamıştır.[57] I. Selim'in hilafeti, şimdiye kadar doğru bir şekilde açıklanamamıştır. Osmanlı sultanları, Fatih Sultan Mehmed döneminden beri en büyük *gâzi sultanlar* sıfatıyla kendilerini İslâm hükümdarları arasında, Hulefâ-i Râşidîn'den sonra en üstün (afdal) saymaya başlamışlardır (İbn Kemal ve Rûhî gibi tarihlerde bu, açıkça ifade edilmiştir).

Kanuni Sultan Süleyman'ın tahta çıkışında Mekke Şerifi gönderdiği mektupta, "Sizler Efrenç'den (yani Avrupalılardan) ve emsalinden memleketler fethetmekte bize ve bütün İslâm sultanlarına üstün bulunuyorsunuz," demekteydi. Osmanlı sultanları, *hilafet-kübra*'ya sahip olmalarını fiilen bütün İslâm dünyasının Hristiyan dünyasına karşı koruyucu olmaları gerçeğine bağlamaktaydılar. Onlar, Mekke ve Medine'yi ve Hac yollarını Portekizlilere karşı etkinlikle koruma gücüne sahip olduklarını göstermişler ve bütün Arap dünyası o zaman bunun için Osmanlılara saygı ve minnet duymuştur. Kahire ve Şam çok geçmeden eskisi gibi Hint malları almaya başlamıştır. Namlı sultanlar, bu gücün kendilerine Allah tarafından verildiğini, *mueyyad min 'ind' Allah* olduklarını düşünüyorlar ve propaganda ediyorlardı.

---

56 H. Sohrweide, "Der Sieg der Safeviden in Persien und seine Ruckwirkungen auf die Schiiten Anatoliens im 16. Jahrhundert," *Der Islam*, 41 (1965), 95-223.

57 H. İnalcık, *The Ottoman Empire, The Classical Age*, Londra, 1973; *idem*, "The Caliphate and Atatürk's İnkılâb," *Belleten*, 46 (1982), 353-365.

Abbasi dönemi fukahâsının klasik hilafet anlayışı, I. Selim'in sözde Abbasilerden hilafeti resmen devraldığı iddiası ancak Osmanlı çöküş döneminde, 18. yüzyılda politik bir amaçla ileri sürülmüştür. 16. yüzyılda ise Osmanlıların İslâm dünyasında üstünlüğü, *Halife-i Rûy-i Zemîn*, yani *Dünya Halifesi* iddiaları, bir dünya gücü olarak İslâm dünyasının Fas'tan Endonezya'ya kadar fiilen koruyucusu durumunda olmaları olgusuna dayanıyordu.

Öte yandan, 16. yüzyılda İslâm'ın koruyuculuğu, gazâ fikrine dayanan hilâfet anlayışı, devlet hayatında şer'î ve örfî ayrılığın aleyhine şeri'atçılığı kuvvetlendirmiş, şeyhülislâmlar yönetimde ve kanunların düzenlenmesinde gittikçe daha büyük bir rol almaya başlamışlardır. Bu yeni akımı ilkin I. Selim'in şeyhülislâmı Cemaleddin Efendi'nin tutumunda açıkça görüyoruz. Bununla beraber I. Süleyman döneminde devlet idaresi ve kanunlar, Koca Nişancı Celalzâde gibi büyük bir bürokratın çabaları sayesinde tümüyle bağımsızlığını korumuştur. Ulema ve bürokrat karşıtlığı açık olmasa da, Osmanlı devlet hayatında sonuna kadar süregelen bir gerçektir ve yeni Türk devletinde laiklik bürokrasinin son zaferi olarak yorumlanabilir.

Osmanlılar ve Avrupa Devletler Sistemi

Avrupa'da büyük devletler arasında ortaya çıkan İtalya harpleri sırasında Osmanlılar, bir denge unsuru olarak hesaba katılmaya başlamıştır. Kanunî Sultan Süleyman döneminde ise Osmanlı Devleti, Avrupa devletler sisteminin vazgeçilmez bir unsuru olarak ortaya çıkacaktır. 1532'de Fransa kralı I. François, Osmanlı İmparatorluğu'na, Avrupa devletlerinin imparator V. Karl'ın üstünlüğü karşısında varlıklarını garanti eden yegâne güç gözüyle baktıklarını açıkça söylemiştir.[58] Bir papa ve bir imparator idaresinde *Respublica Christiana* ideolojisi karşısında Batı Avrupa'da millî monarşilerin güçlenmesinde Osmanlı gücü, hiç kuşkusuz, kesin bir rol oynamıştır. Bu gerçeği tanımakta Batı Avrupa tarihçiliği tereddüt gösterir. 16. yüzyılda Osmanlı İmparatorluğu, hiç kuşkusuz, Anadolu ve Balkanlar'da bir bölge imparatorluğu

58 J. Ursu, *La politique orientale de François Ier*, Paris, 1908, 75.

konumundan bir dünya gücü durumuna yükselmiştir. O zamanki dünyada hiçbir önemli sorun yoktur ki Osmanlı politikası ilgilenmesin ve ağırlığını duyurmasın. O zaman Sumatra'dan Toulon'a, Mombasa'dan Astrahan'a kadar Osmanlı kuvvetleri, dünyanın dört köşesinde yürüyüş halindeydi. Kanunî Sultan Süleyman, bu dünya politikasını daima İslâm'ın koruyucusu sıfatına dayandırmaktaydı. O, yalnız Akdeniz'de İslâm'ı Hristiyan Avrupa'ya karşı değil, aynı zamanda İslâm ülkelerini Hint Okyanusu'nda Portekizlilere, Volga üzerinde Ruslara karşı koruyor ve bu amaçla ordu ve donanmalarını gönderiyordu. Öte yandan, İran'la savaş, Sünnî İslâmiyet'in desteklenmesi ve Rafızilerin ortadan kaldırılması siyaseti olarak yine bu dinî temel prensibe dayanıyordu. Başka deyimle *gazâ* ideolojisi, dünya egemenliği politikasının meşrulaştırıcı temeli oluyordu. Fakat bu dünya politikasının ağır yükü, Osmanlı Devleti'nin içyapısında derin etkiler yapmıştır. Bu konuyu çöküş döneminde etraflıca ele alacağız.

Nüfus

Aşağıda, nüfus ve gelir hakkında, Ö. L. Barkan'ın araştırmalarının ortaya çıkardığı sonuçları aktaracağız.[59] 1520-1555 yıllarına ait tahrîr defterlerine göre, nüfus, Küçük Asya'da (Anadolu, Karaman, Zulkadriye, Diyarbakır ve Rum vilayetleri) 1.032.425 *hane*, (hane halkı-aile) Rumeli'de (Tuna ve Sava ırmakları güneyindeki bölge) 1.111.799 *hane*dir. Rumeli'deki nüfusun 832.707 hanesi Hristiyan, 194.958 hanesi, yani %18'i Müslüman'dır. 1488-1491 yıllarını kapsayan cizye defterlerine göre, İslâmlaştırmaların bütün bölgede yılda 100-300'ü geçmediği anlaşılmaktadır. Başka deyimle, her yerde, hatta Bosna'da dahi, İslâmlaşma başlangıçta şehirlerde ve askerî sınıf arasında başladı

59 "Essai sur les données statistiques des registres de reconsement dans l'empire Ottoman aux XV'e et XVI e siècles," *JESHO*, I-1, 9-39; Ö. L. Barkan, "894 (1489) Yılı Cizyesinin Tahsilatına Ait Muhasebe Bilançoları," *Belgeler*, I-1 (1964), 1-117; *idem*, "Osmanlı İmparatorluğunda Bir İskan ve Kolonizasyon Metodu Olarak Sürgünler," *İFM*, XV (1953-54), 209-237; N. Todorov "La situation démographique de la Peninsula balkanique au cours des XVIe sècles," *Annuarie de l'Univ. de Sofia*, I. III-2 (1959).

ve yavaş yavaş gelişti. 1489'da Bosna'da 25.000 Hristiyan aileye karşı 4.500 *hane* vardı. Türkçe konuşmayan Müslüman toplulukları dışında, Balkanlar'daki Müslümanların büyük çoğunluğunun Anadolu'dan giden Türklerin torunları oldukları kesindir. Türk göçleri, ilk fütuhat döneminde, 14. yüzyılda çok yoğun olmuştur. Barkan'ın tahrîr defterlerine göre yaptığı nüfus haritasında, Serez-Niğbolu hattının doğusundaki bölgede Türkler 16. yüzyılda çoğunluktadır. Bunun yanında, *uc* bölgelerinde ve istila yolları üzerindeki şehir ve kasabalarda yoğun Türk toplulukları göze çarpar. Osmanlılar, fetihlerini güvenlik altına almak için, gerekli görülenler dışında, bütün kaleleri yıktıkları gibi, o bölgeye Anadolu'dan sürgün yoluyla nüfus, özellikle sürülmesi kolay göçebe halkı sürüp yerleştirirlerdi.[60] 1520-1535 tahrîr defterlerine göre, Rumeli'de Müslüman nüfusun 37.435 hanesi Yörük, yani göçebe Türkmen ve 12.105 hanesi *yaya* ve *müsellem* (askerî hizmetlerle yükümlü, vergiden muaf Türk çiftçileri) idi. Eski Osmanlı *uc* şehirlerinde, Serez, Yenişehir (Larissa), Üsküp (Skopje), Saray-Bosna'da Müslümanlar çoğunlukta olup bunların da çoğunluğu dükkân ve işyeri sahibi esnaf ve tüccarlardan oluşuyordu. Balkan tarihçilerine göre, Müslüman Türkler Balkanlar'da askerî bir egemen sınıf olarak varlıklarını sürdürmüşlerdir. Bu iddiayı, Osmanlı arşiv belgelerini incelemiş hiçbir tarihçi artık onaylayamaz. Tahrîr defterlerinde, Müslümanların çoğunluğu çiftçi olup Hristiyan çiftçiler gibi vergi veren *reâyâ* sınıf içinde sayılmışlardır. Buna karşılık, Osmanlı idaresi altında askerî sıfatını taşıyıp, birtakım ayrıcalıkları bulunan Hristiyan grupları vardır (Örneğin adı geçen tarihlerde 82.692 *Eflak* ve *Martaloz*).[61] Şunu da söylemek gerekir ki, Müslüman çiftçiler, Rumeli'nin birçok bölgesine pirinç ve pamuk gibi birtakım önemli tarım bitkileri ve yöntemleri sokmuşlar, sanatkârlar ise şehirlerde birtakım yeni sanatlar ve becerileri geliştirmiş ve yaymışlardır.

60 Yürükler için bkz. T. Gökbilgin, *Rumeli'de Yürükler, Tatarlar ve Evlâd-ı Fâtihân*, İstanbul, 1957.

61 Martoloslar için M. Vasić, "Die Martolosen im Osmanichen Riech," *Zeitschrift für Balkanologie*, II (1964), 172-189; R. Anhegger, "Martaloslar Hakkında," *Türkiyat Mecmuası*, VII-VIII (1940-42), 282-320; H. İnalcık, *Fatih Devri Üzerine Tetkikler ve Vesikalar*, Ankara: TTK, 1954, 179-181.

İstanbul, Bursa ve Edirne bir yana bırakılırsa, şehirler az nüfusludur (genellikle 2.000 hanenin altında). Rumeli'de en büyük şehirlerden Selânik 4.803, Atina 2.297, Niğbolu 1.343, Serez 1.093 haneydi. Bizans'ın son dönemlerinde ancak 30-40 bin nüfusu olan İstanbul, Fatih'in büyük çabaları sonucunda 1478'de yapılan bir sayıma göre[62] 14.803 (8.953'ü Müslüman) haneyle Balkanlar'ın ve Anadolu'nun en büyükşehri durumuna geldi (*hane*'yi dört nüfus kabul ederek bu, 60.000 kişi olur). Fakat 16. yüzyıl başlarında şehrin nüfusu 80.000 *hane*ye yükselecektir. 17. yüzyıl sonlarına doğru İstanbul, yarım milyonu aşan nüfusuyla Avrupa ve Ortadoğu'nun en büyük şehri oldu. O zamanlar, İstanbul salhanelerinde yılda 4 milyon koyun, 3 milyon kuzu ve 200 bin öküz kesildiği ve fırınlara günde 300 ton kadar buğday verildiği hesaplanmıştır. Bu yiyecek ve içeceklerin önemli bir kısmını Rumeli sağlardı. Dobruca kırı, kuyular kazılarak tarıma açılmış ve deniz yoluyla ulaşımdaki kolaylık dolayısıyla İstanbul'un buğday ambarı haline gelmiş,[63] orada yüzlerce yeni köy kurulmuştur.[64] Öbür yandan, bütün Türk şehirleri gibi, İstanbul'da sultanların ve paşaların kurdukları zengin vakf kuruluşlarıyla bayındır hale getirilmiş, kırsal kesimden ve imparatorluğun her yerinden erzak ve para akmaya başlamıştır.[65] Özetle İstanbul

62 Topkapı Sarayı Arşivi, no. D. 9524.

63 R. Mantran, *Ibid.*, 44-46, 181.

64 Bkz. H. İnalcık, "Dobruca," *EI*².

65 Yugoslavya'daki şehirlerin tarihi hakkında bkz. *Histographie Yougoslave 1955-1965*, Belgrad, 1965, 133-34; Vakıflar için, N. Begović, *Vakufiu Jugoslaviji*, Belgrad, 1963; Ö. L. Barkan, "Edirne ve Civarındaki Bazı İmaret Tesislerinin Yıllık Muhasebe Bilançoları," *Belgeler*, 1-2 (1965), 235-377; T. Gökbilgin, *Edirne ve Paşa Livası*, İstanbul; *l structures sociale et dévelopment culturel des villes su dest europyéenes et adriatiques aux XVIIe siècles, Actes du colloque... Venise 27-30, Mai 1971*, Bucharest, 1975; N. Todorov, *The Balkan City*, 1400-1900, Seattle, 1983; S. Faroqhi, *Towns and Townsmen of Ottoman Anatolia*, Cambridge, 1984; H.İnalcık, "İstanbul," *EI*², II; B. Yediyıldız, *Instution du Vaaf au XVII siècle eu Turquie*, Ankara: TTK, 1985; H. Gerber, *Economy and Society in an Ottoman City: Bursa, 1600-1700*, Jerusalem, 1988; H. İnalcık, "İstanbul an İslamic City," *JIS*, (1980), 1-23, 68; Ö. L. Barkan, "Essaisur les donnés statistiques," 23-35.

büyük pazar olarak imparatorluk ekonomisinin oluşmasında kesin bir rol oynamıştır.

1500-1510 yılları arasında, bütün Akdeniz ülkelerinde olduğu gibi, Osmanlı İmparatorluğu'nda da en azından %40 bir nüfus artışı görülmektedir.[66] Balkanlar'ın, uzun bir dönem için, hiç düşman ayağı görmediği ve önemli iç kargaşalara alan olmadığı göz önüne alınırsa, bu nüfus artışı normal sayılmalıdır. 1490-1528 yılları arasında Balkanlar'da cizye toplamı üçte bir artış göstermektedir ki, bu da daha çok bir nüfus artışıyla açıklanabilir. Nüfus artışı, tarım topraklarının genişlemesi, mezra ve otlakların tarım toprağı haline gelmesini sağlarken, özellikle Orta Anadolu'da geçim sıkıntısının artması sonucunu da vermiştir. Mustafa Akdağ'a göre, nüfusla tahıl üretimi arasındaki dengesizlik; fazla nüfusun şehirlere yığılması, ücretli askerlik, eşkıyalık ve Celali hareketlerinin ana nedeni olmuştur.

Devlet Gelirleri ve Ekonomi

1527-28 mali yılında 538 milyon akçayı (yaklaşık 9 milyon Venedik altını) bulan devlet gelirleri başlıca şu yerlere harcanıyordu.[67]

	Milyon akça
Padişahın özel harcamaları	3,5
Timarlar	166.0 (Rumeli'de 17.288 kişi, küçük Asya vilayetlerinde 16.468 kişi)
Kapı-kulu askerî (Yeniçeri ve süvari, topcular ve öteki Kapıkulu ve saray hizmetlileri	66.0 (hepsi 27.049 kişi)
Kale muhafızları ve donanma askeri	40.0 (hepsi 23.017 kişi)

66 Ö. L. Barkan, "894 (1488-1489) Yılı Cizyesinin Tahsilatına Aid Muhasebe Bilançoları," *Belgeler*, I, 16 ve ek cedvel no. I ve II.

67 "H. 933-934 (M. 1527-1528) Mali Yılına Ait Bir Bütçe Örneği," *İFM*, XV, 1953-54, 251-329.

Görülüyor ki devlet gelirlerinin yarısı asker maaşlarına (*timar* ve *ulûfe* olarak) gitmektedir. Kalan paranın önemli bir kısmı da, yine asker ve saray giderlerine ayrılmakta, bundan kalanı bina ve kale inşası ve onarımına, donanma giderlerine, devlet görevlilerinin maaşlarına ve çeşitli bağışlara harcanmaktadır. 1527-28 mali yılında gelirden 70 milyon akça artmıştır. Artan para, yedek akça olarak *iç-hazine*de saklanırdı.

Rumeli'nin (Tuna ve Sava güneyindeki bölgelerle Kırım Yarımadası güneyi) bütün geliri 198 milyon akça, yaklaşık üç buçuk milyon altındır. Bu miktara bütün hâs ve timarlarla vakf ve mülklerin gelirleri katılmıştır. Bu miktar, bütün imparatorluk gelirlerinin yaklaşık %37'sine eşittir. Rumeli gelirinin %48'i padişah hâsları olarak doğrudan doğruya merkezdeki devlet hazinesine girmekteydi, %46'sı timarlara ayrılmıştı. Merkezdeki hazineye, Rumeli'den gelen gelirlerin %46'sı, merkezî hazine mukataalarından (yani başlıca hâs olarak ayrılmış bölgelerdeki çiftçilerden toplanan çeşitli vergilerle şehirlerde alınan ticaret resimlerinden, gümrük ve madenler gelirinden), %42,3'ü gayrimüslimlere yüklenen cizye vergisinden gelmekteydi.

Rumeli'de gelirin yaklaşık %6'sı mülklere ve vakıflara ayrılmıştır. Vakıf giderlerinin büyük kısmı, cami, mescid, medrese, mektep, köprü, han, hamam, çeşme, zaviye, imaret, hastane inşası ve bakımı giderlerine harcanır. Böylece, bugün modern devletin yüklendiği bu gibi kamu hizmetleri vakıf yoluyla yerine getirilmiş olurdu. Bu sistem, Rumeli'de Osmanlı şehirlerinin kuruluşunda da başlıca rolü oynamıştır. 1547-48 mali yılı hesapları, bu bölgenin gelirlerinde son yirmi yıl içinde esaslı bir değişiklik olmadığını ortaya koymaktadır.[68] Bununla beraber, tahrîr defterlerinde gördüğümüz *ifrâzât*, yani yeni bulunan vergi kaynakları, yalnız gizli kalmış gelirin ortaya çıkmasıyla açıklanamaz. Yeni toprakların tarıma açıldığını kayıtlardan anlamaktayız. 1584 yılına kadar altının 55-60 akça olarak değişmeyen durumu, genellikle ekonomik hayatta da istikrarın ve dengenin simgesi kabul edilebilir.

---

68 Barkan'ın yayınladığı diğer gelir ve gider muhasebe defterleri için bkz. *İFM*, XVIII (1955-56), 225-347; XIX (1957-58), 219-332.

Ekonomik bakımdan bu dönemde en önemli gelişme, Batı merkantilist devletlerine, kapitülasyonlarla imparatorluğun her tarafında serbest ticaret izninin bağışlanmasıdır. Merkantilist düşünceye yabancı kalan Osmanlı devlet adamları, ülkede mal bolluğu sağlamaya ve ticaretten alınan devlet gelirlerinin azalmamasına dikkat ederlerdi. Şu bir gerçektir ki, kapitülasyonlar, gereksinim duyulan bazı önemli maddelerin (başlıca ince yünlü kumaş, kalay ve çelik ve kristal, saat gibi lüks eşya) sağlanması ve hazineye ait gümrük gelirinin artması göz önünde tutularak kaygısızca verilmiştir. Dışarıdan mal getirilmesine bir sınırlama konmadığı halde, iç pazarda kıtlık doğurması veya düşmanın işine yarar düşüncesiyle birtakım malların (pamuk, demir, kurşun, hububat, deri, balmumu) ihracı zaman zaman yasak edilmiştir. Osmanlılar için Batı'dan özellikle gümüş ithali büyük önem taşırdı. Bu nedenle altın ve gümüş üzerinden gümrük alınmazdı. Fakat gümüş, Türkiye'den altına göre daha yüksek paritesi olan Hindistan ve İran'a kaçmaktaydı[69] ve gümüş para darlığı, ekonomi ve devlet girişimlerini kısıtlayan önemli bir faktör olmuştur.

Öyle görünüyor ki, Avrupa devletlerine kapitülasyon verilmesinde siyasi amaçlar önemli rol oynamıştır. 1536-1569'da Fransa, 1680'de İngiltere ve 1612'de Hollanda'ya kapitülasyon bağışlanması, bu ülkeleri Habsburglara karşı desteklemek düşüncesiyle verilmiştir.[70] Bu devletler için gümrük oranı %3 olarak yerleşecektir. Levant pazarlarının uygun koşullara açılması, Fransa ve İngiltere'de merkantilizm ve kapitalizmin gelişmesinde, başlangıçta öteki dünya pazarlarından daha önemli bir rol oynamış görünmektedir. Öte yandan, Avrupalıların Hindistan'la Atlantik üzerinden bir ticaret yolu kurma girişimlerini Osmanlılar etkisiz bırakmışlardır. Osmanlılar,

69 Bkz. H. İnalcık, "Türkiye'nin İktisadi Vaziyeti," 664-76; Venedik ve Balkan ticareti üzerinde bkz. J. Tadić, "Le commerce en Dalmatie et à Raguse et la decadance économique de Venise au XVIIe siècle," *Civilita Veneziana Studi*, 9, Venezia-Roma, 237-274; Osmanlı ekonomik düşüncesi üzerine bkz. H. İnalcık, "Capital Formation in the Ottoman Empire," *JEH*, 31 (1969), 75-104; *idem*, "The Ottoman Economic Mind and Aspects of the Ottoman Economy," *SEHME*, 207-218.

70 H. İnalcık, "İmtiyâzât," *EI*².

Hint Okyanusu'nda Portekizlilere karşı bilinçli bir uğraşıya girişmişler, baharat ticaretini yeniden Kızıldeniz ve Basra Körfezi yollarına çekmeyi başarmışlardır. 1540'tan sonra Ortadoğu'ya gelen baharat miktarı 30 bin kantara yükselmiştir ki Portekiz eliyle Avrupa'ya sevk edilen baharat da bu miktardadır. Bu dönemde Osmanlı baharat ihracı Lizbon ve Amsterdam'da kaygı uyandırıyordu. Osmanlı Devleti 1560-1570 döneminde Portekizlilere karşı Hint Okyanusu'nda Gücerat ve Sumatra'da Açe Sultanlığı'yla ittifak yapmış ve baharat girişlerini üst düzeyde tutabilmiştir.[71]

İran ipek ticareti Osmanlı Devleti'nin başlangıçtan beri başlıca servet kaynaklarından biri olma özelliğini sürdürdü. 1500 tarihlerinde Bursa'da bin kadar ipekli tezgâhı çalışır durumdaydı. I. Şah Abbas, İran ipeğinin, Hint Okyanusu veya Moskova üzerinden Batı'ya gitmesini sağlamak için büyük çaba göstermiş, 1622'de İngilizlerle iş birliği yapıp Hürmüz'ü Portekizlilerden almış ve nihayet Bağdat'ı ele geçirmiştir.[72] Osmanlılar İran'ın çok ihtiyacı olan altın, gümüş ve bakırın İran'a girmesini yasaklayarak karşı önlem alıyorlar, böylece iki ülke arasındaki ilişki, ekonomik bir boyut kazanıyordu. Abbas'ın ölümünden sonra ipek kervanları yeniden Halep, Bursa ve İzmir'e gelmeye başlamış ve Osmanlı ekonomisi için önemli bir kaynak olmaya devam etmiştir. Fransa ve İngiltere'de ipekli tüketiminin ve ipek sanayinin genişlemesi ipek ticaretini dünya

---

71 S. Özbaran, "Osmanlı İmparatorluğu ve Hindistan Yolu," *Tarih Dergisi*, (1977), 66-146; H. Kellenbeuz, "From Melchior Manlich to Ferdinand Cron: German Levantine and Oriental Trade Relations," *JEEH*, XIX, 611-622; F. Braudel, *The Mediterranean and the Meditteranean World in the Time of Philip II*; H. İnalcık, *An Economic and Social History of the Ottoman Empire*, Cambridge: Cambridge University Press.

72 İran ile Osmanlı İmparatorluğu arasında gerçekten bir iktisadi savaş olagelmiştir, buna ait ilk genişçe araştırma için bkz. H. İnalcık, "Türkiye'nin İktisadi Vaziyeti Üzerine bir Tedkik Münasebetiyle," *Belleten*, XV (1951), 661-676; konuyu geniş biçimde ele almış olan N Steensgaard, *Carraks, Caravans and Companies*, Copenhagen, 1972; I. Selim'in ipek ticareti yasağı hakkında bkz. J.-L. Bacquè-Grammont, "Notes surune saisie de soies d'Iran en 1518," *Turcica*, VIII-2, 237-253.

ekonomisi ve dünya kapitalizminin gelişmesi bakımından büyük ölçüde etkilemiştir. Aynı durum pamuk ve pamuklular için 17.-18. yüzyıllarda görülecektir.

Osmanlı Klasik Kültürü

Osmanlı kültürü ilk döneminde yani gelişme çağında bağnaz değildi. Yabancı kültürlere özeniliyor, bilinçli kültür alıntıları yapılabiliyor, dışarıdan âlim ve sanatçı getirilmesine çalışılıyordu. Tursun Bey (15. yüzyıl sonu) kendi zamanında sanatta başlıca üç üsluptan, Tavr-i Rûmi (Anadolu Türk), Tavr-i Hatâyî (Orta-Asya) ve Tavr-i Frengî (Avrupa) üsluplarından söz ediyordu.[73] Kanunî Sultan Süleyman dönemiyle, Osmanlı kültürünün klasikleştiği, dış etkilere kapanmaya başladığı düşünülebilir. Osmanlı kültürü, gerçekte o zaman en büyük üstadlarını vererek, ideal şekillerine kavuşmuş bir kültür bilincine vardı ve artık dış alıntılara özenmedi ve kendi klasik şekilleri içinde kalıplaştı. Yine bu dönemde, devletin *mîrî* toprak, *timar* ve *kul* sistemine dayanan sosyal politik yapısı nitelik bakımından en yüksek seviyesine ulaşmıştı. Mutlak bir otoritenin sahibi sayılan padişah, bütün politik-sosyal düzenin kaynağı ve dayanağı sayılıyordu. Padişah iradeleri şeklinde çıkan örfî kanun ve tüzükler, Kanuni döneminde ideal şekillerine kavuşmuş kabul ediliyordu.[74]

---

73 *Târih-i Abu'l-Fath*, *The History of Mehmed the Conqueror*, yay. H. İnalcık ve R. Murphey, Minneapolis ve Chichago: Bibliotheca Islamica, 1978, 55-61.

74 Osmanlı hukuku üzerinde bkz. H. İnalcık, "Osmanlı Hukukuna Giriş," *Siyasal Bilgiler Fakültesi Dergisi*, XII-2 (1958), 102-126; Fatih Sultan Mehmed'in reâyâya ait kanunnâmesinin analizi için bkz. H. İnalcık, "Osmanlılarda Raiyyet Rüsûmu," *Belleten* XXIII (1959), 575-608; Süleyman Kanunnâmesi için bkz. H. Hadžibegic, "Kanun-nâma sultana Sulejmana Zakonodavca," *Glasnik Zemaljkog Muzeja Sarajevu*, IV-V (1950), 295-382; Ö. L. Barkan, *XV. ve XVI. Asırlarda Osmanlı İmparatorluğunda Ziraî Ekonominin Hukukî ve Malî Esasları, I. Kanunlar*, 1943, I-LXXII; Süleyman Kanunnâmesi'nin ideal sayılması hakkında 1956 tarihli adaletnâmeye bkz. H. İnalcık, "Adâletnâmeler," *Belgeler*, II (1965), 405; H. İnalcık, "Kânûn", *EI²*, IV, "Kânûnnâme," *EI²*, IV. Süleyman'a atfedilen kanunnâme metni tamamıyla Bayezid dönemine aittir, bkz. N. Beldiceanu, *Code de lois Coutamières de Mehmed II.* Wiesbaden, 1967,

16. yüzyılda klasik şekillerine ulaşan bu ilk dönem Osmanlı devlet yapısı, *gâzi uc* toplum ve geleneğinin gelişmiş bir şekli olarak, askerî bir devlet karakteri gösteriyordu. *Gazâ* prensibinin, emperyalist girişimlerin devlet hayatında üstün rolü göz önünde tutulursa, bu görüş bir bakıma kabul edilebilir. Daha önceki İslâm devletlerinden farklı olarak, Osmanlılarda sivil yönetim, hatta dinî kazâ göreviyle askerî görevlerin aynı kişiler elinde toplanmış olması da dikkate değer. Daha 15. yüzyılda Bursa gibi bir ticaret ve endüstri merkezinde dahi, en yüksek servetlere sahip yüksek tabakayı, askerî sınıf görevlileri oluşturmaktaydı.[75]

Nihayet askerî *uc* ve *gazâ* örgütünün devlet içindeki rolü, sürekli yeni toprakların fethini bir gereklilik haline getiren timar sistemi göz önünde tutulmalıdır. Bu gözlemler doğru olmakla beraber, çeşitli etkilerden yoğrulmuş kendine özgü bir Osmanlı kültürünün ve yaşam üslubunun varlığı ve Osmanlı yönetiminin yerleştiği ülkelerde bu kültürün ve yaşam tarzının derin etkileri unutulmamalıdır. Orijinal bir Osmanlı kültürü, devlet ve hukuk düzeni var olmuştur. Özellikle Osmanlıların Balkanlar'da sosyal ve kültürel etkileri derindir. O zaman bu kültürün, büyük bir çekici kuvveti vardı. Kendi iç değeri yanında, Osmanlı emperyal kültürü, bir *prestij kültürü*ydü. Bir gayrimüslim için en arzu edilir şeylerden biri, giyimini ve yaşamını Müslüman Osmanlı'ya benzetebilmekti. Balkanlı, hatta Arap tarihçilerin bugünkü geri kalmışlığı, Osmanlı rejimiyle açıklamaya yeltenmeleri anakronistik bir özlemden ibarettir. O zaman kimse hümanizma ve Rönesans'ın Batılı milletlere getireceği kudreti, serveti ve prestiji hayalinden geçiremezdi. Doğu Hristiyan kültürünün

---

tarihleme yanlıştır; Süleyman'a atfedilen bu kanunnâmenin yapılan bütün yayınları yanlışlarla doludur, birçok yazmanın karşılaştırılmasıyla metnin aslının çıkarılması işini tamamlamış bulunuyoruz, yorumlarla yayınlayacağız, kanunnâmelerin hukuki bir analizi için şimdi bkz. A. Akgündüz, *op.cit.* 41-301; yazar Süleyman'a atfedilen genel kanunnâmeyi, en eski fakat noksan ve hatalı Koyunoğlu nüshasından almıştır, bkz. Cilt II, 39-114; bu kanunnâmenin Viyana'da *Staatsbibliothek*'de tuğra ile tasdik edilmiş bir nüshası vardır.

75 Bkz. H. İnalcık, "15. Asır Türkiye İktisadî ve İçtimaî Tarihi Kaynakları," *İFM*, XI (1953-1954), 51-75.

bağımsız yaşadığı ülkelerde, örneğin Rusya'da dahi Rönesansı izleyemediği, izlemek istemediği ortada olan bir gerçektir.[76]

---

76 Doğu Avrupa ve bu arada Osmanlıların geri kalmışlığı üzerinde son olarak bkz. *The Origins of Backwardness in Eastern Europe, Economics and Politics from the Middle Ages until the Early Twentieth Century*, yay. D. Chirot, Berkeley: University of California Press, 1989; bu cilt içinde Osmanlılara ait bir bölüm V. F. Adanır, "Tradition and Rural Change in Southeastern Europe During Ottoman Rule," 131-175; Türkiye'nin geri kalmışlığı sorunu, II. Dünya Savaşı'ndan sonra Türk aydınlarını en çok düşündürmüş ve bir yığın yayına vücut vermiştir. Bu yayınların büyük bölümü Marxist teoriyi izlemiştir. Genel olarak bu teorinin tartışması için bkz. B. Chandra, "Karl Marx, His Theories of Asian Societies and Colonial Role," *Review*, V-1 (1981), 13-91; A. M. Bailey ve J. R. Llobera, *The Asiatic Mode of Production: Science and Politics*, London: Routledge ve Kagan Paul, 1981; Doğu Avrupa'da Osmanlı toplum yapısı başlangıçta Marx'ın feodal toplum teorisine göre yorumlanmıştır. Bu konuda en esaslı inceleme: V. P. Mutafcieva, *Agrarian Relations in tha Ottoman Empire in the 15th and 16th Centuries*, New York, 1988. Sosyal yapıyı Marx'ın *Asya Tipi Üretim Tarzı* teorisi bakımından işleyenler, S. Divitçioğlu, *Asya Tipi Üretim Tarzı ve Osmanlı Toplumu*, İstanbul, 1967; S. Yerasimos, "Le Mode de production asialtique et la société Ottomane," Yayımlanmamış tez, Türkçeye çeviren B. Kuzucu, *Azgelişmişlik Sürecinde Türkiye*, 3 Cilt, İstanbul: Gözlem, 1974; H. İslamoğlu ve Ç. Keyder, "Agenda for Ottoman History," *Economy and Society*, V-2 (1976), 178-196; Asya Tipi Üretim Tarzı'nı Türk yazarları Divitçioğlu'ndan beri Osmanlı'ya özgü bazı farkları belirterek ılımlılaştırırlar; daha genel biçimde ele alanlar arasında bkz. M. A. Şevki, *Osmanlı Toplumunun Sosyal Bilimle Açıklanması*, İstanbul: Elif Yay., 1968; M. Sencer, *Osmanlı Toplum Yapısı*, İstanbul: MAY, 1969, 186-378; B. Boratav, *Tarımsal Yapılar ve Kapitalizm*, Ankara: SBF, 1980; R. Aktan, *Türkiye İktisadı*, Ankara: SBF, 1978; Ç. Keyder, *Toplumsal Tarih Çalışmaları*, Ankara: Dost; Marx etkisiyle genel sosyolojik analiz için bkz., İbrahim Yasa, *Türkiye'nin Toplumsal Yapısı ve Temel Sorunları*, 2. Baskı, Ankara, 1973; J. Hinderink ve M. B. Kıray, *Social Stratification as an Obstacle to Development, A Study of Four Turkish Villages*, New York: Praeger, 1970; Osmanlı ekonomisinin *durağan* (*stagnant*) karakteri üzerinde tartışmalar da, tarihî verilere dayanacak yerde çoğu zaman olayları teoriye uydurma biçiminde gelişmiştir. Asya Üretim Tarzı teorisiyle I. Wallerstein'in Kapitalist Dünya Ekonomisi ve onunla bütünleşme teorisini kaynaştıran ve tarihî veriler ışığında yeni bir yorum getirme çabası için bkz. *The Ottoman Empire and the World Econmy*, yay. H. İslamoğlu-İnan, Cambridge, 1987, 1-26; *idem* , (Les paysans, le marché et l'Etat en Anatolie

Osmanlı *patrimonyal* toplumunda yüksek kültür yaratımı, sarayın ve saraydan çıkma kulların patronajı altında gerçekleşiyor,

au XVI e siècle," *Annales*, E.S.C., V (1988), 1025-1043; *durağanlık* için bizim tarihî verilere dayanan görüşümüz, toprak ve köylü üzerinde belli fiskal-politik gereklerin doğurduğu çift-hane, kentte *hirfet* rejimidir (infra).

Üretim tarzına bağlanan toplum yapısı teorisinin Max Weber sosyolojisiyle değişik biçimde yorumu için bkz. K. Wittfogel, *Oriental Despotism, A Comperative Study of Total Power*, 5. Baskı, New Haven ve Londra: Yale Univ. Press, 1964; Wittfogel, Osmanlı İmparatorluğu'nu önemli bir toplum tipi olarak alır fakat sulamanın esas olduğu Mezopotamya, Mısır, Çin imparatorlukları yanında Osmanlı despotizmi için özel bir üretim tarzı bulamaz, bize göre *büyük hidrolik devlet girişimi* yerine Osmanlı örneğini belirleyen üretim tarzı, çift-hane sistemidir; bunun için geniş bir biçimde bkz. H. İnalcık, *The Middle East and the Balkans Under the Ottomans: Selected Papers on Economy and Society*, Bloomington, 1992; Osmanlı'nın toprağı ve köylü emeğini mutlak devlet kontrolü altında tutması, *mîrî* sistem, klasik dönemde Osmanlı rejiminin temeli ve ana karakteridir; çift-hane sistemi olarak nitelendirdiğimiz bu "üretim tarzı"nı belirleyen *baskı* veya *koşul*, İslâm'ı gittikçe güçlenen bir haçlı Avrupası karşısında koruma, direnme ve karşı saldırıya geçip *Hak sözü*'nü dünyada egemen yapma çabası, yani gazâ ideolojisidir. Osmanlılar toprağı ve köylü emeğini kontrol veya "despotizm"i bununla haklı göstermiş ve topluma kabul ettirmiştir. 13. yüzyılda iki yandan, Mogol ve haçlı baskısı altında yok olma karşısında kalan İslâm âlemi Mısır ve Suriye'de Memlukların, Anadolu'da Osmanlıların askerî rejimini bir çıkış yolu olarak benimsemiştir. Bu, bir "meşrulaştırma" ideolojisi olup asıl temel sosyal-ekonomik yapıyı, çift-hane sisteminde aramak gerekir. Bizim bu açık yorum tarzımız, son yayınlarda hayretle görüyoruz ki, ters ve noksan biçimde özetlenmekte ve bize ait olmayan düşünceler bize atfedilmektedir. Mesela, bkz. C. Imber, "The Ottoman Dynastic Myth", *Turcica*, XV (1987), 7-27, bu yazıdaki esas düşünceler için bkz. H. İnalcık, "Pâdişâh," *İA*, IX (1969), 491-495; 1964'te çıkmış olan bu yazıda (s. 492-493) hânedânın hâkimiyetini meşrulaştırmak amacıyla Osmanlıların çeşitli rakip Müslüman hükümdarlara karşı hükümdarlık haklarını ve hâkimiyet kaynağını Orta Asya hanlık geleneğine, Selçuk sultanlarının vârisliğine veya doğrudan Tanrı tarafından verilmiş olduğuna bağladıklarını belirtmiştik.

Bir grup sosyolog, Osmanlı İmparatorluğu'nun politik sosyoloji bakımından yapısını, merkeziyetçi-bürokratik imparatorluk çerçevesinde inceler. Osmanlı örneğine önemli bir yer ayıran böyle bir teori için bkz. S. N. Eisenstadt, *The Political Systems of Empires*, New York: The Free Press, 1969, Index: Ottoman Empire.

gelişiyordu. Osmanlı kültürünün geliştirildiği merkez, İstanbul, daha doğrusu, Saray-ı Hümâyun'du. Birçok sanat kolları, hassa sıfatıyla padişaha mensup *hirfetler* olarak sarayda örgütlenmişti. Saray mimarları, nakkâşlar, hânendeler (mutribân), şairler, kuyumcular, hil'at ve kaftan yapanlar, halı ve ipekli dokuyanlar, çarşıda en usta kişiler arasından seçiliyor veya saray için tutuluyordu. Bunlar padişah için en nefis eserleri yaratırlar, eserleri ötekiler için örnek olurdu. Öbür taraftan saray okullarında iç oğlanlarına çeşitli sanatlar öğretilirdi. İç oğlanlarından kumandan veya vali olarak taşraya çıkanlar, gittikleri vilayetlerde, padişah sarayını taklitle kendi saraylarını kurarlar ve Osmanlı saray üslûbunu çevrelerinde yayarlardı. Her önemli şehirde saraydaki baş mimara (ser-mîmârân-i hâssa) bağlı bir mîmar olup kamu yapılan onun gözetimi altında yapılırdı. Osmanlı kültürünün en önemli ve orijinal bir kolu da hukuk alanındadır.

Bürokrasi ve Kanunlar

Osmanlı hukukunun yaratılmasında, yönetimle ilgili kararlarda ve devlet yönetimine egemen ilkelerin hayata geçirilmesi ve yürütülmesinde en büyük rolü *dîvân-ı hümâyun* bürolarındaki kâtipler oynamaktaydılar. Genelde, İslâm devletlerinde bürokratlar, İslâmiyet'in yayılmasından önceki dönemlere çıkan Yakın Doğu'nun eski yönetim geleneklerini titizlikle sürdüren ve bir korporasyon halinde kurumlaşmış bulunan bir grup oluşturmaktaydı. Bürokratlar, yönetim sanatının inceliklerini, çırak-kalfa-usta sistemine göre öğrenirlerdi. Onlar, medrese ve camilerde İslâmî ilimleri öğrenmekle beraber, ulema dışında, sırf *hikmet-i hükümet* kaygısıyla hareket eden bağımsız bir gruptu. Devlet bürolarının tümü, veziriazama bağlı olmakla beraber, kâtipler iki ayrı kola ayrılmıştır. Siyaset ve yönetim işlerine bakan ve doğrudan doğruya veziriazam emrinde bulunan *divan kâtipleri* bir yanda olmak üzere doğrudan doğruya maliye başındaki defterdara bağlı *maliye kâtipleri* öbür yanda, bürokrasinin iki temel kolunu oluşturmaktaydılar. Kanunî dönemi başlarında, *divan kâtipleri* 11, defterdara tâbi kâtipler 39 kişiydi. Bu sonuncunun ayrıca, 33 şagirdi yahut çırağı veya asistanı vardı. Doğal olarak bunun dışında, gümrük, maden, vakıf vb. işleri yöneten *emin* adıyla bilinen bürokratları ve onların emri altında görev yapan kâtipleri, başka önemli bir kategori halinde Osmanlı bürokrasisi içinde saymak gerekir. Osmanlı devlet yönetimini yakından anlamak için, bu bürokratların yetişme biçimleri ve çalışmaları, defter ve muhasebe yöntemleri üzerinde geniş araştırmalar başlangıç aşamasındadır.

Büyük Bunalım, 1517-1610 ve Köklü Değişim

16. yüzyıl sonlarında, 17. yüzyıl başlarındaki büyük bunalımı hazırlayan önemli gelişmeler olarak, büyük nüfus artışı, Avrupa'da savaş tekniğinin ve gümüş bolluğunun etkisi altında Osmanlı klasik askerî ve mali düzeninin sarsılması, Safavîler ve Habsburglarla uzun savaş dönemi ve mali bunalım göz önüne alınmalıdır.

Daha 16. yüzyıl ortalarında, özellikle Şehzade Mustafa ve Şehzade Bayezid olayları sırasında, Anadolu'da şiddetli bir kaynaşma başlamıştı.[77] Bir yandan askerî sınıfa geçme amacıyla rakip şehzadeler hizmetine giren binlerce başıboş Anadolu köylü genci, *yevmüler, levendler* adıyla bu kargaşayı desteklerken, öbür yandan timarı az veya timarsız *eli-emirlü* ve *ma'zul* sipahiler, bu kaynaşmanın ön safında ortaya çıkmışlardır. Öbür yanda, *ilmiyye* mesleğinin vergi bağışıklığı gibi ayrıcalıklarından yararlanmak isteyen fakat soygunculuk ve hatta eşkıyalığa sürüklenen binlerce Anadolu delikanlısı *sûhte/softa* adı altında medreselerin çatısı altında toplanıyor yahut dağ başlarında kendi medreselerini veya çetelerini kuruyorlardı.[78] Eskiden Anadolu'nun fazla nüfusu için Balkanlar, bir taşma ve göç bölgesi, *uc*lar ise askerî hizmete girmek isteyenlerin *gönüllü, garip-yiğit* adıyla koşuştukları bir er-meydanıydı.

---

77 Bkz. Şerafettin Turan, *Kanunî'nin Oğlu Şehzâde Bayezid Vak'ası*, Ankara, 1961; Mustafa Akdağ, *Büyük Celalî Karışıklıklarının Başlaması*, Ankara, 1963; M. Cezzar, *Leventler*, İstanbul, 1965.

78 M. Akdağ, "Türkiye Tarihinde İçtimaî Buhranlar Serisinden: Medreseli İsyanları," *İFM*, XI (1949-50), 361-387.

16. yüzyılın ikinci yarısında, bir yandan Avrupa'da yayılma durakladı; yeni timar olanakları kalmadı ve *uc akıncı* kurumu çöktü; öbür yandan, yukarıda söylediğimiz gibi, büyük nüfus artışı nedeniyle çorak Orta Anadolu yaylasında nüfus baskısı güçlendi.[79] Bu nüfus taşmasının gerçek ölçüsü iyi bilinmiyor. Fakat birçok belirti, bu varsayımı doğrulamaktadır. Kıbrıs'ın fethinden sonra, 2 Eylül 1572 tarihli bir fermanla[80] Anadolu, Karaman Rûm, Zulkadri-ye (Dulgadir) vilayetlerinde, toprak sıkıntısı çeken, vergi *tahrîr* defterlerine yazılmamış olan, bulunduğu yerden kaçarak başka taraflarda yerleşen veya ırgatlık yapan, toprak davaları bir sonuca vardırılmamış olanlar, şehirlerde ve köylerde işsiz, güçsüz dolaşanların Kıbrıs'a sürgün gönderilmeleri emredilmiştir. Böylece, yalnız dağlık Teke bölgesinden gidecekler, 5.720 hane olarak saptanmıştır. Bunun yanında, kendi isteğiyle gidenler, bütün göçmenlerin üçte birine yaklaşmıştır. Calepio'ya göre, bu yolla Anadolu'dan Kıbrıs'a 20 bin göçmen gelip yerleşmiştir. Bunun yanında 1571'de adada, 1.500 yeniçeri ve 3.000 sipahi koruyucu göreviyle bırakılmıştı. 1570'ten sonra İran savaşları kırk yıl (arayla 1578-1618 döneminde) reâyâ aslından olan binlerce Anadolu delikanlısının askerî kadrolara alınmasını gerektirmiştir. Koçi Bey bunları, *ecnebî* adı altında 'Türk, Çingene, Tatar, Kürd, Laz, Yörük' diye anar. Reâyâ aslından binlerce genç, başlangıçta Kafkasya'daki fütûhat bölgelerinde timar sahibi, kale muhafızı ve *gönüllü* olarak bir dirlik ve kapı bulmuştur. Fakat bu yolla, Koçi Bey'in ve ondan önce *Kitâb-i Müstatâb*'ın (yazılışı 1620) şiddetle yakındıkları gibi, klasik Osmanlı düzeninin temel ilkesi olan reâyâ ve asker ayrılığı ilkesi çiğnenmiş oluyordu. Öbür yandan, yönetim ve askerî otoritenin yalnız ve yalnız padişah kullarına verilmesi ilkesi de unutulmuştu. Bunalımın nedenleri üzerinde çağdaş Osmanlı düşünürleri ayrıca şu

---

79 Nüfus baskısı üzerinde M. A. Cook, *Population Pressure in Rural Anatolia, 1450-1600*, Londra, 1972; H. İnalcık, "The Impact of the Annales School on Ottoman Studies and New Findings," *Review*, I (1978), 86-90.

80 Ö. L. Barkan, "Bir İskân ve Kolonizasyon Metodu Olarak Sürgünler," *IFM* (1949-50), 550-553; H. İnalcık, "Kıbrıs'ta Türk İdaresi Altında Nüfus," *Kıbrıs ve Türkler*, Ankara, 1964, 27-31.

noktalar üzerinde dururlar.[81] Padişahın *mutlak vekili* sayılan veziriazama tâbi *Dîvân-ı Hümâyun*'un ve büroların bağımsızlığı, bu dönemde ciddi olarak sarsılmış; başka bir deyimle, bürokratik merkeziyetçilik zedelenmiştir. Bunun başlangıcını, II. Selim'in tahta çıkmasıyla İstanbul'a beraberinde gelen yeni grubun, Veziriazam Sokollu'ya karşı uğraşılarında görmekteyiz. Saray nedimleri, kapıkulu zorbaları ve ulema, devlet işlerine karışmışlar, bürokrasinin devlet çıkarını ve düzenini her şeyin üstünde tutan geleneksel bağımsızlığını çiğnemişlerdir. Böylece, imparatorluk yönetiminin klasik kanun ve düzenleri bozulmaya, başlamıştır. Bunun en önemli sonuçlarından biri, Fatih tarafından devletleştirilen toprakların tekrar geniş ölçüde *mülk* ve *vakflar* halinde devlet kontrolünden çıkmaya başlamasıdır. Şunu da ekleyelim ki, ulemanın örfî kanunlar ve yönetim alanına karışma girişimleri, bu dönemde arttı. Kanuni Süleyman döneminde Şeyhülislâm Ebu Su'ûd Efendi örfî kanunları ve yönetim düzenlemelerini 9. yüzyıl fukahâsına göre şer'î prensiplerle yorumlamaya çalıştı.[82] Eskiden yalnız örfî kanun olan sorunlar, ondan sonra gittikçe daha çok *istifta* konusu olmaya başladı. 16. yüzyıl sonundaki bunalım döneminin sonucunda, I. Ahmed devrinde toplanıp düzenlenen *Kanûnnâme-i Cedid*, daha çok fetvalarla dolu bir dergi halini almıştır.[83] (Fatih ve Kanuni

81 B. Lewis, "Ottoman Observers of Ottoman Decline," *Islamic Studies*, I-1 (Karachi, 1962), 71-87; T. Gökbilgin, "XVIII. Asırda Osmanlı Devletinde Islahat İhtiyaç ve Temayülleri," *Kâtip Çelebi*, Ankara, 1957, 101-119. Çöküş dönemi üzerinde belli başlı Osmanlı yazarları: Mustafa Âli üzerinde bkz. C. Fleischer, *Bureaucrat and Intellectual in the Ottoman Empire: the Historian Mustafa Âli (1541-1600)*, Princeton, 1986; M. İpşirli, "Hasan Kâfî ve Devlet Düzenine Ait Eseri: Usûlü'l Hikem fî Nizâm-i'l-Âlem," *Tarih Enstitüsü Dergisi*, 10-11 (1979-1980), 239-278; 17. yüzyıl için bkz. Koçi Bey, *Risale*, yay. A. K. Aksüt, İstanbul, 1939, Y. Yücel, *Osmanlı Devlet Teşkilatına Dair Kaynaklar: Kitab-i Müstetâb, Kitabu Mesâlihi'l- Müslimin ve Menafi'ül-Mü'minin, Hırzü'l Mulûk*, Ankara: TTK, 1988.

82 P. Hörster, *Zur Anvendung des Islamischen Rechts im 16. Jarhundert.* "Die Juristischen Derlegungen" (*Mârûzât*) des Schejch ul-Islam Ebu'ssu'ud (ges. 1574), Stuttgart, 1935.

83 I. Ahmed dönemiyle bağlantılı olan kanunlar için bkz. *Osmanlı Kanûnnâmeleri, Millî Tetebbular Mecmu'ası*, İstanbul 1331 (1913), 49-112, 305-337.

kanunnâmelerinde bir tek fetvaya rastlanmaz). Bu şeriatçılık, yönetimin yeni durumlar karşısında serbest çalışmasını kısıtladı ve sünnî tutuculuğu güçlendirdi. Bu dönemde, yeniçerilerin ayaklanmaları haremle iş birliği yaparak zorbalıkla hükümet otoritesini kontrolleri altına almaları, özellikle mali kargaşayla ilgilidir.

Çağdaş Osmanlı bürokrat düşünürleri, özetle çökmenin nedenini, Kanuni döneminde en yüksek gelişme düzeyine ulaşmış olan klasik Osmanlı kurumlarının bozulmasına bağlarlar. Bu görüşlerde, kuşkusuz, büyük bir gerçek payı vardır. Modern tarih incelemeleri bu yorumları desteklemektedir. Ancak, bu Osmanlı düşünürleri doğal olarak, geleneksel devlet ve toplum felsefesi çerçevesinde yorum yaparlar, çok kez, gerçek nedenleri görmekten ve değişikliklerin gerçek anlamlarına inmekten uzaktırlar. Yukarıda temel nedenler arasında nüfus artışına değindik. Burada, birbirine sıkı sıkıya bağlı askerî ve mali değişiklikleri ele alacağız.

Hatırlamak gerekir ki, 1553'te Osmanlı Devleti müttefiki Fransa'ya 100 bin altın yardım yapmış, daha sonra aynı devlet, bir milyon altın daha istemiştir. Fakat çok geçmeden II. Philip'in İspanya'sı gibi, dünya boyutlarında egemenlik girişiminin yükü altında ezildi. Savaş, gittikçe daha masraflı bir hal aldı. İspanya ve Almanya Habsburglar'la karada ve denizde büyük çekişme, Osmanlı İmparatorluğu yapısında derin izler bırakan iki önemli olayla başlamıştır: Habsburglara karşı orduyu ateşli silahlarla donatılmış ağır piyadeden kurulu bir ordu haline getirme zorunluluğu ortaya çıkmış, okyay, kılıç ve mızraklı timarlı sipahisi savaş değerini kaybettiğinden, timar rejimi ihmal edilmiş ve dağılmaya bırakılmıştır. Öte yandan, özellikle donanma yapımı çok büyük masraflar getirmekteydi. Bir kadırganın bakım ve yönetim masrafı o zamanlarda yılda 6 bin altın dükaydı. Osmanlı donanması 200 kadırgadan kurulu olduğuna göre donanmanın yıllık gideri 1 milyon 200 bin dükaya varmaktaydı. İran savaşları Osmanlı bunalımının, başlıca nedenlerinden biri olarak yakından incelenmelidir. 1578-90 yıllarında Azerbaycan ve Şirvan'ın ele geçirilmesi, yalnız Osmanlı askerî düzeni için değil, aynı zamanda Osmanlı maliyesi için de yıkıcı bir nitelik kazanmıştır.[84] Memleket ahalisi kaçtığından veya direndiğinden oradaki işgal kuvvetlerini Anadolu'da beslemek gerekiyordu. 1603'ten sonra İranlılar bu kuvvetleri geri atınca, bunlar Anadolu'ya gelip döküldüler. Avusturya'ya açılan savaş (1593-1606) daha çok bu askerleri oyalamak ve dirlik bulmak amacını güdüyordu.

1593-1606 Avusturya savaşlarında, timarlı sipahi yerine tüfenkli piyade kullanılması gereği dolayısıyla, yeniçerilerin sayısı çok artırıldığı gibi (1527'de 7.886, 1610'da 37.627 kişi), Anadolu'dan başıboş köylülerden ücretle tüfenkli *sekban* ve *saruca* askerî yazılmaya başlandı. Barış dönemlerinde sekban askerine gereksinim kalmadığı zamanlarda, ücretsiz kalan bu eli tüfenkli yeniçeri kumandasında örgütlenmiş gruplar, Anadolu'daki halkı haraca kesmeye ve saldırılara başladılar. Timarı yetmeyen veya elinden alınan sipahiler de bu soyguna katıldı. İşte Anadolu'yu kasıp kavuran Celâli haydut grupları bu yolla ortaya çıktı.[85] Bu amansız soygunlar ve katiller

84 B. Kütükoğlu, *Osmanlı-İran Siyasî Münasebetleri*, I, İstanbul, 1962.

85 Bu konuya ait malzeme, Anadolu için: Ç. Uluçay, *Saruhan'da Eşkiyalık ve Halk Hareketleri*, İstanbul, 1944; *idem*, *18. ve 19. Yüzyıllarda Saruhan'da Eşkiyalık ve Halk Hareketleri*, İstanbul, 1955; H. İnalcık "Adâletnâmeler", *Belgeler*, III; Celâlî ayaklanmalarının ortaya çıkmasında ekonomik ve sosyal nedenler hakkında bkz. M. Akdağ, "Celali Fetreti", *DTCFD*, XVI-1-2 (1958), 53-107; *idem*, *Celali İsyanları, 1550-1603*, Ankara, 1963; *idem*, "Osmanlı İmparatorluğunun Kuruluş ve İnkişafı Devrinde Türkiye'nin İktisadi Vaziyeti," *Belleten*, XIII (1949), 497-564, XVI (1950), 319-418; Tüfenk kullanılmasının 16. yüzyıl ikinci yarısında bütün Ortadoğu ülkelerinde yayılması ve halkın tüfengi kolaylıkla elde etmesi temel sorun olup Celâlîler üzerinde çalışanların gözünden kaçmaktadır, bkz. H. İnalcık, "The Socio-political Effects of the Diffusion of Fire Arms in the Middle-East," *War Technology and Society in the Middle East*, Londra, 1974; 195-217; *idem*, "Military and Fiscal Transformation in the Ottoman Empire, 1600-1706," *Archivum Ottomanicum*, VI (1980), 283-337; Bir tüfenk elde eden kimse, ücretle hizmetini devlete, padişahlara sunmakta, bunu bulamayınca eşkıya gruplarına, Celâlîlere katılmaktaydı. Kayda değerki Balkanlar'da *haydut* (*hayduk*)ların çoğalması, Anadolu'da Celâlîlerin arttığı zamanlara rastlamaktadır. Rumeli'ye gelince birçok haydutun Martalos ve Voynuklar arasından geldiğini

yüzünden köylüler kitle halinde kaçmaya başladılar. Bu, Anadolu tarihinde *Büyük Kaçgun* diye anılır. Anadolu baştanbaşa yıkıldı yakıldı. Bu durum, İranlıların karşı saldırıya geçtiği 1603-1610 yılları arasında devleti kötürüm etti. Rumeli'de bu kerte yaygın olmakla beraber, özellikle Makedonya bölgesiyle kuzey Bulgaristan kargaşalıklardan kendini koruyamadı. Anadolu'daki anarşi yüzünden, buradan halkın kaçıp Rumeli'ye sığındığını biliyoruz. 17. yüzyıl savaş dönemlerinde, özellikle 1683-1699 yıllarında bu anarşik durum geri gelecektir. Osmanlı ordusu artık, çeşitli ad alan bu tüfekli ücretli askerlerden vazgeçemezdi. *Sekbân* ve *saruca* ve *yeniçeri* ulûfe aldıklarından merkezî hazinenin gelir kaynaklarını artırmak gerekiyordu. Öte yandan, 1571'den sonra devlet, Akdeniz'de İspanya'ya karşı kuvvetli bir donanmayı sürekli hazır tutmak zorunluluğundaydı.

Osmanlı Devleti, merkezî hazinenin gelir kaynaklarını artırmak için doğrudan doğruya hazineye gelen vergilerin, yani olağanüstü bir ek vergi olan *avârız-ı divâniyye* ve *cizyeyi* artırmak zorunda kaldı. Önceleri, özellikle savaş zamanlarında toplanan *avârız-ı divâniyye* artık her yıl toplanan bir nakdî vergi haline geldi ve miktarı da sürekli artırıldı (kişi başına 1582'de 40, 1600'de 240, 1661'de 535 akça. Cizye, 1574'te 40 akça iken 1591'de 70, 1596'da 150, 1630'da 240, 1691'de 280 akçaya çıkarıldı).[86] 1596 tarihli *adalet-*

---

biliyoruz. Rumeli'deki eşkıyalar için bkz. *Turski izvori za aidutstvoto i aramjistvoto vo Makedonia*, I (1620-1650), II (1650-1700), Yay. A. Matkovski, Skopje, 1961; *idem*, *Turkski dokumenti za istorijata na makedonskiot narod*, c. I, 1607-1623, Skopje, 1963; D. Špova, *Makedonja vo XVI i XVII vek. Dokumenti od carigradskite archivi (1557-1645)*, Skopje, 1955; F. Adanır, "Heiduckentum und Osmanische Herrschaft," *Süddost-Forschungen*, 41 (1982), 43-116; B. Cvetkova, "Mouvements anti féodaux dans les teres bulgares sous la domination Ottomane, du XVIe au XVIIIe," *Études Historiques*, II (1965), 149-68. Bu hareketlerde hem bir sınıf kavgası hem millî bir karakter arayan adı geçen Balkanlı araştırıcılar, bu tarihlerde Osmanlı devlet ve topluluğunu bütünüyle sarsan diğer büyük tarihî değişiklikleri gözden kaçırmaktadırlar.

86 Bütçe açıkları için bkz. A.Tabakoğlu, *Gerileme Dönemine Girerken Osmanlı Maliyesi*, İstanbul, 1985; Hadžibegić, Dzizya, 82-97; H. İnalcık, "Djizya," *EI*[2], II, 562-566.

nâme, kanunsuz yollarla 150 akçalık cizyenin 500 veya 600 akçaya kadar çıktığını belirtmektedir. Ancak akçada âyar düşürülmesi (*tagşîş*) sonucunda akçanın değeri de çok düşmüş olduğundan, bu vergi ve gider artışlarının gerçek oranlarını bulmak için altın üzerinden hesaplamak gerekir. Gerçekten bir altın 1527'de 57, 1583'te 60, 1584'te 120 akçadır. Merkezî hazinenin yıllık geliri altın hesabı üzerinden şöyle bir gelişme gösterdi.[87]

Yılı	**Milyon Altın**
1527	5
1567	5,8
1597	2,5
1618	3
1653	4,2
1661	5

1590 yılından sonra hazine daima büyük açıklar vermeye başladı. Bu dönemde avârız ve cizyenin artması ve bu vergilerin toplanması sırasında kötüye kullanımı yüzünden reâyâ arasında hoşnutsuzluk, protesto olarak yerini yurdunu bırakıp kaçmalar yaygınlaştı.

Osmanlı maliyesini altüst eden bir olay da, gümüş akçanın tagşîşi, yani gümüş miktarının azaltılmasıdır. 1580'lerden itibaren Avrupa'dan sel gibi ucuz gümüşün gelmesi ve Avrupa kalp paralarının istilası bunun başlıca nedenidir. Osmanlı Devleti Avrupa'dan gümüş sağlamak için kendi millî para sistemini bırakıp her çeşit paranın girişini serbest bırakmıştı. Fakat görünüşü çekici kalp paralar piyasayı kaplayınca, gümüş miktarı itibarî değerinden yüksek olanakça, Gresham kanunu sonucu piyasadan kaçmaya başladı. Bunu fark eden maliye bu yüzden akçada gümüşü azletti ve *akça kesadına* böylece bir çare bulunmak istendi. Fakat bu da enflasyonu körükledi.[88]

87 Bkz. Tabakoğlu, not 85.

88 Bkz. H. İnalcık, "Türkiye'nin İktisadî Vaziyeti," 656-661; *idem*, "The Impact of the Annales," 95-96; Ö. L. Barkan, "Price Revolution," *IJMES*.

Osmanlı parasında bu dönemdeki büyük dalgalanmalar, çeşitli biçimde yorumlanmıştır. Akçanın %100 değer kaybetmesi, Amerikan ucuz gümüşünün akını, (İnalcık, 1951), nüfus ve talep artışı, mal darlığı veya devlet bütçesine para bulmak için *tagşîş* (Barkan 19) Avrupa kalp paralarının piyasayı istilası ve akçanın ayarlanması zorunluluğu (İnalcık, 1978; Kafadar, 1991) ile açıklanmıştır. Aslında, bütün bu faktörler, para bunalımında birlikte etkin olmuştur. Bu durum, vergilerin ayarlanma yoluyla yükseltilmesi sonucunu getirdiği gibi, timar rejiminde de derin etkiler yapmıştır. Zira enflasyondan sonra timarları oluşturan vergiler artırılmadığı için sipahilerin timar gelir miktarı gerçekte küçülmüş, bunun üzerine sipahiler, seferden kaçmaya veya birtakım kanunsuz yenilikler (bid'atler) çıkararak reâyâdan türlü adlar altında para toplamaya ve böylece zararlarını gidermeye çalışmışlardır.[89] Bu dönemde İstanbul'da sık sık görülen yeniçeri ayaklanmaları akçadaki kararsızlık ve geçim sıkıntısıyla doğrudan ilgilidir.

Bu şiddetli sosyal, askerî ve mali sarsıntılar sonucu 17. yüzyılda artık Osmanlı Devleti 16. yüzyıldaki konumunda değildir. Osmanlı tarihinin birinci klasik dönemi böylece kapanmış olmaktadır. Artık Ortaçağın ekonomik ve mali koşullarından doğmuş olan timar rejimi çökmüş, yerini ateşli silahlarla donatılmış bir ücretli ordu almış keza aynî vergi sistemi yerine daha çok nakdî vergilere dayanan bir maliye ve bir merkezî hazine gelmiştir. Osmanlı akçası yerine Batı Avrupa paraları, özellikle İspanyol realleri (*riyal*) ve Hollanda riksdalleri (*esedi guruş*) hâkim olmuş ve Osmanlı ekonomisi zamanla Avrupa merkantilist sistemine tâbi bir ekonomi haline gelmiştir. Osmanlı Devleti uzun ve pahalı savaşların ve Anadolu'daki yıkıcı kargaşalıkların yükü altında ezilmiş, kaynaklarını tüketmiş, yeni koşullara elverişli bir uyum için gerekli maddî ve manevî ögelerden yoksun olduğu için gerçek bir reform yapamamış ancak çökmüş bir Ortaçağ imparatorluğu halinde hayatını sürdürebilmiştir. Bu durum 18. yüzyılda gerçek bir feodalleşmeyle sonuçlanacaktır.

89 Halil Sahillioğlu, ibid.

Bununla beraber son incelemeler göstermiştir ki mutlak bir inhitat/ çöküş yerine imparatorluk gerçekte yeni koşulların istediği önlemleri alarak uyum sağlamış ve daha üç yüzyıl süren yeni bir dengeyi meydana getirmiştir.

Merkeziyetçiliğin Zayıflaması, Âyân-ı Vilayet

Yeni dönemin en belirgin özelliklerinden biri, merkezî otoritenin zayıflamasının bir sonucu olarak yönetimde yerel güçlere vergi ve emniyet işlerinde yetki tanınmış olmasıdır. Anadolu'da Celâlîlere karşı gönderilen valiler ve adamları ve kapıkulu üyelerinin çeşitli bahanelerle reâyâdan âidât toplamaları maliye deyimiyle *tekâlif-i şakka* yeni dönemin getirdiği veya yaygınlaştırdığı bir yöntemdi. Onların zorbalığı karşısında hükümet yerel halkın silahlanıp karşı koymasını onaylamak gereksinimini duydu.[90] 1601'de Serdar Mehmed Paşa zorbalara hadlerini bildirmek için âyân-ı vilayetten *serdar*lar atadı ve onların yardımıyla köylerde *yiğit-başı*lar emrinde halkın örgütlenmesine izin verdi. Bu belge âyânı şöyle tanımlamaktaydı: "Vilayetten yarar ve nâmdar ve müstakîm ve mütemevvîl (paralı) ve halk arasında sözü ve kelimâtı dinlenür kimesneler". 17. yüzyılda Evliyâ Çelebi, Rumeli şehirlerindeki âyânı üç kategoriye ayırmaktadır: Şehrin nüfûzlu zengin tüccarı, ileri gelen ulema ve kapıkulu garnizonlarının ağaları. İslimimye'de "ekser âyân-ı vilayetin ticareti" tüfenk, kebe ve renkli velenseler işlemekti.

Halk arasında ileri gelen ve sözü geçen kişiler Yakın Doğu devletlerinde Ortaçağlardan beri halk ile hükümet arasında aracı sayılmışlardır. Anadolu Selçukluları'nda vergi yazılmasında ve ahali arasında yükümlülüklerin belirlenmesinde âyân denilen kişiler rol oynamaktaydılar. Osmanlı döneminde şehirlerde ilk zamanlardan başlayarak merkezi yönetim âyân ve esnafı daima halk ile yönetim arasında aracı olarak kabul etmiştir. Yalnız Müslümanlar arasında değil, Hristiyanlar arasında da zengin, sözü geçer kişiler veya papazlar yerel cemâatin hükümet karşısında temsilcisi sayılmışlardır. İşte bu grup, 16.

90 Ayan için bkz., *Devlet-i 'Aliyye*, IV.

yüzyıldan sonra merkezî otorite ve kontrol zayıfladığı zaman yeni koşullar altında eyâletlerde gittikçe daha büyük bir önem kazanmış. Devlet reâyâyı ve her türlü vergi kaynaklarını korumak kaygısıyla bunlara düzenin ve emniyetin korunması, vergi hatta asker toplama işlerinde geniş yetkiler tanımaya başlamış ve sonuçta 18. yüzyılda yerel yönetim büsbütün bunların eline geçmiştir. O zaman her kazada halkın seçtiği ve yerel hükümet otoritesinin onayladığı bir âyânın varlığı gerekli sayılmıştır. Müslümanlar arasında âyân ve *eşraf*, Hristiyanlar arasında *knez, kocabaşı* ve çorbacılar ile Ortodoks ruhbanı eyaletlerde ön plana çıkaran koşulları daha yakından inceleyelim.

Önce, halk zorbalara karşı uğraşı veren yerel, sözü geçer kişilerin himayesini aramaktan başka çare göremiyordu. Öte yandan bu âyân ve eşrafın çoğu, öteden beri halka tarım için veya vergisini ödemek için borç para veren, tefecilik yapan kimselerdi. Yeni dönemde *avârız ve cizye* gibi nakdî vergilerin oranı yükselince, halkın bunlara bağımlılığı kuvvetlendi. Aslında her kazaya toptan belirlenen *avârız* vergisini halk arasında herkesin durumuna göre dağıtma ve toplama görevi yerel kadı başkanlığında o kazanın âyân ve eşrafına verilmişti. Hükümet böylece, âyânın kişiliğinde verginin toplanmasını garanti etmiş oluyordu. Bu işlerde öteden beri hükümet adına düzenleyici rol oynayan kadıların nüfuz ve yetkileri, gittikçe yerel âyân elinde toplandı. Zaten, yeni dönemde kadıların görev süresi çok kısaltılmıştı (iki yıldan daha az), sekban askeri toplamak için alınan *sekban akçası*, şimdi *avârız* vergileri arasında idi ve âyân aracılığıyla toplanırdı. Gelen hükümet memurları ve yerel asker için toplanan âidât ve yerel giderlerin[91] saptanması işi de, kadı başkanlığında toplanan yerel âyân ve eşraf meclisinin görevleri arasındaydı (eşraf deyimi, daha çok din adamı âyân için kullanılan bir deyimdir).

Yeni dönemde gittikçe daha geniş bir şekilde uygulanmaya başlayan *maktu* ve *iltizâm* yöntemleri de[92] yerel âyân ve esnafın rolünü

---

91 Bu gibi vergiler üzerinde bkz. Ç. Uluçay, *Saruhan'da Eşkiyalık ve Halk Hareketleri.*

92 15. yüzyılda *iltizam* (*mukataa*) hakkında bkz., R. Anhegger-H. İnalcık, *Kanûnnâme-i Sultânî ber mûceb-i* 'Örf-i '*Osmânî*, Ankara, 1956.

arttırmaya yardım etmiştir. Vergi iltizâmı, âyânın nüfuz ve servetinin temel araçlarından biri haline gelmişti. Devlet mîrî toprakların vergi gelirini öteden beri iltizâm yöntemiyle toplardı. Yeni rejimde, uzun savaşlar ve mali sıkıntılar sonucunda, devler mültezimlere gittikçe daha geniş yetkiler tanımaya başladı. Hazineye ait gelir kaynakları, *mukataat*, mültezimlere hayat boyunca, hatta çocuklarına geçmek üzere ırsî verilmeye başlandı. Bu yolla, çıplak mülkiyeti, daima devlete ait sayılmakla beraber, *mîrî* topraklar gerçekte büyük arazi halinde yerel âyân ve eşraf eline düştü.[93] 19. yüzyılda Balkanlar'da köylü hareketleri, devlet topraklarını ağaların elinden alma amacını güdecektir. Bu dönemde yerel knezler, kocabaşı ve çorbacılar birçok yerlerde köylünün başına geçmiş, dışarıdaki ihtilâlci komitecilerle bir bağlantı halkası oluşturmuşlardır.

Yalnız doğrudan doğruya merkezî hazine elindeki toprakların, yani *mukataaların* değil, aynı zamanda paşaların ve beylerin veya şehir ve kasabalarda oturan her çeşit dirlik sahiplerinin gelirleri de *iltizâm* yöntemiyle toplanırdı. Büyük mültezimler, iltizâmı parçalar halinde daha küçük yerel mültezimlere iltizama verirlerdi. Bunlar ise genellikle yerli âyânlardandılar.

Yeni dönemde genişleyen bir idare yöntemi de, hükümetin vergi gelirini garanti etmek üzere valiliklerin iltizamla verilmesidir. Bu yönteme göre, vali her yıl hazineye o vilayetin vergi geliri olarak, giderler çıktıktan sonra kararlaştırılmış bir para (*bedel*) ödemeyi garanti etmekteydi. Valiler, çoğu zaman, bu gelirlerin tahsilini yerel âyâna iltizâma verirlerdi. Birçok âyân, *voyvoda* veya *müsellem* adı altında valilerin vekili olarak hizmet ederler, gerçekte yönetimi ellerinde bulundururlardı. Kadıların da, kendi kaza bölgelerinde yerel mahkemeleri naiblere iltizâmla sattıklarını biliyoruz.

Maktû' (kesim) yöntemine gelince, bu, bir bölgenin vergi geliri için, yerel topluluğun temsilcilerle maliye arasında belli (maktua') bir miktar üzerinde anlaşmaya varılmasından ibarettir. Bu yöntem,

---

93 CH. Gandev, *L'Apparition des raports capitalistes dans L'economie rurale de la Bulgari edu Nord-Quest Au cours du XVIIIe*, Sofia, 1962.

vergi gelirini garanti ediyor, aynı zamanda reâyâyı mültezim veya tahsildârın kötü davranışlarından koruyordu. Hükümet, birçok yerlerde, reâyânın bu yöntem için isteklerini bu gibi kaygılarla onaylamıştır. Eskiden pek seyrek durumlarda bu koşullarda yürürlükte olan bu yöntem, gittikçe yayıldı. Rumeli'de özellikle cizye toplanmasında uygulandı. Böylece Ortodoks ruhban, knezler, kocabaşlar, halkın temsilcileri olarak, gerek hükümet gerek halk karşısında yerel otorite kazandılar. Zamanla bu yöntem, bölgenin idarî ve ekonomik özerkliğine yol açacaktır. Yunanlıların, kocabaşlardan kurulu *demogerentos* meclisleri, doğrudan doğruya *maktu'* sistemiyle ilgilidir. Âyân rejimi gibi *maktu'* sistemi de merkeziyetçiliğin gevşemesi hatta yerel özerkliğe yol açılmasını sağlamıştır.

Osmanlılar öteden beri önemli şehirlere padişahın otoritesini yürütmek, şehri ve yerel düzeni korumak üzere yeniçeri garnizonları (büyük şehirlerde 500-600 kişi) yerleştirirlerdi. Yeniçeri gibi kapıkulu süvarileri de, ülkede yayılmış bulundukları için, bunların başında her bölgede *kethüdayeri* adı verilen bir komutan bulunurdu.[94] Bunlar, oradaki beylerbeyine veya sancak beyine bağlı değillerdi. *Padişah kulu* olarak onların birçok mali, kazaî ayrıcalıkları vardı. Kanunî döneminde şehzade ayaklanmalarından sonra yeniçeri ve sipahiler, özellikle Anadolu şehirlerinde, daha çok yayıldılar. Onların ayrıcalıklarını paylaşmak isteyen yerli askerî gruplar, aralarına giremedikleri zaman onlara karşı uğraşıya başlarlardı. İşte birçok şehirde bu kapıkulu kumandanları yerli âyân ve ulemayla birleşerek o yerde gerçek otoriteyi ellerine geçirdiler. Beylerbeyi ve adamlarına karşı gerçekten özerk, serbest yönetimler kurdular ve merkezden kopardıkları unvan ve ayrıcalıklarla bu otonomiyi meşrû ve kanunî bir hale getirdiler. Yeniçeriler, Kuzey Afrika vilayetleri, Bağdad gibi uzak eyaletlerde gerçekten bağımsız oligarşik yönetimler bile kurdular.

94 17. yüzyıl ortalarında Evliyâ Çelebi, yalnız şehirlerde değil, ufak kasabalarda dahi *yeniçeri serdarı*, *yeniçeri yasakcısı* ve *sipahi kethüdayeri* gibi kapı-kullarını buldu: bunlardan bazıları çok nüfuzlu ve zengin idiler; Bosna'daki yerel otoriteler için bkz. Sućeska, "Die örtlichen Vervitungsorgane des Osmanischen Reiches bis Ende des 17 Jh.," *Zeitschrift für Balkanologie*, I (1963), 153-181.

Bosna gibi sınır vilayetlerinde âyânla birleşerek muhtar yönetimler oluşturdular ve bunun için sultanın şehre vermiş olduğu eski vergi bağışıklık belgelerinden yararlandılar.[95] Anadolu ve Rumeli'nin birçok şehirlerinde yeniçeri ve sipahi şefleri, iltizâm ve mukataalar satın aldılar veya zorbalıkla birer kudretli âyân durumuna geldiler. 18. yüzyılda bu bölgelerde onların yerel egemenliği ellerinde tutan gerçek hanedanlar kurduklarını biliyoruz. Hatta bazıları, halkı arkalarına alarak Bâb-ı Âlî'yi, paşalık ve vezirlik unvanlarıyla valilik vermeye bile zorladılar.

Âyân, yalnız vergi toplama, yerel düzen ve güvenliğin sağlanması işlerinde değil, 17. yüzyıldan başlayarak, devlet adına bölgelerinde asker toplama ve bu askere kumanda etme yetkilerini de aldılar. Böylece, onların bazen paşaların *kapı* kuvvetlerinden daha büyük kuvvetlere sahip olduklarını, padişahın seferlerine bu küçük ordularla katıldıklarını görmekteyiz. Bundan sonra, bu güçlü hanedan kurucuları (Tepedelenli Ali Paşa, Karaosmanoğulları gibi) yerel temsilcileri ve âyânı kendi kontrolleri altına soktular.[96] Devlete ait belli başlı yetkilerin miras yoluyla babadan oğula geçmesini sağlayarak gerçek feodal beyler durumuna geldiler. Devlet ajanları, hatta valiler onlarsız ne asker ne vergi toplayacak güce sahip değillerdi. 18. yüzyılın ikinci yarısında hanedanların ortaya çıkması âyân rejiminde son gelişme dönemini simgeler ve feodalleşme böylece tam sonucuna ulaşmış sayılabilir. 1807'de Ruscuk âyânı Alemdar Mustafa'nın İstanbul'da veziriazam sıfatıyla diktatörlüğü döneminde âyân ve hanedanlar doğrudan doğruya imparatorluğa egemen

95 M. Hadzijahić, "Die privilegierten städte. ….," *Südost Forschungen*, XX (1961), 130-158.

96 Hânedânlar hakkında bkz. Ç. Uluçay, *18. ve 19. Yüzyıllarda Saruhanda Eşkiyalık*; Bosna'daki ırsî büyük âyân aileleri için bkz. H. Kreševljaković, *Kapetanije i kapetani u Bosni i Hercegovini*, Sarajevo, 1954, Y. Özkaya, *Osmanlı İmparatorluğunda Âyânlık*, Ankara, 1977; S. Shaw, *Between Old and New: The Ottoman Empire under Selim III, 1789-1807*, 1971; H. İnalcık, "Centralization and Decentralization in Ottoman Administration," *Studies in Eighteenth Century Islamic History, Papers on Islamic History*; 4, ed. Thomas Naff ve Roger Owen, 1977, 27-52.

oldular.[97] Padişaha imzalattıkları bir belge, *sened-i ittifak* ile eyaletlerde egemenliklerine hukûkî bir temel sağlamaya kalkıştılar.

Merkeziyetçi Bürokrasinin Canlanması: Tanzimat ve Reaksiyon

Âyâna karşı II. Mahmud'un 1815'ten başlayarak, güçlü bir uğraşıya girdiğini görüyoruz. Bu sultan, merkezî hükümet emrindeki orduyu yeniden düzenleyip güçlendirdi. Avrupa'dan aldığı modern silahlarla, üstün bir kuvvet meydana getirdi ve böylece merkezî mutlak padişah otoritesini yeniden canlandırdı. Reformun ana amacı, merkezî devlet otoritesini yeniden kurmaktı. Yunanlıların ayaklanması ve bağımsız Yunan Devleti'nin kuruluşu (1830), imparatorluk yöneticilerine, devleti batılılaştırma ve Batılı devletler topluluğuna sokmanın kesin bir gereklilik olduğunu anlattı. *Gülhane Hatt-ı Hümâyunu* (1839), kanunlarda ve yönetimde modern Batı devlet ilkelerini getirmeye çalışıyordu.[98] Bu dönemde merkeziyetçi bürokrasi güçlendi ve yönetimi tam kontrolü altına aldı. Bununla beraber bu köklü reform hareketlerine karşı âyân, eyaletlerde toprağa ve yerel yönetimlere egemenliğini sürdürmeyi başardı. II. Mahmud, ancak siyasi otoritesi

---

97 Alemdâr hakkında bkz. A. F. Miller, *Moustafa Pacha Bairakdar*, Moscou-Leningrad, 1947 (Rusca); İ. H. Uzunçarşılı, *Alemdar Mustafa Paşa*, İstanbul, 1942; H. İnalcık, "Traditional Society in Turkey," *Political Modernization in Japan and Turkey*, yay. R. E. Ward ve D. A. Rustow, Princeton, 1964, 42-63; idem, "Sened-i İtitfak ve Gülhane Hatt-ı Hümâyûnu," *Belleten*, XXVIII, 603-622.

98 Tanzimat dönemi üzerinde başlıca, *Tanzimat I*, İstanbul 1940; R. H. Davidson, *Reform in the Ottoman Empire, 1856-1876*, Princeton, 1963; R. Devereux, *The First Ottoman Constitutional Period, A Study of the Midhat Constitution and Parliament*, Baltimore, 1963; H. İnalcık, "Tanzimatın Uygulanması ve Sosyal Tepkiler," *Belleten*, XXVIII, 623-690; en önemli kaynaklardan biri olarak Cevdet Paşa, *Tezakir*, yay. C. Baysun, Ankara, TTK, 1963; M. Çadırcı, *Tanzimat Döneminde Anadolu Kentlerinin Sosyal ve Ekonomik Yapıları*, Ankara: TTK, 1991; R. Kaynar, *Mustafa Reşit Paşa ve Tanzimat*, Ankara: TTK, 1954; M. Maòz, *Ottoman Reform in Syria an Paletsine*, 1840-1861, Oxford, 1968; *Mustafa Reşit Paşa ve Dönemi Semineri*, Ankara 1987.

için en tehlikeli hanedanları ve büyük âyânı ortadan kaldırabilmişti. Merkezî bürokrasi, *Tanzimat* reformuyla (1839-1876) onların yerel güçlerini kırmaya boşuna çalıştı. Âyân, *Tanzimat*'la kurulan sancak ve kaza meclislerinde egemen durumdaydılar. Sonra 1876 *Meclis-i Mebûsân*'ında dahi eyâletlerden gelen âyân ve eşraf egemen oldu. *Tanzimat*, Müslim ve gayrimüslim reâyâ yığınlarını bu âyâna karşı korumak ve yeni bir *Osmanlılık* kavramıyla onları kazanmak amacını güttü. Böylece dışarıdan gelen milliyetçi kışkırtmalardan da reâyânın korunabileceği sanılıyordu. Tanzimat, Rumeli'de reâyânın yerel âyâna karşı yüreklenmesini ve direnişini sağlamıştır. Tanzimat'ın Gülhane'de ilânından hemen sonra Balkan reâyâsı arasında, vergilerin kaldırılacağı, devlet topraklarının köylüye dağıtılacağı söylentilerinin yayılması, merkezî yönetimi derinden kaygılandırdı.[99]

Batı devletlerinin, 19. yüzyılda baskı yoluyla kabul ettirdikleri fazlasıyla liberal bir ticaret rejimi[100] genelde imparatorluk ekonomisi için yıkıcı etkilerini hızla göstermiş, öte yandan Balkan ülkelerinde millî kurtuluş hareketlerini kuvvetle benimseyen bir orta sınıfın gelişmesine ve güçlenmesine, kuşkusuz, büyük ölçüde hizmet etmiştir.[101] Rumeli şehirlerinde, hükümetin vergi bağışıklıkları tanımış olduğu *Avrupa tüccarı* denilen grup, Avrupayla ticaret imtiyazını

---

99 H. İnalcık, *Tanzimat ve Bulgar Meselesi*, Ankara, 1943.

100 F. E. Bailey, *British Policy and the Turkish Reform Movement*, Cambridge, Mass. 1942; C. Hamlin, *Among the Turks*, New York, 1878; M. Kütükoğlu, *Türk İngiliz İktisadî Münasebetleri*, İstanbul, 1976; V. Eldem, *Osmanlı İmparatorulğunun İktisadî Şartları*, Ankara, 1970; Ch. Issawi, *The Economic History of Turkey, 1800-1914*, Chicago, 1980.

101 V. Paskaleva, "Les relations commerciales des contrées avec les pays occidentaux et la Russie au cours de la première moitié du XIXe siècle," *Etudes Historiques*, Balkan milliyetçiliği üzerinde, D. Djordjevic, *Revolutions nationales des peuplesbalkaniques, 1804-1914*, Belgrad, 1965; Ch. Jelavich, *Tsarist Russia and Balkan Nationalism, 1879-1880*, Berkeley, 1958; H. Śabanović, *Turski Izvori o srpskoj revoluciji 1804, I, 1789-1804*, Belgrad, 1956; T. Stoianovich, *The Social Foundations of Balkan Politics, 1750-1941*, Berkeley, 1963, St. Fischer-Galati, "The Peasantry as a Revolutionary Force in the Balkans," *Journal of Central European Affairs*, XXIII-1 (1963); N. Svoronos, *Histoire de la Grèce Modern*, Paris, 1953.

elde etmiş olan yerli Hristiyanlardan oluşuyordu.[102] *Tanzimat* yönetiminin, eşitliğe dayanan bir *Osmanlı vatanı* ve Osmanlılık düşüncesi sonunda tümüyle başarısızlığa uğramıştır. II. Abdülhamid (1876-1909) döneminde, şeriatçılığın Panislamizm'in egemen olması, Tanzimat'ın başarısızlığına karşı Türk-Müslüman halkın bir tepkisini dile getirmektedir.[103] Bu dönemde dış politikada hükümet, Batılı devletleri bırakıp Alman kayserliğine döndü. İmparatorluk hükümeti, yalnız geçmişin bıraktığı bir sosyal düzenin düzeltilmesinin mümkün olmayan sonuçlarına karşı değil, aynı zamanda Rus çarlarının ve Habsburgların askerî emperyalizmi ve Batılı büyük devletlerin kapitülasyonlarla garanti edilen ekonomik emperyalizmine karşı ümitsiz bir uğraşı vermek zorunda kalmıştır.[104]

Türkiye Cumhuriyeti

Cumhuriyet dönemini, halk partisi resmî yorumundan bağımsız olarak inceleme zamanı gelmiştir. Cumhuriyet dönemi ideolojisi, Osmanlı tarihinde birbirini izlediğini düşündüğümüz iki temel politikadan batılılaşmayı ve din-devlet ayrımını simgeleyen hareketin radikal ifadesidir. Cumhuriyet'in kurucuları, *Tanzimat* dönemi hedeflerini ve politikasını, bütün radikal lojik sonuçlarıyla bir devrim felsefesi haline getirmiş, Tanzimat'ı büyük Fransız Devrimi ideolojisiyle yoğurarak onu Türk toplumu için bir 'inkılâp' devrim yapmıştır. 16. yüzyıl sonlarına kadar olduğu ve *Tanzimat*'ın benimsediği gibi, Cumhuriyetçiler de işleri şeriattan bağımsız olarak kendi dünyasal amaçlarına göre idare edilsin, diyorlardı. Türk tarihinde bu

102 M. Çadırcı, "II. Mahmud Döneminde (1808-1939) Avrupa ve Hayriye Tüccarı," *I. Uluslararası Türkiye'nin Sosyal ve Ekonomik Tarihi Kongresi, Tebliğler*, Ankara, 1980.

103 J. Landau, *Panislamism*; Cevdet Paşa, *Tezakir*; A. Midhat, *Üss-i İnkılab*.

104 Bu dönem üzerinde bkz. Y. H. Bayur, *Türk İnkılab Tarihi, I, III*, Ankara: TTK, 1940-1957; V. Eldem, *Osmanlı İmparatorluğunun İktisadî Şartları*; O. Kurumuş, *Emperyalizmin Türkiye'ye Girişi*, Ankara, 1982; Ş. Pamuk, *The Ottoman Empire and European Capitalism*, Cambridge, CUP, 1987; B. Lewis, *The Emergence of Modern Turkey*.

köklü gelenek Batı'nın *laiklik* felsefesiyle yoğrulup bir modernleşme ideolojisi olarak ortaya kondu. Cumhuriyet döneminde bütün *inkılâp*ların hareket noktası ve temel prensibi bu olmuştur. İnkılâp ve modernleşmeye, Avrupa toplumları dâhil bütün dünya toplumları için süregelen bir süreç olarak her yerde rastlanır. Bugün Fransa'da tutucular ve 'geri kalmışlar' yanında ilericiliği temsil edenler arasında sürekli bir çatışma görebiliriz. Osmanlı ve Türk tarihinde de en eski çağlardan beri bu karşıtlık izlenebilir.

İlericilik, *batılılaşma* olarak bağımsızlık savaşı çıkmadan önce de, Mustafa Kemal nesli düşünürleri ve aydın gençleri tarafından tartışılmıştır. Batılılaşma, *laikleşme* ilkeleri, o zamanlar Doktor Abdullah Cevdet, Celal Nuri gibi düşünürler tarafından kuvvetle ortaya atılmış bulunuyordu. Ancak 1919'da, bizzat Türk milletinin ve vatanın varlığı, Avrupa devletlerinin desteklediği Yunan saldırısıyla tehlike altına girince, Türk milleti, köylüsü ve kentlisiyle, bir varlık mücadelesine girdi. Sivil-askerî bürokratlar milletçe direnişin başına geçti ve onun simgesi oldu. Sonsuz bir '*charisma*' kazanmış olan Çanakkale kahramanını başlarına alan ilerici gençler, vatan ve milletin kurtarıcısı durumuna geldiler. Zaferden sonra sular durulunca, 1924'te, yüz yıllık çetin sorun, tekrar su yüzüne çıktı. O zaman şeriatı temsil eden hocalarla ilerici bürokratlar, milletin öncülüğünü almak için davalarını savunma durumuna geçtiler. O tarihte, *Büyük Millet Meclisi* seçimlerinde, Cumhuriyet Halk Partisi'ni kuran Gâzi Mustafa Kemal, bütün yurdu dolaşarak kendi ilerici programını savundu. Savaş meydanında olduğu gibi, siyasette de, yılmaz, yorulmaz, radikal bir stratejist olduğunu ispatladı. O, Türk milletinin gerçek kurtuluşu için radikal batılılaşmayı bir ana hedef olarak göstermekteydi. 'Vatanın kurtuluş'u adına inanmış bir stratejist olarak, iktidarı elinden bırakmamak için bütün kozlarını kullandı. Gerektiğinde güç ve tehdit yoluna giderek, milletin kurtuluşu ve geleceği adına, genç aydınların ilerici programlarını egemen yaptı. Gâzi'nin kullandığı siyasi taktik şuydu: Bağımsızlık savaşını *Büyük Millet Meclisi*'nde simgeleşen *millî irade* ile başarmıştır. O, daima saltanat yerine millî iradeyi koymaktaydı ve bütün siyasi girişimlerini o prensipe dayandırmaktaydı. Daima, millî iradenin egemenliğini ileri sürüyor ve diyordu ki: Millet, savaş meydanında savaşı kazandı fakat dünya ileri milletleri, batılı milletler arasında Türk milletinin eşit yerini bulması için, bir *modernleşme savaşı* olarak savaşı sürdürmek gereklidir. Bu savaşın önderi de tabiatıyla kendisi olacaktı. Atatürk'ün politikasında, 19. yüzyıl Osmanlı felaketlerinin öğrettiği pratik bir gerçek vardır. Türk milleti, gazâ ve haçlı döneminin Osmanlı mirasından kurtulmalıdır. Osmanlı'yı Türkle aynı tutan Batı, Türklere hayat hakkı tanımaz. Tarihin içinden gelen bir taassupla Türk milletini yok etmek ister. Onun için Avrupa karşısında yeni Türk devletinin Osmanlı ile onun temel inanç politikasıyla ilişkisi kalmadığını göstermek gerektir. Bizans'ı canlandırmak isteyen Yunanlı, Avrupa'yı arkasına alarak daima bu haçlı anlayışından yararlanmak istemiştir. Atatürk, tarihten gelen bir bilinçle, yeni Türk devletinin geleceği için *tam bir Avrupalı devlet ve millet olmayı bir ölüm kalım gereği* gibi ortaya koymuştur. Bunun için 'inkılâp'lar yapacaktır. Buna karşı olanları millî iradeyle, *Büyük Millet Meclisi*'nin kararlarıyla bertaraf edecektir. Açıkça bellidir ki, bütün sorun, *Büyük Millet Meclisi*'nde inkılapları onaylayacak çoğunluğu sağlamaktır. O, bütün politik manevralarında *millî irade*yi öne koymakla büyük bir siyaset stratejisti olduğunu da ispatlamıştır. İlk meclislerde tutucuların güçlü bir muhalefet grubu vardı. Bundan başka, Atatürk ile o ana kadar canla başla, birlikte çalışan aydın bürokratlar arasında da muhalefete geçenler oldu. Onlar kurtuluş ve modernleşmenin gereğini kabul ettikleri gibi, şimdi *millî irade*nin egemenliği adına millî şefe karşı mecliste muhalefette kaldıklarını öne sürüyorlardı. Böylece ilk meclislere bu üç akım hâkim oldu.

Bütün bu karşıt politik akımlar, *Hilâfet* sorununda kesin bir karşılaşma noktasına ulaştı. Bağımsızlık savaşı sonunda *millî irade* son lojik amacına varmış ve Cumhuriyet ilân edilmişti; saltanat ortadan kalkmıştı; fakat Türk milletinin dinî vicdanını temsil etmek durumunda olan *Hilâfet* 'inkılapçı'lar karşısında güçlü bir cephe meydana getirmişti. İşte, o zaman Mustafa Kemal-İnönü grubu, Türk milletinin geleceği adına, devrim yöntemlerine başvurdular.

1927'de Gâzi, *Büyük Nutuk* ile partisi ve millet önünde, radikal 'inkılâpçı' grubun ve onun siyasi tekelinin savunmasını yaptı. Halk partisi, mecliste tek parti olarak mutlak egemenliği elinde tuttu. Böylece, şimdi radikal 'inkılapçı'lar, milletin Batılılaşma ile kurtuluşu simgesini kullandılar ve tüm iktidarı bu inkılâp politikası adına benimsediler. Arkasından gelen inkılâplar, bir bakıma bu iktidar ideolojisinin lojik amaçları ve araçlarıydı. Politika ve 'inkılâp', biri ötekini meşrûlaştıran bir diyalektik olarak kullanıldı. Bu da siyaset hayatında tamamıyla normal bir yoldu. Gâzi, Türk milleti için tek yükselme yolunu, tümüyle batılılaşma, Avrupalılaşma, tam bir modernizasyon felsefesinde görüyordu. O andan başlayarak, Cumhuriyet'in politik yaşamında üç ana akım ortaya çıkmıştır: Tek parti yerine *millî irade*yi, başka deyimle demokrasiyi, gerçekten egemen kılmak isteyen akım, bu akım içinde meclis ve *millî irade* yolu ile tutucu-gelenekçi politikayı egemen kılmak isteyen modernleşme ideolojisi etrafında toplananlar. 1930-1945 döneminde iktidarda bulunanların, parti ve hükümette ödev alanların biyografileri incelendiğinde, onların hepsinin 1924'te Hilâfet'in kaldırılması uğraşısında Mustafa Kemal ve İnönü'ye sadık kalanlar olduğu görülür.

Gâzi 1930'dan sonra, daha kapsamlı bir inkılâp hareketini sosyal ve kültürel (inkılâbı' başlattı. Amaç, Türk halkını, bir *cemaat* halinden bir *millet* haline getirmekti. Bunun için bu yıllarda, bütün dikkat ve enerjisini *tarih* ve *dil* devrimleri üzerinde topladı. O zaman tarih ve dil 'inkılâbı', Türk toplumu için millet yaratmanın, bir *millî kültür ve millî ideoloji yolu ile milletleşmenin* ana yolu olarak benimsenmiştir. Gâzi, pratik bir stratejist olarak biliyordu ki, millî bilinç ortak bir dil ve tarih bilinciyle yaratılacak, din ve etnik ayrılıklar bu bilinçle silinecek ve batı anlamında gerçek bir Türk milleti ortaya çıkacaktır. Türk milletinin atası Atatürk'ün bütün siyasi hayatında varmak istediği gerçek, en temelli inkılâp ideolojisi bu yeni dünya görüşünde düğümlenmektedir. O, terbiye sistemi yoluyla bu ideolojiyi genç nesillere sindirerek yeni genç Türk milletini gerçekleştireceğine inanıyordu. Bu amaçla, *Tevhîd-i Tedrîsât* kanunu çıkarıldı ve memlekette tüm terbiye kurulları bu ideolojinin aracı haline getirildi. Böylece, bugün siyasi hayatımızda politikanın daima ele aldığı Dil ve Tarih kurumları Atatürk 'inkılâbı'nın temel kurumları olarak ortaya çıkmıştır.

Cumhuriyet tarihinde, dünya ölçüsünde iki büyük sarsıntı, Atatürk ve inkılâp grubu karşısındaki gruba karşıt siyasi akımlara güç kazandırmıştır. Bunlar, ilkin 1930 dünya ekonomi bunalımı, sonra II. Dünya Savaşı'dır. Bu iki sarsıntı, 'inkılâp' ve radikal modernleşme felsefesini bir kuruluş ve yükselme ideolojisi olarak öne sürenlere karşı güveni sarsmış, Cumhuriyet tarihinde iki temelli dönüm noktasını oluşturmuştur. 1930'da Serbest Fırka'nın başarısızlıkla çökmesinden sonra, II. Dünya Savaşı'ndan bu yana muhalefetin Demokrat Parti çatısı altında örgütlenmesi ve iktidara gelmesi *Halk Partisi* tekelini yıkmış ve Türkiye çok partili döneme girmiştir. 'İnkılâp' adına ondan sonra da, askerî devrimler biçiminde kendini gösteren Halk Partisi ideolojisi, Cumhuriyet tarihinin günümüze kadar süren politik çalkanışlarını noktalamaktadır. Çok partili dönemde, Atatürk'ün millî radikalizmini aşan başka bir radikal akım siyaset sahnesine gürültüyle çıkmıştır. Bu akım, *sosyal adalet* konularını benimseyen, aşırı dalında, devrimci *Marksizm*'i bayrak yapan bir harekettir ve kuşkusuz Türk toplumunun çoğulcu bir toplum halinde gelişmesinin ortaya çıkardığı ekonomik ve sosyal çatışmaları simgelemektedir. Bugün, Türkiye bu çalkantılardan kurtulma, dengeli ve çoğulcu bir toplumun normal, siyasi hayatına girme çabası içindedir. Dış politikada bugün, Türkiye, Avrupa'nın 19. yüzyılda Osmanlı Devleti'ni vesayet altında tutmaya çalışan Ortadoğu Meselesi çerçevesinde haçlı-emperyalist politikasını, Avrupa ile bütünleşerek nötralize etme çabası içindedir. Avrupa, Osmanlı İmparatorluğu içinde millî hareketleri kendi vesayet politikası için kullanma alışkanlığından vazgeçememektedir. Atatürk'ün özlediği modern, millî devletin tam anlamıyla kurulmuş olması, kuşkusuz bu durumu önleyebilirdi.

II. BÖLÜM

OSMANLI TARİHİ

(Chicago Üniversitesi Tarih Bölümü'nde
1972-1986 Döneminde Verilen Ders Özetleri)

II. Murad Dönemi (1421-1451) ve Kalkınma

Fetret, Osmanlı Devleti'nin parçalanma ve iç uğraşı bunalımı, Çelebi Mehmed (1402-1421) döneminde, onun ölümünden sonra II. Murad'ın ilk zamanlarına, 1425'e kadar sürmüştür. II. Murad'ın Bursa'da tahta çıkması üzerine bir iç savaş patlak verdi. 1421-1423 yıllarında bu iç savaş yüzünden devletin Rumeli'de Sırbistan, Eflak ve Bizans üzerinde egemenliği zayıflamış, II. Murad, Çelebi Mehmed zamanında alınan toprakları geri vermek zorunda kalmıştı. Anadolu'da da aynı durum kendini gösterdi, Anadolu beyleri bağımsızlıklarını elde ettiler. Venedik, Selânik'i ele geçirdi (1423). Macarlar, Sırbistan ve Eflak üzerinde nüfuzlarını artırdılar. İçeride genç sultan ile (o zaman 18 yaşında) Bizans'tan hareketle tekrar ortaya çıkan amcası Mustafa bir iç harbe sürüklendiler. Bu iç mücadele, Osmanlı Devleti içinde karşıt politik güçleri tanımak bakımından ilginçtir.

Murad'ın Bursa'da tahta çıkması sırasında onu destekleyen güçler; yeniçeriler ve halk üzerinde derin bir nüfuzu olan bir din ulusu, Emir Sultan Buharî idi. II. Murad'ın başka bir avantajı, başlarında nüfuzlu Bayezid Paşa bulunan Amasya-Tokat ileri gelenlerinden aldığı destekti (onlar babasını da desteklemişlerdi). Bayezid Paşa'ın 1422'de Mustafa'ya karşı savaşta ortadan kalkmasından sonra nüfuzlu Çandarlı ailesi de Sultan II. Murad'ı tutmuştur.

Çandarlılar Osmanlı Devleti içinde adeta aristokratik bir grup oluşturan nüfuzlu ailelerden Timurtaşoğulları'nı da Murad tarafına çekmeyi başardılar. Bununla beraber, saltanatın Murad'da mı yoksa amcası Mustafa'da mı kalacağını belirleyen büyük askerî güç, Rumeli *uc* beyleri ve sipahileri olacaktır. Murad, *uc* beylerini, ancak 1422 kışında Ulubat Suyu üzerindeki karşılaşmada bazı vaatlerle kazanacaktır. Genç sultan, Mihaloğlu'nu yanına getirtmiş ve ona devlet içinde üstün bir yetki tanımıştır. İki taraf da *uc* beylerini ve devlet içindeki öteki güçleri kendi yanlarına çekmek için büyük vaatlerde ve fedakârlıklarda bulunuyorlardı. Mihaloğlu, Murad'ın yanında önemli Rumeli Beylerbeyliği pâyesiyle bütün Rumeli kuvvetlerinin kumandanı yapılmıştı. Bu nüfuzlu *uc* beyinin Murad'ı tanıması üzerine öteki *uc* kuvvetleri de genç sultan tarafına döndüler. Mustafa'ya gelince o, Bizans'tan Gelibolu'ya gelmiş ve imparatora yaptığı vaatlerle Gelibolu'ya çıkmış, kendisini Trakya'daki beyler ve asker tanımıştı. Başlangıçta, Rumeli beylerbeyi ve sipahileri de onun yanında yer almışlardı. Mustafa'nın esas kuvvetleri arasında yeniçerilerin uzlaşmaz rakibi Türkmen aslından *yayalar* ve yine Türk halkı arasından toplanan *azeb* askeri bulunuyordu. Amca ile yeğen arasındaki mücadele, devlet içinde rakip askerî, siyasi güçlerin bir uğraşısı niteliğini kazanmaktaydı. Her grup rakiplerden kendileri için büyük çıkarlar ve ayrıcalıklar sağlamaya çalışıyordu. Bu siyasi mücadelede ilk dönemin köklü aileleri: Evrenosoğulları, Timurtaşoğulları, Mihaloğulları, Çandarlılar atadan oğula bir çeşit Osmanlı aristokrasisini oluşturmuş ve siyasi gelişmelere yön vermekte kesin rol oynamışlardır. Bu arada dinî tarikatların ve onların tercihlerinin de önemli rol oynadığını unutmamak gerekir. II. Murad, sonraları Abdal-Kalenderî gruplarıyla sıkı ilgisi olan Hacıbayram tarikatını resmen tanıyarak bu yolla büyük bir kesim halk tabakası arasında gücünü berkitmeye çalışacaktır.

İç savaşın patlak vermesiyle beraber dış güçler de, kendileri için çıkar sağlamak amacıyla harekete geçtiler. Bizans imparatoru II. Manuel, merkezî bir rol oynamaktaydı. Daha önce Çelebi Mehmed rakipleriyle savaşta üstünlüğünü ona borçluydu. İmparator, Boğaz'dan geçişlerinde ona yardım ediyordu. Çelebi ölümünden önce imparatorla bir anlaşma yaptı: Ölümünde küçük oğulları Yusuf ve Mahmud İstanbul'a rehine gönderilecek, oğlu II. Murad, Edirne'de tahta geçecek, Bursa ile Anadolu küçük oğlu Mustafa'ya verilecekti. İmparator, İstanbul'da bulunan kardeşi Mustafa'nın serbest bırakılmayacağını vaat ederek, saltanatın Çelebi soyunda kalmasını garanti ediyordu. Edirne'de tahta geçecek olan II. Murad imparatora, kardeşlerinin masrafları için yılda belli bir para da ödeyecekti.

Fakat Murad, Bursa'da tahta çıkınca, kardeşlerini teslim etmeyerek muhafaza altında Tokat'a gönderdi. Bunun üzerine imparator II. Manuel, Limni'de sürgün bulunan Murad'ın amcası Mustafa'yı, bir antlaşma yaparak Gelibolu önüne çıkardı (Eylül 1421). Antlaşmaya göre Mustafa, imparatora oğlunu rehin verecek, Gelibolu ile Anaroz'a kadar sahilleri ve Karadeniz'de Eflak hududuna kadar kıyı şehirlerini ve Teselya'yı imparatora teslim edecekti. Bu arada hemen belirtelim ki Teselya, güçlü Evrenosoğullar'ı elindeydi. Murad, karşı diplomasi kullanarak imparatoru Mustafa'dan ayırmaya çalıştı. Bütün önlemleri, 18 yaşındaki genç sultan değil, devlete tam anlamıyla egemen bulunan Bayezid Paşa yönetmekteydi. Bayezid Paşa, imparatora, ünlü Türk ailelerinden on iki çocuğu rehine vermeyi ve yüklüce bir para ödemeyi vaat ediyordu. İmparator, Boğaz'a egemen olduğu için, onun yardımını sağlamak hayati bir önem taşıyordu. Fakat Bizans, Mustafa'yı desteklemeye karar verdi. Bursa'da divanda Bayezid Paşa'nın rakipleri Çandarlı İbrahim ve Bursa şehrinin ileri gelen ahîlerinden Hacı İvaz Paşa'nın ısrarı ile Bayezid Paşa Edirne'ye gönderildi. Bayezid Paşa'ya karşı Edirne üzerine yürüyen Mustafa, Bayezid Paşa yanındaki Rumeli askerini kendi tarafına çekmeyi başardı. Gelip itaat eden Bayezid Paşa idam edildi. Şimdi Edirne'ye ve bütün Rumeli'ne Yıldırım Bayezid oğlu Mustafa hâkimdi. Bu güçlü duruma erişen Mustafa Çelebi, Gelibolu'yu söz verdiği halde imparatora teslim etmedi. Gelibolu ordunun Rumeli-Anadolu arasında geçişini kontrol ediyordu. Böyle bir hareket, kendisinin nüfuzunu sıfıra indirebilirdi. O zaman Bizans ile Murad arasında Çandarlı İbrahim'in girişimi ile diplomatik görüşmeler başladı. Çandarlı, iki şehzadenin ve Gelibolu'nun teslimi dışında, bütün istekleri kabul edilebileceğini söyledi. Fakat imparator, Gelibolu ve şehzadeler konusunda ısrar etti. Bu yüzden antlaşma yapılamadı ve imparator yine Mustafa tarafına döndü. Çok güçlü duruma gelen Mustafa o zaman Rumeli *uc* kuvvetleri yaya ve azeblerden kurulu ordusu ile boğazları serbestçe geçti ve Bursa üzerine yürüdü. Bu çok bunalımlı durum karşısında Çandarlı, Ulubat Suyu üzerindeki köprüyü yıktırarak Mustafa'yı öbür tarafta bıraktı. Irmağın iki yakasına yerleşen rakipler, şimdi türlü vaadlerle karşı taraftan yandaş sağlamaya çalışıyordu. Murad'ın yanında bulunan Mihaloğlu, gizlice *uc* beylerini kandırmayı başardı. Becerikli veziriazamın büyük bir başarısı da, enerjik Aydınoğlu Cüneyd Bey'i Mustafa'dan ayırmak oldu. Bütün bu bunalım sırasında atılgan kişiliği ile Aydınoğlu Cüneyd ön planda rol oynamıştır. Mustafa'nın veziri gibi hareket eden Cüneyd, İzmir beyliğini elde etmek için çalışıyordu. Onu buradan Sultan Çelebi Mehmed atmış, bunun üzerine Bizans'a sığınmıştı. Orada Mustafa ile sürgünde beraber bulunuyordu. Ulubat önünde Çandarlı, ona İzmir beyliğini vererek kaçmasını sağladı. Böylece, en büyük yardımcılarından özellikle, *uc* beylerinin Murad'a katılmasıyla Rumeli kuvvetlerinden yoksun kalan Mustafa, kurtuluşu Rumeli'ye kaçmakta buldu. Askerin Mustafa'dan yüz çevirmesinde, onun imparator karşısında izlediği ezik politikası, başlıca rol oynamış görünmektedir. Mustafa'yı kovalayan II. Murad'ın ordusu, Çanakkale Boğazı'na geldi. Boğazı geçmek için Çandarlı, kıymetli bir müttefik bulmuştu. Foça Cenevizlileri ve buradaki Ceneviz podestası Giovanni Adorno Aydınoğulları'nın baskısı altında olduğu için Osmanlı sultanının dostluğuna önem vermekteydi. Öbür yandan Ceneviz, burada zengin şap madenlerinin iltizamını elinde tutmaktaydı. Çandarlı, onun bu iltizamdan Osmanlı hazinesine borçlu olduğu parayı affetti. Murad'ın ordusu Boğaz'a geldiği zaman Adorno'nun gemilerini hazır buldu ve bu gemilerle ordusunu öbür yakaya geçirdi.[1] Çandarlı politikası Rumeli'de de Hristiyan haracgüzâr prensler arasında Murad'a yandaş bulmayı başardı.

---

1 Tüm bu gelişmelere yakından tanık ve bilgi sahibi olan Doukas, *Decline and Fall of Byzantium to the Ottaman Turks*, çev. H. J. Magoulias, Detroit, 1975, 130-169.

Mustafa, Rumeli askerinin desteğini kaybettiği için Edirne'de tutunamadı, Eflak'a kaçmayı denedi ise de, İpsala'da yakalandı ve idam edildi (1422 kışı). Başka bir rivayete göre, Mustafa, Eflak'a oradan Kırım'a kaçmayı başarmıştır. İleride Rumeli'de ayaklanan Mustafa'nın Bayezid'in oğlu mu, yoksa onun adını kullanan Düzmece Mustafa mı olduğu, kesin olarak bilinmiyor. Fatih'e karşı bir saltanat *müddeisi* de Yıldırım Bayezid'in büyük oğlu Süleyman Çelebi'nin oğlu Orhan'dır. Süleyman Çelebi Edirne'de bir ara meşrû sultan olarak tanınmıştı. Ölümü (1411) üzerine Musa ve Mehmed çelebiler taht için mücadeleye girişmişlerdir. Süleyman'ın oğlu Orhan, II. Murad zamanında Dobruca'da isyan çıkarmış fakat Şihabeddîn Paşa tarafından isyan bastırılmış, Orhan Bizans'a sığınmıştı. Sultan II. Mehmed tahta çıktığında imparator Konstantin onu kullanarak Mehmed'i tehdit etti (1451). Fatih'in İstanbul kuşatmasında Orhan surlar üzerinde ona karşı savaştı. Fetih üzerine intihar ettiği veya yakalanıp idam edildiği rivayet olunur.

II. Murad Döneminde Anadolu Beyleri

II. Murad, hem Rumeli hem Anadolu'da tek sultan olarak Osmanlı Devleti'ni yeniden birliğine kavuşturmuştu. Osmanlılar iç savaştan Bizans'ı sorumlu tuttular. Osmanlı ordusu Mustafa'yı bertaraf ettikten sonra doğru Bizans üzerine yürüdü (20 Haziran 1422). 1453 İstanbul kuşatmasından önce en ciddi Osmanlı kuşatmasıdır. Murad kuşatmayı kaldırdı (24 Ağustos 1422). Zira Anadolu'da bağımsız beylikler arasında Osmanlı gücünün yeniden kurulmasına engel olmak için bir ortak hareket kendini göstermişti. İç savaş, *Fetret* sırasında Germiyanoğlu (Düzmece) Mustafa tarafını tutmuştu. İç savaştan yararlanan Karamanoğlu, Hamideli (Isparta, Beyşehir vb.) topraklarını Osmanlılardan geri almıştı. Menteşeoğlu da başkaldırarak bağımsız hale gelmişti. Aydınoğlu ve Saruhanoğlu'na gelince, onlar yalnız bağımsızlıklarını elde etmekle kalmayıp Osmanlılara karşı birtakım toprakları da ele geçirmişlerdi. Öte yandan Kastamonu beyi İsfendiyar Çelebi Mehmed'in himayesi altında Kastamonu beyliğinden ayırdığı Çankırı, Kalecik ve Tosya bölgesini yeniden işgal etmişti. Böylece II. Murad Bursa'da tahta geçtiği zaman Anadolu'da Osmanlı hudutları 1402'deki gibi ziyadesiyle küçülmüş durumdaydı. Murad amcası Mustafa'ya karşı yaptığı uğraşıda Anadolu beylerine karşı alttan alarak açık bir savaştan kaçındı ve onların ele geçirdiği yerleri tanıdı. Fakat rakibini bertaraf edip devletin bütün güçlerini kumandası altında toplayınca, bu beyler kaygıya düştüler ve toptan Anadolu'da direnmeye hazırlandılar. Ulubat'tan kaçtıktan sonra İzmir'de Aydın Beyliği'ni ele geçiren Cüneyd, bu beyler arasında Osmanlı'ya karşı bir koalisyon kurmaya çalışıyordu. Bizans diplomasisi de aynı faaliyetteydi. Bunlar Anadolu'da Murad'a karşı Osmanlı tahtı üzerinde yeni bir rakip bulmakta gecikmediler. Anadolu'da kardeşi küçük Mustafa'nın (o zaman 13 yaşında) lalası Şarabdâr İlyas Bey'i kandırarak, Bursa üzerine yürüdüler (Ağustos 1422). Küçük Mustafa'nın yanında Karaman ve Germiyan'dan önemli kuvvetler vardı. Haber üzerine Murad, İstanbul'a karşı son bir genel saldırıdan sonra ordunun büyük bir bölümüyle Anadolu'ya geçti. Murad'a karşı harekete geçenler arasında Kastamonu beyi İsfendiyar ve Eflak beyini de saymalıdır. Venedik ve Macaristan da tam bir saldırı için hazırlık içindeydiler. Böylece, 1422 Ağustos'unda, devlet, yeniden çok tehlikeli bir bunalımla karşı karşıya kalmıştı. İstanbul önünden ayrılan ordu İznik'te yerleşen Mustafa'ya karşı harekete geçti. Küçük Mustafa'nın lalası İlyas Bey'e Anadolu beylerbeyliği verilerek kandırıldı. Yine kesin sonucu öncü kuvvetleriyle İznik'i ele geçiren Mihaloğlu aldı. Lalası tarafından teslim edilen küçük Mustafa idam edildi (20 Şubat 1423). II. Murad kumandası altındaki Osmanlı ordusu, hemen Anadolu beyleri üzerine yürüdü. İsfendiyar yenildi ve Osmanlı padişahının tabiliğini kabul etti. Karaman Bey ise Antalya kuşatmasında bir top güllesiyle hayatını kaybetti. Karaman'da çıkan iç savaş sonucunda Murad Karamanoğlu İbrahim Bey tarafını tutarak onu kendine bağladı ve Hamideli'ni yeniden Osmanlı ülkesine kattı. Bu bölge Osmanlı-Karaman savaşlarının daima ana nedeniydi. Fakat Batı Anadolu'da enerjik

Cüneyd Bey, üzerine gönderilen Osmanlı beylerini yenmiş Bizans ve Venedik'le ilişki kurmuş, Murad'a karşı meydan okuyordu. Cüneyd'e karşı galebeyi, onun gibi devrin en seçkin kumandanlarından biri olan Anadolu beylerbeyi Hamza Bey sağlamıştır. Hamza Bey, bu dönemdeki birçok Osmanlı ricali gibi eski aristokratik bir Osmanlı ailesinden gelmekteydi. Yıldırım Bayezid ve Çelebi Mehmed dönemlerinde Ankara valisi olarak siyasi olaylarda önemli rol oynayan Ankara beyi Yakub Bey'in soyundan gelen Hamza Bey, Bursa ve İstanbul valilikleri gibi önemli mevkilerde bulunan ve II. Bayezid zamanında veziriazamlık için İshak Paşa'ya karşı rekabete soyunan Mustafa Paşa bu aristokratik aileden geleceklerdir. Ünlü tarihçi Tursun Bey, Hamza Bey'in oğludur. Hamza Bey, Cüneyd'i ortadan kaldırmakla ailesine, Osmanlı hanedanı yanında eskisinden güçlü bir nüfuz sağlamıştır. İzmir fâtihi olarak anılan Hamza Bey sonradan Selânik'in fethinde de başlıca rolü oynamıştır. Cüneyd'in ortadan kaldırılması 1425 yılına rastlar. Bu tarihle Küçük Mustafa'nın ortadan kaldırdığı 1423 yılından sonra iki yıl süresince Osmanlı Devleti başka cephelerde çok tehlikeli uğraşılar vermek zorunda kalmıştır.

Venedik ve Macaristan'ın Balkanlar'da İlerlemeleri

Osmanlı iç bunalımı sırasında Venedik ve Macaristan Osmanlılar aleyhine önemli başarılar sağlamışlardır. II. Murad İstanbul'u kuşatırken Selânik şehri de kuşatılmıştı. Ümitsiz durumda kalan imparator, Selânik'in Venedik idaresine verilmesini kabul etti (1423 yaz ayları). Selânik'i 1387-1389 uzun bir kuşatmadan sonra fetheden, 1394-1402 tarihlerinde doğrudan sıkı idareleri altına almış olan Osmanlılar, Venedik işgalini tanımadılar.[2] Venedik'e karşı savaş açtılar. Bu savaş, aynı zamanda Arnavutluk'ta ve Mora'da Osmanlılar ile Venediklileri karşı karşıya getiriyordu.

2 Bkz. H. İnalcık, *Kuruluş Dönemi Osmanlı Sultanları*, 2010. Yıldırım Bayezid yeniden fethetmedi, şehri doğrudan Osmanlı idaresi altına aldı. Çandarlı Hayreddin Paşa 1389'da şehri teslim aldığında yerli idarecileri yerinde bırakmıştı.

Yine Osmanlı iç savaşıyla ilgili olarak Macar kralı Sigismond'un Tuna üzerinde Osmanlılar aleyhine harekete geçtiğini görmekteyiz. 1421'den beri Eflak ve Sırbistan, Osmanlı nüfuzundan çıkmış, Macaristan'ın nüfuzu altına düşmüşlerdir. Osmanlılar Tuna üzerinde gerileme halindeydi. Haçlı seferlerinin öncüsü olan bu iki büyük devletin (Venedik ve Macaristan) saldırgan politikaları Osmanlı Devleti'ni güç duruma sokuyordu. Ekim ayında Macarlar ve Venedikliler arasında bir saldırı için ittifak görüşmeleri başladı. Cüneyd'in ortadan kaldırılmasından sonra Anadolu'da durumunu düzelten Osmanlılar, gerek Venedik'e gerekse Macaristan'a karşı daha baskın bir politika gütmeye başladılar. *Uc* kuvvetleri bu saldırgan politikada yeniden önemli rollerini almışlardı. 1427'de Sırp despotu Stefan Lazareviç'in ölümü ve taht mücadelesinin patlak vermesi üzerine Sırbistan üzerinde Macar-Osmanlı rekabeti en şiddetli noktaya erişti. Macar kralı gelip Belgrad'ı aldı ve Golubac (Güvercinlik) Kalesi'ni kuşattı. Rumeli beylerinin başarılı saldırısı üzerine Macar ordusu geri çekilmek zorunda kaldı. Bu başarı üzerine yeni Sırp despotu Georg Brankoviç (Osmanlıların Vılkoğlu olarak isimlendirdikleri despot) padişaha boyun eğerek kızı Mara'yı sultana zevce olarak vermeyi kabul etti.[3] Osmanlılar Eflak'ta da Macarları gerilettiler ve Eflak voyvodasını padişahın hükmü altına soktular. Kral, üç yıllık bir ateşkes antlaşması imzalamak zorunda kaldı (1428). Osmanlılar batı uclarındaki bu uğraşı sırasında Bosna'yı da harac verir bir bağımlı devlet durumuna soktular. Böylece, Anadolu'da olduğu gibi Rumeli'de de Osmanlı hâkimiyeti eskisi gibi yeniden kurulmuş oluyordu. Fakat Selânik'i bırakmak istemeyen Venedik, her tarafta karşı koymaktaydı. Sonunda yalnız kalan Venedik padişaha yıllık haraç ödeyerek Selânik'i elinde tutmak girişiminde bulundu. Bu sırada Osmanlı Devleti doğudan Timur zamanını hatırlatan büyük bir tehlike altına düşmüş bulunuyordu.

---

3 Mara Sultan'a Fatih bir ana gibi saygı göstermiş, Rumeli'de önemli bir mâlikâne vermiştir.

Timur'un oğlu Şahruh (1404-1447) Osmanlı sultanlarının Anadolu'da Timur'un kurmuş olduğu statüyü ortadan kaldırarak Osmanlı üstünlüğünü kurmalarını kabul etmiyordu. Çelebi Mehmed Şahruh'un bağımlılık isteğini reddedememişti. Mehmed Çelebi içinde bulunduğu güç koşullar dolayısıyla Şahruh'a tâbi hareket ediyordu. II. Murad da 1447'de Şahruh'un ölümüne kadar Timurluları kışkırtmaktan kaçınan bir baş eğikliği kabul etmiş görünmektedir. Şahruh, ilk defa 1420'de ikinci defa 1429'da Karakoyunlulara karşı büyük ordularla Doğu Anadolu'ya girdi. Timuroğlu'nun batıya doğru bu istilası Osmanlıları ziyadesiyle tedirgin ederken, Venedik ve Macaristan'ı sevindirmiştir. Bu baskıdan ve Osmanlı kuvvetlerinin Balkanlar'da eli bağlı olmasından yararlanan Karamanoğlu, Hamideli bölgesini yeniden işgal etti. Timurlu tehdidi karşısında Osmanlılar kuzeyde Altınordu, güneyde Memluklularla dostça ilişkiler kurdular ve Yıldırım Bayezid zamanındaki gibi bir ortak cephe oluşturmaya çalıştılar. Bu olaylar, Osmanlıların Venedik'e karşı daha enerjik bir tarzda harekete geçmelerini önlüyordu. Venedik, doğuda Osmanlılara karşı bir Karaman ve Kıbrıs ittifakını gerçekleştirmeye çalışıyordu. Şahruh'un ordusu Anadolu'dan çekilince, Osmanlılar rahat bir nefes aldılar ve güçlerini tekrar Venedik'e karşı Selânik üzerinde topladılar.

1430'da II. Murad imparatorluğun tüm kuvvetleriyle Selânik önüne geldi. 29 Mart 1430 sabaha doğru genel bir saldırıyla şehir alındı. Anadolu Beylerbeyi Hamza Bey bu fetihte önemli rol oynamıştır. Morosini kumandasında Venedik'in Gelibolu'ya saldırmasından sonra Hamza Bey, Lapseki'ye gelen Venedik elçileriyle barış imzaladı (1430).

Bunalımın Sonu, Rumeli'de Osmanlı Egemenliğinin Pekişmesi

Fetihnâmede İstanbul'un bir eşi olarak sıfatlandırılan Selânik'in fethi, yeni bir dönemin başlangıcı sayılmalıdır. Bu fetih, Osmanlılara sınırlar ötesinde yeni bir genişleme hamlesi vermiş, özellikle Tuna ötesinde Macaristan'a karşı Sırbistan ve Eflak üzerinde Osmanlı üstünlüğünü kurmuştur. Sırp despotu Brankoviç'in kızı Mara'yı II. Murad'a eş olarak Edirne'ye göndermesi (1433) yeni durumla ilgilidir. Mara'nın yanında getirdiği çeyiz, Sırp gümüş, altın madenlerinden kaynaklanan 400.000 altın gibi görülmemiş bir miktara varıyordu. Sırbistan üzerinde bu baskı gittikçe artacak sonunda Sırp despotluğu 1439'da tamamıyla Osmanlı ülkesine katılacaktır. Osmanlılar, Arnavutluk'ta da Venediklilere karşı saldırgan bir duruma geçtiler ve oradaki Arnavut beylerini daha sıkı egemenlikleri altına soktular. Kuzeyde İskender Bey'in babası Yuvan Kastriota'nın ülkesini yeniden istila ettiler. Rumeli'de batıya doğru yayılma faaliyetleri arasında, Epir'de Tocco ailesine ait Yanya ve etrafının Osmanlı ülkesine katıldığı zikrolunmalıdır. Carlo Tocco padişaha yıllık harac vermeyi kabul etti (1430). Eflak'ta da Macar nüfuzuna son verildi. Bununla beraber, Macar kralı Sigismond, 1431'de sultana gönderdiği elçisiyle kendisinin Bosna, Sırbistan, Eflak ve Tuna Bulgaristan'ı üzerinde üstün hâkimiyetinin tanınmasını istedi. II. Murad isteği reddetti. Özetle, 1437 yılında bir nâmesinde II. Murad, Selânik fethinden sonra Balkanlar'da Yıldırım Bayezid dönemindeki Osmanlı egemenliğini tam bir şekilde yeniden kurmuş olduğunu söyleyerek övünmekteydi. Eflak ve Sırbistan üzerinde Osmanlı egemenliği yeniden tesis edilmiş Arnavutluk ve Epir'de Osmanlı idaresi yerleşmişti. Bosna kralı, Mora despotları ve nihayet Bizans imparatoru harac ödeyen bağımlı devletler durumuna gelmişlerdi. Venedik de, Balkanlar'da elinde tuttuğu yerler için harac ödemeyi kabul ediyordu.

1432'de Edirne'ye gelmiş olan Burgonya casusu Bertrandon de La Broquière Murad'ın gücünü şöyle belirtmektedir: "O elindeki güçleri ve büyük geliri kullanmak istese, Hristiyan dünyasının gösterdiği küçük direnme göz önüne alınırsa, bu dünyanın büyük bir kısmını fethetmesi işten değildir."

1437 başlarında Sigismond'un ölümü ve Macar tahtı için kavganın başlaması, Osmanlılara Balkanlar'da egemenliklerini daha da güçlendirmek olanağı sağladı. Eflak beyi Drakul, oğullarını

Edirne'ye getirip rehine bıraktı. Ertesi yıl Murad büyük bir ordunun başında Macaristan'a girdi. Vidin tarafından Erdel'e girerek Mehedia ve Şebeş kaleleri önüne geldi. Maros Irmağı'nı izleyerek Erdel'in başşehri olan Sibiu Kalesi'ni kuşattı (1438). Etrafa kol kol akıncılar saldı. Oradan Braşov üzerine yürüdü. Giurgiu Kalesi önünde Tuna'yı aşarak bu büyük seferi tamamladı.[4] Bu güç gösterisi, Tuna ülkeleri üzerinde Osmanlı egemenliğini berkitmek için yapılmıştı. Bu sefer sırasında Macarlar büyük bir direniş göstermediler. Ertesi yıl II. Murad, ordusuyla Sırbistan'ı istila etti ve bu ülkeyi Osmanlı ülkesine kattı (27 Ağustos 1439). *Uc* beyi İshak Bey'in istilasına uğrayan Bosna'nın kralı da yıllık 2.500 altın harac vermeyi kabul etti. Bu başarılardan sonra 1440'ta Osmanlı ordusu, 1427'de Sırplardan Macarların eline geçmiş olan Belgrad'ı kuşattı. Tüfek ateşi karşısında bu kuşatma sonuçsuz kaldı. Fakat Osmanlılar, Balkanlar'ın, en verimli gümüş madenlerinden Novobrdo'yu (Novaberda) ele geçirdiler. Selânik fethinden sonra Balkanlar'da Osmanlı egemenliği bu girişimler sonucunda her zamankinden daha sağlam bir şekilde yerleşti. II. Murad, aynı dönemde Anadolu'da da egemenliğini pekiştirdi. 1437'de Şahruh'un Anadolu kapılarında tekrar görülmesi Osmanlılara korkulu günler yaşatmakla beraber Murad, Şahruh'un çekilmesi üzerine 1437 baharında Dulkadir (Zulkadriye) beyliğiyle iş birliği yaparak Karaman üzerine bir sefer düzenledi. Konya, Beyşehir ve Hamideli yeniden işgal edildi. Karamanoğlu, Osmanlı sultanının üstünlüğünü tanıdı. Bu sefer sırasında Karaman ve Dulkadir beyliklerinin hâmiliği iddiasında olan Memluklularla Osmanlılar arasında ilk defa bir rekabet durumu ortaya çıktı.

Özetle, Osmanlıların Anadolu'da genişleme planlarını iki büyük devlet, Doğu Anadolu'da Timurlular, Fırat vadisinde Memluklular önlemekteydi. 1440'ta II. Murad'ın Belgrad önünden başarısız dönüşü, 1444 Varna Savaşı'na kadar Rumeli'de yeni bir bunalım ve gerileme dönemi başlangıcı olmuştur. Hunyadi'nin

---

4 Topkapı Sarayı'nda bir rapora göre, bkz. H. İnalcık, "Byzantium and the Origin of the Crisis of 1444 in the Light of Turkish Sources", *Actes du XIIIe Kongres International d'Etudes Byzantines*, Belgrad, 1964, 159-164.

başarıları (1442-1443) bütün Avrupa'da haçlı planlarını cesaretlendirdi. 1439'da toplanan Floransa Konsülü'ne Bizans imparatoru yüksek rütbeli Ortodoks rahiplerini yanına alarak gitti. Katolik ve Ortodoks kiliseleri arasında birlik ilân edildi. 1354'ten beri süregelen Şizma'ya son verildi. Bunun karşılığında, Osmanlı Devleti'ni yok etmek, Bizans'ı kurtarmak ve Kudüs'e inmek için bir haçlı planı hazırlandı. Hunyadi'nin 1442-1443 zaferleri, bu planın gerçekleştirilmesi ümitlerini son derece yükseltmişti. 1444 sonbaharında Hunyadi Tuna'yı aşarak Rumeli'ne giriyor, Niş ve Sofya'yı alarak Edirne'ye götüren son geçitlere dayanıyordu. 24 Kasım'da II. Murad, Osmanlı Balkan dağlarında İzladi Boğazı'nda hâkimiyetini ve payitahtını kurtarmak için kışın (25 Aralık) çetin bir savaş vermek zorunda kaldı. Düşman, İzladi (Zlatica) önünden geri çekilmekle beraber durum son derece tehlikeli idi. Batı'da haçlı umudu son derece yükselmişti.[5] Bu koşullar altında Murad Macarlarla barış antlaşması için temas aradı. 12 Haziran 1444'te Edirne'de Osmanlı sultanıyla Macarlar, Sırp despotu ve Hunyadi arasında barış antlaşması imzalandı (Segedin Antlaşması). Bu antlaşmayla Macar-Osmanlı ülkeleri arasında tampon olarak, Sırp despotluğu yeniden canlandırılıyordu. Böylece 1437-1440 yılları arasında elde edilen bütün kazançlar elden çıkmış oluyordu.

II. Murad modern tarihçilerin iddialarının aksine büyük bir savaş önderi değildi. Savaşı sevmezdi. Çağdaş kaynaklar onun şaraba ve eğlenceye çok düşkün olduğunu belirttiler. Onun dönemindeki büyük başarılar, emri altında Hamza Bey, Şihabeddin Şahin Paşa, Karaca Bey gibi büyük kumandanların eseridir. Bununla beraber II. Murad hoş-meşrep, derviş tabiatlı, geniş görüşlü, kültür gelişimine önem vermiş bir sultandır. Şunu da kabul etmek gerekir ki, bunalım anlarında İzladi, Varna ve II. Kosova savaşlarında azimli ve kararlı bir önder olarak görülmektedir. Edirne'de 12 yaşında oğlu Mehmed'i tahta oturtan Murad, Temmuz 1444'te Anadolu'ya geçmiş,

5 Ayrıntılar için bkz. H. inalcık, *Fatih Devri Üzerine Tetkikler ve Vesikalar*, Ankara: TTK, 1954, 1-53.

Yenişehir'de Karamanoğlu İbrahim Bey'in elçileriyle bir barış antlaşması imzalamıştı (*Sevgendnâme*). Antlaşmaya göre Murad, Hamideli'ni Karamanoğlu'na bırakıyor, o da her yıl oğlunu askerle sultanın yanına göndermeyi yeminle üzerine alıyordu. Bu antlaşmadan sonra 1444 Ağustos'unda Mihalıç'ta kapıkulu ve beyler önünde Murad, oğlu II. Mehmed lehine resmen tahtı bıraktı ve Bursa civarında inzivaya çekildi. II. Murad'ın tahtını 12 yaşında bir çocuğa bırakarak çekilmesi devleti iç ve dış bunalımlara sürükleyecektir. Şimdi, bütün devlet otoritesini gerçekte elinde toplamış olan kişi Veziriazam Çandarlı Halil Paşa idi. Fakat Divan'da hazır olan öteki vezirler Şihabeddin, Zaganos ve İbrahim paşalar ona karşı cephe aldılar. Bu arada Macar kralı, Papalığın gayretiyle Segedin'de yeminle yaptığı antlaşmayı bozdu.[6] Haçlı ordusu Tuna'yı aşarak kuzey Bulgaristan'ı çiğnedi ve Varna önüne kadar ilerledi. Bu sırada büyük bir Venedik donanması Gelibolu Boğazı'nı kesmişti. Rumeli'de tam bir panik havası vardı. Büyükler, kıymetli eşyalarını alıp Anadolu'ya kaçmaktaydılar. Taht için Mehmed'e karşı saltanat müddeisi Çelebi Süleyman oğlu Orhan Dobruca'da ortaya çıktı. Ancak Orhan, Rumeli Beylerbeyi Şahabettin Paşa'nın sıkı kovalaması sonucunda bir şey yapamadan tekrar İstanbul'a sığındı. Bu sırada Edirne'de de kargaşa egemendi. Büyük çarşıyı 7.000 evle beraber kül eden büyük bir yangında aşırı heterodoks bir inanca bağlı Hurifiler kılıçtan geçirildi. Bu son derece bunalımlı anda Halil Paşa, II. Murad'ı tekrar ordunun ve devletin başına geçirmekten başka çare olmadığını gördü. Murad gelirse, rakipleri Zaganos ve yandaşları da nüfuzlarını kaybetmiş olacaklardı.

Haçlılar, Varna Kalesi'ni sıkıştırdığı sıralarda, II. Murad Anadolu kuvvetleriyle İstanbul Boğazı'ndan geçmeyi başardı. Varna önünde yapılan tarihî meydan savaşında (10 Kasım 1444) özellikle Karaca Bey ve Şihabeddin Paşa gibi kumandanların gayretiyle savaş kazanıldı. Macar ve Leh kralı olan Ladislas savaş meydanında maktul düştü. Hunyadi, kendi top arabaları himayesinde

6 Ayrıntılar için bkz. H. İnalcık, *Fatih Devri Üzerinde Tetkikler ve Vesikalar*, Ankara: TTK, 1954, 1-53.

çekilmeyi başardı. Bu Osmanlı zaferi Balkanlar'da Osmanlı egemenliğini kesinleştirmiş ve bunalımın asıl kışkırtıcısı sayılan Bizans'ın sonunu belirlemiştir.

Hunyadi, Varna'yı izleyen yıllarda Tuna üzerinde Osmanlıları tedirgin etmeye devam etti. Çocuk sultan II. Mehmed Varna'dan sonra Edirne'de tahtta bırakılmıştı ve otorite dağınıklığı yüzünden memleketin iç ve dış güvenliği tehlike altındaydı. Çandarlı, bir bunalıma yol açmadan Manisa'dan Sultan Murad'ı Edirne'ye getirtti ve tahta geçirdi (1446). Mehmed, lalalarıyla beraber Manisa'ya gönderildi. Bir kez saltanat tahtında oturmuş olan II. Mehmed, veliahd sayılıyordu. Varna'dan sonra II. Murad kumandası altında bir dizi seferler yapılarak Rumeli'de Osmanlı egemenliği güçlendirildi. İlk sefer Mora Yarımadası'ndan çıkarak Atina'ya doğru saldırıda bulunan Mora despotu Konstantin'i cezalandırmak oldu (Enerjik biri olarak tanınan Konstantin 1449'da İstanbul'da imparatorluk tahtına oturacaktır). Onun Korent berzahında yaptırdığı sur yıkıldı. Patras'a kadar ilerleyen Sultan Murad, Mora'da despotlara Osmanlı'ya bağımlılıklarını tanıttı.

Hunyadi Eflak ve Arnavutluk işlerine karışmak suretiyle Osmanlıları tehdit etmeye devam ediyordu. 1448 yazında II. Murad isyancı Arnavut beylerini itaat altına almak için Arnavutluk'a girdi. Dönüşte karşısına çıkan Hunyadi ile Kosova ovasında çetin bir savaş yapıldı (17-19 Ekim 1448, II. Kosova Savaşı). Bu defa Sırplar ve Karamanlılar Osmanlılara yardımcı kuvvet göndererek tâbilik ödevlerini yerine getirdiler. Hunyadi'yi desteklemek için 1448'de Eflak beyi Tuna üzerinde Osmanlı kalelerine saldırmıştı. Ertesi sene Rumeli beylerbeyi, Tuna ötesinde Giurgiu'yi alarak berkitti ve Eflak beyliği için Vlad II. Drakul'u destekledi. 1450 yılında oğlu Mehmed ile beraber Arnavutluk'a ikinci seferini yapan II. Murad isyan eden İskender Bey'in merkezi Akçahisar'ı (Kruye) kuşattıysa da alamadı. O kış, Edirne'de oğlu Mehmed'le Dulkadırlı Sitti Hatun'un evlenmesi dolayısıyla görkemli bir düğün yaptı. Düğün sonunda hastalanarak 3 Şubat 1451'de 48 yaşında vefat etti.

Fatih Dönemi: İmparatorluğun Kuruluşunda Kesin Aşama

İstanbul Fethi'nin Önemi

Birinci imparatorluk, Yıldırım Bayezid'in (1389-1402) imparatorluğu, Ankara Savaşı'nda (1402) parçalanınca, Osmanlı Devleti yarım yüzyıllık bir iç mücadeleden sonra genç ve enerjik sultan II. Mehmed zamanında ikinci kez, bu sefer sağlam bir şekilde, kurulmuştur. İstanbul'un fethi bir dönüm noktasıdır (1453). Aslında gelişmenin gerçek dönüm noktası, Varna önünde haçlı ordusuna karşı kazanılan büyük zaferdir (10 Kasım 1444). Bu tarihe kadar Macar Hunyadi'nin zaferleri sonucunda, Osmanlılar Balkanlar'ı kaybetme ve Anadolu'ya sürülme tehlikesiyle karşı karşıya kaldılar. Osmanlı devlet adamları Varna Zaferi'yle bir var olma bunalımını atlattıkları zaman, İstanbul'da Bizans devletinin varlığına son vermenin mutlak bir zorunluluk olduğuna karar vermişlerdir. Bizans'ın sonu Varna'da belli olmuştur.

Osmanlılar, Varna bunalımına yol açan gelişmelerde Bizans'ın, Avrupa'yı bir haçlı seferiyle ayaklandırmakta başlıca rolü oynadığına inanıyorlardı. *Gazavâtnâme-i Sultan Murad Han*'da belirtildiği gibi, Bizans fitnenin başı sayılmaktaydı. Fatih'in İstanbul kuşatmasından hemen önce savaş nutkunda söylediği gibi, Bizans Anadolu ve Rumeli arasında devleti ikiye bölen bir engeldi, ülke her zaman haçlı ordularına açıktı. 1444'te savaş meydanına hareket eden II. Murad, Bursa'dan Anadolu kuvvetleriyle Boğaz'a geldiği zaman, geçişi büyük tehlikeler altında gerçekleştirebilmişti. Bu arada Fetret döneminde (1402-1413) Bizans imparatorunun, saltanat için çarpışan Osmanlı, Çelebilerden Boğaz'daki kontrolü sebebiyle nasıl tavizler kopardığını biliniyordu.

İstanbul'un fethi (29 Mayıs 1453), yalnız bu tehlikeli duruma son vermek için değil, aynı zamanda II. Mehmed için de saltanatın, padişahlık otoritesinin fethi olmuştur. Varna Savaşı'nda Osmanlı tahtında on iki yaşındaki II. Mehmed (ilk sultanlığı 1444-1446) bulunuyordu. O zaman iktidar güçlü devlet adamı, Veziriazam

Çandarlı Halil'in elindeydi. Çocuk sultanın lalaları Zaganos ve Nişancı İbrahim, Çandarlı Halil'in rakibi olarak ortaya çıktılar. Çandarlı Halil, Varna bunalımı sonuçlanınca rakiplerini bertaraf etmek için II. Mehmed'i tahttan indirmek ve babası II. Murad'ı tekrar tahta çıkarmak için tertipler hazırladı (1446). 1451'de Mehmed babasının ölümü (3 Şubat 1451) üzerine yeniden tahta çıkınca, onun lalaları vezir olarak Çandarlı'nın karşısında yer aldılar. Onlar, genç sultana (o zaman 19 yaşında) İstanbul fethi gibi büyük bir zafer sağlayarak Çandarlı'nın iktidarını kırmak ve aynı zamanda onun yerini almak kararındaydılar. Devlet adamı ve diplomat Çandarlı, bir bakıma haklı olarak, İstanbul kuşatmasının yeni bir haçlı seferine sebep olacağı ve devletin 1444'te olduğu gibi büyük bir tehlike içine düşeceği düşüncesiyle fetih siyasetine karşıydı. Bazı ulema onu destekliyordu. Ayrıca, Çandarlı biliyordu ki, genç sultan ve onun lalaları, İstanbul'u fethederlerse, kendi iktidarına hatta hayatına son vereceklerdir. Bununla beraber bu tecrübeli devlet adamı, en büyük tehlikeyi oluşturan Venedik ve Macaristan'la elverişli antlaşmalar imzalayarak savsaklama siyasetini uyguladı.

Kuşatma sırasında 27 Mayıs'ta son saldırı için hazırlığı üstlenen Fatih'in kayınpederi enerjik vezir Zaganos Paşa, genel saldırıya geçilirse fethin zaferle biteceğini söylüyordu. Şayet kuşatmanın 54. gününde genel saldırı kararı verilmeseydi, Macar ordusu Balkanlar'a girmeye hazırlanıyor ve Venedik donanması Agriboz'da İstanbul'a hareket için elverişli güney rüzgârını bekliyordu. Genel saldırıda bir gün gecikme, felâketli bir geri çekilmeye neden olabilirdi. Çandarlı'nın ihtiyatkârlığı rakiplerinin iddia ettikleri gibi bir "ihanetti." Çandarlı'nın iddialarına karşın 29 Mayıs günü fethin başarılması onun güttüğü politikanın ve kendi iktidarının kaybı olacaktır. Fatih Sultan Mehmed fethin ertesi gün Çandarlı'yı tutukladı; O şimdi, Osmanlı padişahlarının en kudretlisi olarak "imparatorların altın" (elçisi Kirmânî'nin ifadesi) tahtında oturuyordu, Çandarlı, idam edilmeyi beklemek üzere Edirne'ye gönderiliyor ve Zaganos Paşa veziriazamlık koltuğuna rakipsiz yerleşiyordu.

İstanbul'un fethi büyük Osmanlı İmparatorluğu'nun kuruluşunun başlangıcıdır. Aynı zamanda Yakın Doğu ve Avrupa tarihinde büyük değişikliklerin, dolayısıyla Yeniçağların başlangıcı da sayılmalıdır. Yeniçağların başlangıcı olarak Colomb'un 1492'de Amerika'yı keşfi veya Vasco de Gama'nın 1500'de Hindistan'a varışını alan tarihçiler haklı kanıtlar ileri sürebilirler. Bununla beraber bu iki büyük olay da, doğrudan doğruya İstanbul'un düşüşüne bağlıdır. Temel konu, o zaman bir boş kelimeden ibaret olan Bizans imparatorluğunun ortadan kalkışı değil, İstanbul'un fethinden sonra Osmanlı İmparatorluğu'nun hızla Ege Denizi'nde, Karadeniz'de ve Balkanlar'da egemen duruma gelmesi ve bunun Avrupa politikası ve ekonomisi üzerinde derin etkileridir. İstanbul'un fethiyle birlikte Cenevizliler, Pera'yı ve Karadeniz'deki kolonilerini kaybediyor (1453-1475), İtalyan halkı şimdi gözlerini İberya Yarımadası'na çeviriyor, yalnız Cenevizli Kristof Colomb değil, büyük kapital sahipleri de, yükselen Amerika kolonilerinde büyük yatırımlara girişiyorlardı. Colomb'a İspanyol hükümdarı İsabella, sefer gemileri için parayı Osmanlılara karşı Doğu'da *Büyük Kan*'ı (Çin imparatoru) harekete geçirmek için vermişti (1492).[7]

İstanbul'un fethinin dünya tarihi için en önemli sonuçlarından biri de, hiç kuşkusuz Osmanlı Devleti'nin gelecekte bütün Avrupa'yı tehdit eden bir dünya gücü olarak ortaya çıkması ve 16. yüzyıl Avrupa devletler sistemi içinde yer almasıdır. Fatih Sultan Mehmed, Osmanlı İmparatorluğu'nun Tuna ile Fırat ırmakları arasında karada, Anadolu ve Rumeli'de, Ege'de ve Karadeniz arasında denizde kendi unvanında belirttiği gibi *iki kara ve iki deniz sultanı* (Sultanu'l-Berreyn ve Hakanu'l Bahreyn) üzerinde merkeziyetçi bir imparatorluk olarak kuruluşunu gerçekleştiren Osmanlı sultanıdır. Onun İmparatorluğu kurmak için haçlı ordularını ve donanmalarını bertaraf ettiğini, öbür taraftan doğuda Anadolu ve İran'da kurulan büyük Akkoyunlu tehlikesini ortadan kaldırdığını unutmamak

7 Kristof Kolomb'a gemiler satın almak için parayı, Kraliçe Isabella bu amaçla vermişti.

gerekir. Bu büyük girişimlerin örgütlenmesi, finanse edilmesi için Osmanlı hükümdarının, bürokrasinin ve devlet adamlarının güç ve yeteneklerini hesaba katmak gerekir. Aşağıda askerî seferlerin sayılıp dökülmesinden çok, imparatorluk örgütlerinin nasıl gerçekleştirildiğini ve işlediğini anlatacağız.

Fatih İmparatorluğun Kurumsal Temellerini Atıyor

Fatih, mutlakiyetçi Osmanlı padişahı tipini, kendi kişiliğinde yaratmıştır. Mutlak otoritesini sınırlandıran Çandarlı vezir ailesini, kudretli *uc* beylerini, ulema ve yeniçerileri hizaya getirerek devlet içinde bütün kudret ve yetkinin padişahın nefsinde toplandığını göstermiştir.[8] Saltanat için ülkeyi parçalayan kardeş kavgaları, *Fetret* devrinden beri yalnız sultanları değil, halkı da tedirgin eden bir olguydu. Fatih Sultan Mehmed, tahta geçen sultanın *nizâm-ı âlem* için kardeşlerini katletmesi câizdir kuralını kanunnâmesine sokmakla bu tehlikeyi ortadan kaldırmak istiyordu. Halkın yararına ulemanın da bunu *câiz* (kanun değil) gördüğünü ilâve ediyordu. Onun kardeş katlini bir *kanun* düzeyine çıkardığını söyleyen tarihçiler haksızlık etmektedirler. Fatih, bunun genel düzen için yapılmasının câiz olduğunu belirtir. 1402-1453 döneminde düzmeceler ve Orhan Çelebi yüzünden ülke birkaç kez parçalanma tehlikesiyle karşılaşmıştı. Yunanlı tarihçi Chalcocondyles, halkı en çok kaygılandıran bir olay olarak kardeşler arasında taht kavgasını göstermiştir.

Fatih, bir yandan Çandarlılar gibi padişah karşısında mutlak bir otorite kullanan veziriazam modelini ortadan kaldırmış, diğer taraftan veziriazamları, öteki idareciler üzerinde kendi mutlak vekili olarak tam güce sahip kılmıştır.[9] Kayınpederi olan ve kuşku-

8 Fatih'in imparatorluğun teşkilât kanunu, bkz. *TOEM*, İlâveler cildi. Sonraki padişahlar daima bu kanuna bağlı kaldılar.

9 *Kanunnâme*, *TOEM*, İlâveler, 10; "Bigil ki vüzerâ ve ümerânın veziriazam başıdır… cümle umûrün vekîl-i mutlakdır", bunun sembolü olarak padişahın mührünü taşır.

suz İstanbul'un fethinde en büyük rolü oynayan Zaganos Paşa'yı, Belgrad Seferi'ndeki başarısızlık üzerine azletmiş ve Balıkesir'e sürmüştür. Buna karşı veziriazam Mahmut Paşa'yı hem veziriazam hem de Rumeli beylerbeyi yaparak büyük sipahi ordusunun daimi kumandanı yapmıştır. Maliye işlerinde bağımsız Defterdar Sinan Bey, veziriazamla yetki çekişmesine girdiği zaman defterdarı feda etmiştir. Herhalde, Osmanlı tarihi boyunca tanıdığımız *vekil-i mutlak veziriazam* tipi onun saltanatı zamanında tam nitelik kazanmıştır.

Fatih, padişahın mutlak otoritesini kurmak için ulemanın da devlet işlerine karışmasını yasaklamıştır. Hocası şeyhülislam Molla Gürânî, vezirliğin saraydan yetişme kullara özgü olduğunu kabul etmek zorunda kalmıştır. Saltanatın sonlarına doğru maliyeci bürokrat Karamanî Mehmed Paşa'yı veziriazamlığa getirmesi, daha çok onun şeriat ve arazi hukukunda yetkisi dolayısıyladır. Fatih, Karamanî zamanında vakf ve mülklerin kaldırılması (*nesh*) ve *mîrî* devlet topraklarına katılması gibi çok önemli mali önlemler almıştır. Fakat asıl mesele taht için mücadele sorununa kesin bir çözüm getirmekti.

Fatih'in Merkeziyetçi İmparatorluğu Kurması

Fetret devrinde, hatta daha sonra II. Murad devrinde, *uc* sınırda serhad beyleri saltanat işlerinde ağır basan bir rol üstlenmişlerdi. Fatih, *uc*lardaki babadan oğula irsî güçlü *uc* beylerini merkeze sıkı sıkıya bağlı sancakbeyleri düzeyine indirmiştir.

Padişahın mutlak otoritesini kısıtlayan güçlerden biri de, yeniçeri ordusuydu. Fatih, emirlerine başkaldırdıkları zaman en şiddetli cezaları uygulayarak ocakta tam bir disiplin kurmuştur. 1451'de Karaman Seferi'nde cülûs bahşişi için kendisini tehdit eden yeniçerileri şiddetle cezalandırmış, ağayı ve suçlu yayabaşlarını azletmiştir. Kış seferine gitmek istemeyen yeniçerilerden 200 kadarını nehre attırıp boğmuştur. Ancak onun ölümünde yeniçeriler tahta çıkan Bayezid'e birtakım isteklerini dikte etmişlerdir. Yeni sultan

II. Bayezid'e, vezirliğe kul aslından olmayanları getirmemesi, yeni akça basmaması gibi bazı koşulları kabul ettirmişlerdir. Ocağa Saray'dan *sekbanları*, av bölüklerimi katarak Sekbanbaşıyı Ocağın ikinci kumandanı yapmıştır. Böylece, Ocak mevcudunu, 5.000 kişiden 10.000'e ve bir ara 12.000 kişiye çıkarmış ve fetih hareketlerinde temel askerî güç haline getirmiştir. Topçu ocağının geliştirilmesi ve topçuluğu dönemin en ileri düzeyine çıkarması onun askerî planlarda yenilmez bir askerî güç oluşturmak için aldığı önlemler arasındadır. İstanbul surlarını yıkmak için Macar Urban ustaya yaptırdığı muazzam top ve Haliç'teki düşman gemileri Galata üzerinden aşırma top ateşi yapan havan topları, kuşkusuz topçuluk tarihinde önemli yenilikler getirmiştir. Bir kelimeyle Fatih ileride büyük Osmanlı fütuhatının temel aracı olan Osmanlı savaş makinesini kurmuş olmak şerefini taşımaktadır. Keza, iki deniz, yani Karadeniz'de ve Ege Denizi'nde Venedik'in üstün deniz kuvvetine karşı güçlü bir donanma vücuda getirmek için aldığı köklü önlemleri anmak gerekir. Belgrad'ı her yandan kuşatmak (1456) için Tuna üzerinde 200 gemilik bir filo vücuda getirdi. 1470'de Agriboz Seferi'nde yabancı casus verilerine göre donanma kadırga sayısı 110'du. Bununla beraber hemen ekleyelim ki Fatih devrinde Osmanlı ordusunun en etkin unsuru olmasa bile en kalabalık bölümünü eyalet askeri, yani başta timarlı ordusu olmak üzere milis asker, yayalar, azebler, voynuklar ve cerehorlar oluşturmaktaydı. Halk arasından ücretle asker yazılan *azebler* genel bir rakamla kaynaklarda 10 bin olarak gösterilir. İstanbul kuşatmasına giderken Anadolu'dan 10 bin, Rumeli'den 10 bin *azeb* yazılmış, 10 bin yeniçerisi varmış.[10] Aslında 1464'te 7 bin *azeb* topladı.

Fatih İstanbul etrafında, Rumeli ve Anadolu'dan oluşmuş Osmanlı İmparatorluğu çekirdek ülkesini meydana getirmiştir. Bu ülke birliği Tuna ile Fırat ırmakları arasında sonraki fetih ve eklemeler dışında daima kendine özgü merkeziyetçi yapısı ve kurumları ile imparatorluğun asıl merkez bölgesi olarak kalacaktır. Bu

10 *Oruç Beg Tarihi*, yay. N. Öztürk, 2008, 78.

çekirdek ülkeyi yerli hanedanlardan temizleyerek, tipik Osmanlı kurumları, özellikle timar sistemi ile örgütleyen Fatih, bu sonuca ulaşmak için sürekli sefer yapmak zorunda kalmıştır. Fatih'in herhangi bir fetih planı mevcut oldu ise o da, Tuna'dan Fırat'a kadar Doğu Roma İmparatorluğu'nu eski sınırları içinde canlandırmak, buradaki hanedanlara son vermek veya Macaristan, Venedik, Ceneviz gibi dışarıdan gelip hâkimiyet kurmuş devletleri bu yerlerden atmaktı. İstanbul'u fetih yolu ile ele geçirmiş olması dolayısıyla, kendisini Doğu Roma kayserlerinin meşrû vârisi sayıyordu. Türk devlet geleneğinde *taht ili*'ni ele geçiren han, bütün imparatorluk ülkesinin meşrû ve tek hâkimi sayılır, Kemal Paşazâde'nin dediğine göre Fatih, Kostantiniyye sahibi olarak "Urum sınıfında tekfur adına bir adam bırakmamayı" fetih politikasının planı olarak tespit etmiştir. Fatih, buna denk olarak fetih siyasetinde Roma'nın tek meşrû hükümdarı olarak İtalya'yı fethetmeyi de ciddi olarak düşünmüştür. O zamanki Batı kaynakları bunu ciddi olarak düşündüğünü belirttiler.[11] 1480'de Gedik Ahmed Paşa kumandasında Güney İtalya'da Pulia'da Otranto alınmış, ertesi gün sefer mevsiminde Roma'yı zapt etmek için gerekli orduyu toplamak üzere Gedik Ahmed Paşa Rumeli'ye dönmüştü. Fakat 1481 yılının baharında Fatih ordusu başında ölünce (3 Mayıs 1481) Otranto'daki kuvvetler yalnız kaldı. 500 kişi Napoli kralı hizmetine alındı ve Papa kuvvetlerine karşı başarılı savaşlar verdi. Gedik Ahmed Paşa II. Bayezid'i saltanatta desteklemek üzere İstanbul'a döndü. Fütuhatını daima birtakım haklı nedenlere ve kavramlara dayandırmak isteyen Fatih, kuşkusuz en önemli bir kavram ve ideoloji olarak İslâm'ın *gazâ* ideolojisini siyasetinin temeli yapmıştır. Kendisini İslâm'ın kılıcı saymakta ve İstanbul fethinden hemen sonra Memluk sultanına gönderdiği fetihnâmede kendisine "gazâ ve cihad ehlini savaşa hazırlamak" ödevini yüklenmekteydi. Saltanatının sonlarına doğru hac yollarının koruyuculuğu ödevini benimsemekle, Memluk sultanının İslâm dünyasındaki seçkin yerini

11 N. Iorga, *Notes et Extraits*, IV, Belge 189.

de almaya hazırlandığını göstermekteydi. Özetle, İstanbul'un fethi ve ondan sonraki büyük fetih başarıları Fatih'e, Roma ve İslâm cihan hâkimiyeti fikrini vermiş olmalıdır. Kemal Paşazâde onun için "tedbîr-i cihangirlik zikrindeydi" der. Bu cihan hâkimiyeti fikri kendisinden sonra Osmanlı sultanlarının büyük fütuhat planlarında rol oynamıştır. Kanunî Süleyman, büyük dedesi Fatih gibi *kızıl elma*yı, Hristiyan dünyasının merkezi Roma'yı ele geçirmeyi bir amaç olarak benimsemiş ve Orta Asya ve Sumatra'ya kadar bütün İslâm âleminin koruyuculuğu, *hilâfet-i rûy-i zemin*, iddiasında bulunmuştur. Kısaca, Osmanlı sultanlarının dünya egemenlik ideali kendilerine Fatih'ten miras kalmış diyebiliriz.

İstanbul'un Bir Türk-İslâm Şehri Olarak Yeniden İnşası

Fatih'in cihan imparatorluğu için seçtiği pâyitaht İstanbul, bir dünya metropolisi olarak yeniden kurulmalı idi. Onu ardı arkası kesilmeyen fetih seferleri yanında en çok uğraştıran sorunlardan biri, İstanbul şehrini nüfuslandırmak ve dünyanın en önde gelen merkezlerinden biri haline getirmekti. Bu amaçla, *sürgün* metoduyla ve sosyal-ekonomik amaçlı yapılarla İstanbul'u imâra ve nüfuslandırmaya çalıştı. Anadolu'dan, özellikle zenginler gelip yerleşmeyince veya yerleşenler geri gidince Rumeli şehirlerinden Yahudileri sürgün edip liman bölgesine (Fener ve Balat) yerleştirdi. İstanbul'u şenlendirmek için aldığı en önemli önlemlerden biri, İstanbul etrafında Marmara ve Karadeniz arasında fetih harekâtı sırasında boşalmış olan 160 köyü nüfuslandırmak ve yeniden üretken hale getirmek için aldığı önlemlerdir. Rumeli'de yaptığı seferlerden binlerce köylüyü *ortakçı-kul* olarak bu köylere yerleştirdi, bu *hâs ortakçılar* köyü terk edip gidemezlerdi. Keza birçok köye Yörükleri sürgün olarak getirip yerleştirdi. Bugün Boğaziçi'ndeki köyler, Kilyos'tan Silivri'ye kadar, *Hâslar* adı altında onun getirdiği bu sürgünlerle yeniden hayat kazanmıştır. Bu köylerin şenlenmesi, üretimi İstanbul halkının yaşaması için gerekli idi. II. Bayezid devrinden sonra bu sürgünlerin *hâssa kul* sıfatları kaldırılarak hür köylü reâyâ statüsü verilmiştir. Büyük ölçüde *sürgün* yöntemiyle yapılan bu büyük iskân denemesi, *hâs* köylerinde *kul* esir ortakçı köylü statüsünü sürdürmek idare için son derece güç bir işti. Kul kadınlar yakındaki hür erkeklerle evlenince hür oluyorlar ve kullar eş bulamıyor ve kul nüfusu artmıyordu. Birçok *kul*lar da tarımdan başka ekonomik faaliyetlerde bulunarak ortakçı statüsünden kurtuluyordu. Bölgenin hür reâyâ nüfusu karşısında *kul* köylü nüfusunun devamı olanaksızdı. Sonunda idare bu gerçekleri göz önüne alarak bütün bu ortakçı köylülere tipik Osmanlı reâyâ statüsü vermiştir.

Fatih, İstanbul'u şenlendirmek için özellikle bölgeler ve devletler arası ticaretin gelişmesini sağlayacak önlemler almıştır. 1463'te Venedik'le barışı koruma olanağı kalmayınca, Fatih imparatorluk ticaretinin ihtiyacı olan Avrupa mallarını, özellikle yünlü kumaş ithalini sağlamak üzere Floransalılara geniş ticaret imtiyazları bağışladı. 1500'lerde Galata (Pera)'da yerleşen Floransa ticaret firmaları elliyi aştı. Onun zamanında ve daha sonra Kanunî devrine kadar Galata, Bursa, Edirne ve Gelibolu'da Floransalılar Cenevizlilerle birlikte en aktif tüccar kolonilerini oluşturmaktaydılar (Zenginleşen Floransa Rönesansı'nın merkezi haline gelmiştir).

İstanbul gümrük kayıtları gelişimin açık bir göstergesidir. 881/1476'da İstanbul, Galata ve Gelibolu gümrük idaresi üç yıllık geliri dokuz buçuk milyon akçadan (yaklaşık 200 bin altın) bir yılda %20 artış göstermiş, on bir buçuk milyona iltizama verilmiştir. Artış onda ikidir. Mültezim konsorsiyumunda bir Palologos ve Rumlar grubu göze çarpar. Onlar Müslüman grupla rekabet halindedir.[12] Fetihten sonraki kaçınılmaz yağma ve esir alma sonucu İstanbul şehri tamamıyla boşalmış ve harap olmuş durumdaydı. Fakat 20-25 sene sonra İstanbul, Bizans'ın son günlerindeki durumundan çok daha gelişmiş bir duruma erişmiştir. 1477 tarihinde yapılan bir nüfus sayımına göre, İstanbul nüfusu şöyle saptanmıştır:

---

12 Bkz. H. İnalcık, *The Customs Register of Caffia, 1487-1490*, Cambridge: M.A, 1996, Document II-1, 157.

İstanbul	**hane (aile)**
Müslim	8.951
Rum	3.151
Yahudi	1.647
Kefeli (Katolik)	267
Ermeni	372
Karamanlı Hristiyan	384
Toplam	14.772
Galata	**hane (aile)**
Müslim	535
Rum	592
Efrenc	332
Ermeni	62
Toplam	1.521

Bir aile 6 kişi hesaplanırsa, İstanbul nüfusu 1477'de yaklaşık 90 bin, Galata ise yaklaşık 9 bindir. Daha önce vebanın bu şehirlerde önemli kayıplara neden olduğu kaydedilmelidir. Tarihçi Neşrî haklı olarak şu kaydı yapmıştır: "İstanbul'u Sultan Mehmed yaptı."

İstanbul'u Koruma Önlemleri, İmparatorluk Çekirdek Bölgesi

Fatih'in imparatorluk pâyitahtı denizden ciddi tehdit altındaydı. Osmanlı donanması o zaman deniz egemenliğini elinde tutan Venedik donanmasıyla boy ölçüşecek durumda değildi. Venedik donanması her an Boğazları geçip İstanbul'a saldırı yapmaya yeltenebilirdi. İstanbul'u güvenceye almak için Fatih, Çanakkale Boğazı'nda karşılıklı iki kale yaptırdı. Birisine *Sultaniye* (Çanakkale), ötekine denizin kilidi anlamında *Kilidü'l-Bahr* adını (sonra Ece-âbâd) verdi. İstanbul Boğazı'nı kesen Rumeli hisarına da yine kendisi

Boğazkesen adını vermiş gemilerin geçişi izne bağlanmıştı (1452). Böylece İstanbul'u, denizden bir savunma kuşağı içine almış, Rumeli ve Anadolu arasındaki gidiş gelişi güvenceye kavuşturmuştur. Bu önlemlerle Anadolu ve Rumeli bir tek ülke halinde birleşmiş oluyordu. İstanbul'daki nüfusun beslenmesi ayrıca büyük bir sorundu. Fatih, Boğazlar'ın kontrolü sayesinde, Karadeniz etrafındaki bütün limanları Osmanlı egemenliği altına almış, Kırım, Deşt-i Kıpçak, Boğdan, Çerkezistan bölgelerinin yiyecek ve hammaddelerini, buğday, et, balık, tuz, deri, at, bal, yağ, tahta ve nihayet o dönemde vazgeçilmez el emeği sağlayan esirleri denizden İstanbul'a sevk etme olanaklarını sağlamıştır. Bu büyük şehri, kara ulaştırmasıyla beslemek, hammadde ihtiyaçlarını sağlamak olanaksızdı. 16. yüzyılda İstanbul'un Avrupa'nın en kalabalık bir şehri durumuna gelmesinin alt yapısını hazırlayan yine bu Osmanlı hükümdarıdır.

Fatih, Osmanlı sınırlarını Rumeli'de Tuna, Anadolu'da Fırat üzerinde tutmayı bir temel siyaset olarak benimsemiş olmakla beraber Ege Denizi'nde ve Yunanistan kıyılarında bazı iyi berkitilmiş Venedik kalelerini alamamış, kuzeyde Macaristan'ın Kuzey Bosna'da yerleşmesini önleyememiştir. Fırat üzerinde Akkoyunluları püskürtmekle beraber güneyde, Çukurova ve Maraş bölgesinde Mısır Memlukluları egemendi. Bu iki bölgede Osmanlı çekirdek ülkesini tam bir bütün halinde birleştirmek onun torunu Kanunî Süleyman'a nasib olacaktır. Osmanlı İmparatorluğu'nun bu çekirdek imparatorluk bölgesi ötesinde yapılan fetihler, hiçbir zaman bu ilk yapıyla gerçekten bütünleşememiştir. Fatih, kuvvetli topçu örgütü sayesinde çekirdek bölgede yerel hanedanların ve feodal beylerin sığınağı olan tüm kaleleri sistemli biçimde yıkmış ve ancak Osmanlı hâkimiyetinin dayanağı olarak belli başlı bazı kaleleri bırakmıştır. Bu kalelere yerleştirilen Osmanlı askeri, özellikle yeniçerileri, köylerde ise Osmanlı timarlı sipahileri, Osmanlı merkeziyetçi idaresini ayakta tutan kuvvetler olarak yerleşmiştir. Merkeziyetçi Osmanlı idaresinin temel kurumlarından biri de şehirli ve köylü halkı sayımla tespit etmek ve her vergi mükellefini *mufassal tahrîr defterleri* denilen defterlere geçirmekti. Kırsal bölgelerde her reâyâ ailesinin ayrı ayrı adıyla kaydedildiği *mufassal defter*, yalnız vergi mükellefliğini tespit etmekle kalmıyor, reâyâya devlet ve toplum içinde belli bir statü belirliyordu. Daha Yıldırım Bayezid döneminden itibaren uygulandığını gördüğümüz *tahrîr sistemi*, Fatih döneminde yaygınlık kazanmıştır.

İmparatorluk Tahrîr (Sayım) Defterleri ve Kanûnnâmeler

İstanbul'un fethi akabinde tüm imparatorluk vilayetlerinin genel bir tahrîre konu olduğunu biliyoruz. Fethedilen her yeni bölgede tahrîr yapılırdı. Tahrîrden sonra *mufassal defter*de saptanan ve belli birlikler halinde tespit edilen gelirlerin önemli bir kısmı hazine için *sultan hâsları* adı altında ayrıldıktan sonra kalanı, vezir ve bey hâsları ile zeamet ve timar olarak askerî sınıf mensupları arasında *dirlik* (maaş) olarak dağıtılırdı. Bu dağıtma *icmal* veya *mücmel defteri* denilen defterlerde saptanırdı. Böylece, Osmanlı merkeziyetçi sisteminin temel kurumu olan tahrîr sistemi sayesinde toplum içinde herkes belli bir statüde yerini alır ve doğrudan doğruya merkezdeki bu defterler sayesinde devletin kontrolü altına girerdi. Bu sistem, sosyal sınıfların serbest ekonomik koşullar altında oluştuğu *sivil toplumlar* karşısında sıkı merkezî devlet kontrolüne tâbi *statülü toplum* tipini göstermektedir. Böylece, Osmanlı devlet sistemi toplum hayatını yakından örgütleyen bir *statü devlet* sistemini temsil eder. Klasik döneminde Doğu Roma İmparatorluğu da böyle bir merkeziyetçi statükocu imparatorluğu temsil etmekteydi.

Osmanlı İmparatorluğu, ülkeyi ve halkı örgütleme bakımından, objektif bir kanun sistemi geliştirmiştir, İslâm dünyasında, belki de ilk kez, devleti ve toplumu örgütlendiren genel *kanunnâmeler* koyan hükümdar Fatih'tir. Bu, Avrasya imparatorluklarında *töre* ve *yasa* geleneğinin devamını ifade eder.[13] Fatih iki kanunnâme yayınlamıştır. Birinci *kanunnâme* reâyânın, yani vergi veren sınıfların devletle ve askerî sınıf mensuplarıyla ilişkilerini düzenleyen

13 Bkz. H. İnalcık, *Osmanlı'da Devlet ve Hukuk*, İstanbul: Eren, 2000.

reâyâ kanunnâmesi'dir. Aynı kanunnâme, genel ceza kanunnâmesini de içermektedir. Bu kanunlar doğrudan doğruya Fatih'in koyduğu kurallar değil, Osmanlı tarihinin başlangıcından beri yerleşmiş kurallardan oluşmuştur.[14] Bu kanunnâme, kadı mahkemelerinde şeriat dışı işlerin çözümlenmesinde temel kanun görevini yerine getirmekteydi. Kanunnâmenin esas görevi, angarya gibi başka hususlarda reâyâyı askerî sınıf karşısında korumaktı. İrânî siyasetnâmelerde ve Karahanlı *Kutadgu Bilig* (1069)'de vurgulandığı gibi, devletin temel siyasi idare prensibi, *adalet*, yani vergi veren reâyayı beylerin baskı ve zulümlerinden korunmaktır. Bu kanunnâme, sonradan II. Bayezid zamanında 1500'e doğru ilâvelerle son şeklini almış, I. Selim ve Kanunî Süleyman tarafından onaylanarak imparatorluğun temel kanunu olarak korunmuştur. Fatih, saltanatının sonlarına doğru devlet kurumlarını, yetki ve protokol bakımından örgütleyen ikinci bir *kanunnâme* yayınlamıştır. Bu saltanat kanunnâmesinde de onun, eskiden beri gelen kuralları bir sistem altında topladığı gözükmektedir. Fatih'in aynı zamanda kendi dönemine ait yeni kurumların tanımladığı anlaşılmaktadır. Bu iki kanunnâmeyle Fatih, Osmanlı İmparatorluğu'nun temellerini atan gerçek imparatorluk kurucusu olduğunu bir kez daha ispatlamıştır.

Fatih Döneminde Maliye: Mukataa ve Toprak Rejimi

Doğu'nun patrimonyal devletinde sosyal ve siyasi olayları belirleyen yapısal bir yönetim vardır. Bu yönetim, padişahın gücünü, sarayını, fetih planlarını, askerlerini ve yapı faaliyetlerini destekleyen merkezî hazinedir. Padişah, bu amaçla ülkenin belli başlı gelir kaynaklarını *mukataa* sistemi[15] altında iltizâma vererek mültezimlerden hazır para sağlar. Başka bir yöntem de *emîn* adı altında geniş yetkilere sahip devlet memurlarıyla bu çeşit gelirleri merkezî hazine için toplamaktır.

14 Bu *kanunnâme*'yi ilk kez F. Kraelitz, *Greifenhorst Mitteilungenzur Osmanischen*, Geschichte, II.

15 *Mukataa*, belli miktarda bir gelir kaynağı demektir, merkezî *defterhane*'de *mukataa* defterleri bu çeşit gelir kaynaklarını resmî defterde tespit ve kayıt eder.

Mukataa iltizam usûlüne karşı bu usûle *emânet* usûlü denir. Bütün doğu pragmatik *nasîhatnâme-siyaset* kitaplarında, mukataa ve iltizâm, devlet ve padişah gücünün temeli sayılmıştır. Ortadoğu devletlerinde gelir kaynaklarının en başında köylü tarım ürünleri, özellikle, buğday ve arpa yer alır. Merkeziyetçi bürokrasinin temel siyaseti karşısında başka bir yöntem şudur: gelirlerin önemli bir kısmı hemen hemen yarısı toprak ve tarım gelirleridir, eyaletlerde özellikle sipahilere ve valilere *dirlik* olarak ayrılmıştır. Bunun başlıca sebebi de tarım ürünlerinin vergi olarak çoğunlukla aşar şeklinde ürün olarak alınması zorunluluğudur. Başlıca nedeni, köylü için ürünü paraya çevirmekteki aşılmaz güçlüktür. Köylünün ürününü değerlendirmek için pazara götürmesi ve satması son derece güç ve masraflı bir iştir. Ürünlerin paraya çevrilip merkezî hazineye gönderilmesi, oradan valilere ve eyalet askerine maaş olarak ödenmesi büsbütün olanaksız bir şeydir. Eski çağlarda Mısır ve Mezopotamya'da, ürünün tapınaklara bağlı büyük ambarlarda depo edildiğini ve oradan dağıtıldığını biliyoruz. Fakat geniş alanlara yayılmış imparatorluklarda ürünün taşınması ve bir merkeze toplanması, taşıma masraflarının son derece yüksek olması sebebiyle olanaksızdır. Bu koşullar altında doğuda ve batıda para ekonomisinin zayıf olduğu çağlarda, devlet bu gelirleri değerlendirmek için geliri aynen *dirlik* verme sistemine başvurmak zorunda kalmıştır. Tarım gelirleri belli üniteler halinde saptanarak her askere hak ettiği miktara göre verilir. Bu gelir üniteleri *icmâl* veya *timar* defterlerinde tespit olunmuştur. Merkezî kontrolün bu üniteler üzerinde kontrol derecesi feodalizmin çeşitli biçimlerini belirler. Osmanlı'da defter sistemi sayesinde merkezî idare tam bir kontrol sistemi geliştirmiş ve feodal gelişimleri önlemiştir. Tarım topraklarının *mîrî* hale getirilmesi yani devlete ait topraklar statüsü sayesinde bireylerin toprağı istedikleri gibi tasarruf etmeleri önlenmiştir. Mîrî toprakların mülkiyetinin devlete ait dolayısıyla ordunun ve halkın temel geçim kaynağı sayılan buğday ve arpa yetiştirilen tarlalardır. Bağ, bahçe özel mülkiyet söz konusudur. *Mîrî* toprak rejimi Doğu Roma İmparatorluğu'nda uygulanıyordu.

Bizanslılarda *pronija* (bakım), eski İslâm devletlerinde *ikta* denir. Osmanlılarda *pronija*'nın Türkçe çevirisi olan *timar* (bakım) terimi kullanılır. Bu sistemde toprak geliri üzerinde eyaletlerdeki sipahilere ve komutanlara (subaşı, sancakbeyi, beylerbeyi) tam kontrol hakkı vermek gerekir. Onların geçimi ve askerî görevlerini yerine getirmelerine imkân sağlamak amacıyla gelir bir mülk gibi garanti altına alınmıştır. Bu geliri tahsil edemedikleri zaman onlar, çaresiz duruma düşerler ve devlete karşı görevlerini yerine getirmezler. Başka bir deyişle, toprak ürünü üzerinde kontrol, toprağın boş kalmaması, toprağı verimli kılan emek ve tüm üretim süreci üzerinde kontrol demektir. Bir köylü ölür ve toprak işlenmezse timar sahibi işleyebilecek bir aile reisine *tapu*'yla verir. Özellikle geniş bir bölge üzerinde dirlik alan kumandanlar, valiler, toprak, köylü ve işletme biçimi üzerinde kontrol hakkı kazanırlar. Dirlik sahiplerinin köylü ve devlet zararına yaptıkları kötüye kullanmaları bir tarafa bırakalım, onların temlîk ve vakıflar yoluyla bu gelir kaynaklarını sistem kontrolünden çıkarmaları yasaktır, merkezden padişahın beratı olmayınca bu mümkün değildir. Sipahiler olsun, ekâbir olsun, orman, bataklık gibi bozdan açtıkları topraklar üzerinde İslâm hukukuna göre tam mülkiyet hakkı kazanırlardı. Bu gibi topraklar mîrî kontrol dışındaydı. Osmanlı İmparatorluğu'nda genellikle İslâm hukukunda hâkim prensip, hükümdarın buna izin vermesi ve sonra açılan toprak üzerinde mülkiyet haklarını tanıyan bir vesika, *temlîknâme* bağışlaması gerektiğidir. Bu son koşul, merkezî bürokrasinin kontrolünü garanti etmekle beraber, uzak eyaletlerde büyükler bu mülk toprakları istedikleri gibi işletebilirlerdi. Onlar için toprağı değerlendirmede en çetin sorun el emeği bulmak, köylüleri toprağa çekebilmekti. İşte bu noktada devlet kendi vergi verir reâyâsının beylerin kontrolü altına geçmesini önlemeye çalışırdı. Zira Osmanlı Devleti'nde tanınmış temel prensibe göre, reâyâ üzerinde kimse hak ve kontrol kuramaz. Reâyâ emeği üzerinde kişiler kendi çıkarları için angarya ve başka yollarla kontrol kuramazlardı. Böylece, bu noktada yeniden yaratılacak toprak gelir kaynaklarının kontrolü üzerinde devletle ekâbir karşı karşıya gelmektedir. Merkezî iktidarın kuvvetli olduğu zamanlarda normal bir şekilde meydana çıkan bu çatışmalı durum, merkezî güç zayıfladığı zaman bunalımlara neden olurdu. O zaman büyükler, civardaki devlet reâyâsını ve sınırı kesinlikle belli olmayan mîrî tarım topraklarını kendi çiftliklerine katma yollarını bulurlardı. Hatta aslında devlete ait olup köylüsü kaçmış toprakları da boz topraklar sayarak yeni mülkler halinde kontrolleri altına geçirirlerdi. Bunun için eyaletlerdeki güçlü kişiler harp veya iç savaş sırasında zayıflayan merkezî devletten bu gibi hakları bir ödün olarak koparırlar ve feodal kontrol bu aşamada gerçekleşir. Böylece geniş bir bölgede uygulanma halinde yerel hanedanlar ortaya çıkar (Âyânlar).Bu süreç imparatorluğun parçalanmasına kadar gidebilir. Büyüklerin arazi ve reâyâ üzerinde kontrollerini sürdürmenin başka bir yolu da mülk toprakları vakıf haline getirmektir. Bizans'ta, İslâm hilafet döneminde ve Osmanlılarda en çok uygulanan yöntemlerden biri budur. Vakfı kuran nüfuzlu kişi Osmanlı Devleti'nde bunun için padişahın iznini almak ve bir *temlîk* vakıf beratı elde etmek zorundadır.

Osmanlı merkezî bürokrasisi güçlü döneminde bu yolu dikkatle izlemiştir. Vakfı kuran genellikle onu *evladiye* vakıf olarak kurar. Yani erkek ve kız soy ve sopuna vakfın mütevellisi sıfatıyla, vakıf gelirlerinin onda birini ayırır. Mütevelli ayrıca dükkân, han, hamam gibi *musakkafâtın* kiralanmasında veya genellikle ferağ işlemlerinde yeni kiracıdan kendisi için bir pay sağlar. Bu yöntemler, kötüye kullanmalar sonucu elde edilen gelirler meşrû kazançlardır. Büyüklerin bu vakıf gelirleriyle, Osmanlı toplumunda çelebi unvanıyla bir çeşit aristokratik sınıfa vücut verdiğini saptamaktayız. *Temlîk*, mülkiyet tanıma, aşamasında boş araziyi değerlendirmek için gerekli emek, reâyâ ile beraber, çoğu kez esir emeği kullanmak yoluyla gerçekleştirilmiştir. Rumeli'de uclarda ellerine pek çok tutsak giren Mihaloğlu, Evrenosoğulları gibi ailelerin mülk ve vakıflarında babadan oğula vakıf yapılmış kulların uzun zaman kaldığını görmekteyiz. Merkezî bürokrasi toprağın ve tarım gelirlerinin kişisel çıkar haline gelmesini sağlayan bu sürece karşı sürekli mücadele halindedir. Osmanlı merkeziyetçiliğinin güçlü olduğu ilk 300 yıl süresince mîrî toprakların ve reayanın büyüklerin eline geçmesi büyük ölçüde önlenebilmiş, mülkler ve vakıflar büyük ölçüde bozdan açılarak temlîk edilmiş topraklar üzerinde oluşmuştur. Aynı sorunlar İslâm hilâfetinin ilk asrında ve Bizans'ta, daima bürokrasinin en önemli sorunu olarak ele alınmıştır. Osmanlılarda bazen fermanlarda genel bir adla *kudretliler*, zîkudret olanlar, *ekâbir* denilen bu sınıfa Bizans'ta *dynatoi* denmekteydi ve imparatorluk bürokrasisi onları âdeta bir düşman gibi anmaktaydı. Kısaca, devletin toprak ve reâyâ üzerinde kontrolü bahsinde merkezdeki bürokrasi ile kenar bölgelerdeki güçlüler arasında ardı arkası kesilmeyen bir mücadeleye tanık olmaktayız.

Burada Osmanlı Devleti'nin ilk döneminde, bu sorun etrafında devlet siyasetini temelden belirleyen mücadeleyi ele alacağız. Bu sorun, merkeziyetçi Osmanlı İmparatorluğu'nu kuran iki büyük sultan, Yıldırım Bayezid ve Fatih Sultan Mehmed zamanlarında derin siyasi ve sosyal çekişmelere yol açmıştır. Yıldırım Bayezid (1389-1402) zamanındaki durumu yalnız tahrîr defterlerinde ve vakıflardaki kayıtlardan anlamaktayız. Kesin olarak bildiğimiz şey, Yıldırım Bayezid'in vakf ve mülk sahibi eski aileleri bertaraf ederek bu toprakları timar dirliği halinde kendi kullarına vermesi ve böylece merkeziyetçi bürokratik imparatorluğu gerçekleştirmeye çalışmasıdır. Buna karşı Fatih devrinde ortaya çıkan sorunun bütün ayrıntıları bilinmektedir.

Fatih'in Vakıf ve Mülk Toprakları Nesh ile Devlet/Mîrî Topraklar Haline Getirmesi

Yazıcı olarak durumu yakından bilen tarihçi Tursun Beg, Fatih'in 20.000 köy ve mezranın vakıf statüsünü *nesh*ettiğini (kaldırdığını) ve bu yolla devlete mâl edilen bu toprakları timar ve zeamet olarak askere dağıttığını kaydeder. İmparatorluk ölçüsünde bu büyük toprak reform hareketinin genişliğini biz tahrîr defterlerinden izleyebilmekteyiz.

Fatih bu reformu yaparken bazı yazarların iddia ettiği gibi *keyfî* değil, birtakım hukuki prensiplerden hareket ederek gerçekleştirmiştir. Eski bir Karaman defteri başına konan fermandan öğrendiğimize göre, herhangi bir vakfın o tarihte asıl amacını yerine getirmediği, cami ve tekke gibi binaların harap olduğu ve artık işlemediği, böylece vakfın asıl gayesinin ortadan kalktığı ileri sürülmüştür.

Keza, mevcut mülk veya vakıf için sultandan izin ve berat alınmadığı noktası üzerinde durulmuştur. Bu gibi bütün mülk ve vakıflar neshedilmiştir. Devlet, bunu bir müsadere olarak kabul etmiyor, fonksiyonu kalmayan vakfı *nesh*ediyor, mevcut statünün kaldırıldığını öne sürüyordu. Aslında, bu reform, eyaletlerde zaviye ve tekkelerde vakıf yoluyla şeyhlerin eline geçmiş olan ve sayısı Fetret devri ve ondan sonraki bunalım dönemlerde artmış olan *mîrî* vakf ve mülkleri yeniden *mîrî* haline getirmek anlamına geliyordu. Bunu yapabilmek için İstanbul Fatihi gibi mutlak bir otoriteye sahip bir sultan olmak gerekirdi. İmparatorluğu kurma yolunda seferlerine çok sayıda asker ihtiyacı olan Fatih merkezî hazinede devletin ihtiyaçlarını karşılayabilecek büyük gelir toplamak çabasındaydı. Bu ancak vakf ve mülk halindeki toprakların özel kişilerin mülkiyetinden veya evkafın elinden alınıp devlete mâl edilmesiyle gerçekleşebilirdi.[16] Bu toprak reformunu hiç abartmadan, aynı dönemde batıda İspanya'da, Fransa'da ve İngiltere'de kilise mülklerinin devletleştirilmesiyle karşılaştırabiliriz.

Reformdan etkilenen gelir kaynakları elinden giden sınıfı beyler, paşalar, ulema, zaviye sahibi dervişler ve Osmanlı öncesi aristokratik aileler oluşturuyordu. Bunların arasında sayıca en büyük kalabalığı, küçük vakıflarla işleyen derviş zaviyelerini, şeyhleri ve dervişleri sayabiliriz. Reformdan etkilenenler Osmanlı Devleti'nin kuruluş devrinde hayati bir fonksiyonu olan fakat sonraları bu fonksiyonunu kısmen kaybeden tarikat mensubu şeyhler ve dervişleridir. Fatih'e

16 Fatih neşre konu olmayan, vakf ve mülkler idarecilerinin de orduya bir *eşkünci* asker göndermelerini istemiştir. Bu reformun özelliklerini yanlış anlayan Oktay Özel yukarıdan bir üslupla yazdığı tenkit makalesinde yanılmaktadır.

karşı en etkili uğraşıyı da onlar yapacaklardır. Egemen sınıfın büyük bir bölümünü ilgilendiren reforma karşı olanlar geniş bir propaganda faaliyetine girişmişlerdir. Onlar neshin din prensiplerine ve şeriata aykırı olduğunu, dine hizmet edenlerin mağdur edildiğini ileri sürmekteydiler. Tarikatlardan Halvetiye dervişleri Orta Anadolu'da yoğun bir propaganda faaliyetine girişmişler ve Amasya'da II. Şehzade Bayezid'i karşı hareketin öncüsü yapmaya çalışmışlardır. Doğrudan doğruya sultanın kendisine yöneltilmeyen bu eleştiri ve saldırılar, reformdan sorumlu olan devlet adamlarına, başlıca Veziriazam Karamanî Mehmed Paşa'ya yönelmiştir. Afyonkeşlikle suçlanarak Amasya'da Fatih'in tepkisine neden olan Bayezid ile kardeşi Konya valisi olan Fatih'in taht için namzet gördüğü Cem arasında rekabet bu büyük sorunla birleşmiş oluyordu. Bu durum hiç kuşkusuz Fatih'in son yıllarında Osmanlı Devleti içinde siyasi güçleri ayaklandıran en büyük sorun haline gelmişti. *Nesh* hareketi 1478 sonbaharında Nişancı Karamanî Mehmed Paşa'nın veziriazamlığında uygulanmış görünmektedir. Mehmed Paşa, toprak işlerinden sorumlu olarak nişancılığı zamanında bu meseleyle ilgilenmiş ve padişaha bu reform hareketinde yardımcı olmuş görünmektedir. Mehmed Paşa aynı zamanda Fatih zamanında devlet iktidarını kendi tekelleri altına almış olan *kul* aslından paşalara karşı da bir tepkiyi temsil etmekteydi. Sadrazamlığında Divan'da vezirliklere kendisi gibi ulemadan kişileri getirmekteydi. Böylece, toprak reformu, devlet içinde bir iktidar mücadelesi niteliğine dönüşmekteydi. Kul aslından askerî grubun başında, yeniçerilerin taptıkları büyük savaş adamı Gedik Ahmed Paşa bulunmaktaydı. Fatih'in hastalığının arttığı son saltanat yıllarında bu gerginlikler, devleti büyük bir buhranın eşiğine getirmiştir.

Fatih'in merkezî hazineyi güçlendirmek için yaptığı öteki reformlar arasında İstanbul'da devlet mülkiyetine geçmiş Bizans döneminden kalma evlerin kiraya verilmesi ve özellikle gümüş para, akça üzerinde yaptığı reformlar ayrıca genel hoşnutsuzluğu artıran uygulamalardır. Para üzerindeki uygulamaları kısaca hatırlatalım.

Birçok ticaret mal ve hizmetler (mum, tuz ticareti gibi) ana ihtiyaç maddeleri üzerinde koyduğu tekel devlet kontrolü, hazine gelirlerini artırmaya yardım ettiği halde halk ve tüccar için birtakım sıkıntılar doğurmakta ve hoşnutsuzluğu genişletmekteydi. Fatih, saltanatının başlangıcından beri her beş senede bir yeni akçe çıkararak piyasadaki akçayı gümüş fiyatından kabul ederek karşılığında akçenin piyasadaki yüksek fiyatı üzerinden ödüyordu. Kaçakları, gümüş yasakcılar hanlarda ve iş yerlerinde takip etmekte, el koymaktaydılar. Bu uygulama onun idaresine karşı geniş halk tabakaları arasında hoşnutsuzluğu yaymıştır. İstanbul fatihine karşı açıktan bir muhalefet yapılamazdı, halkı sıkan, askerî sınıfları tedirgin eden politikası, kendisine ve uyguladığı idareye karşı son yıllarda geniş bir tepkinin doğmasına yol açmıştır.

Fatih'in Ölümü, İsyan ve II. Bayezid ile Tutucu-Şeriatçı İdarenin Gelmesi

Fatih'in Mayıs 1481'de Maltepe'de ordu başında kendisine ağır bir ilaç (şerbet) verilmesi sonucu öldüğünü biliyoruz. Zehirlendiğine dair söylentiler, bütün bu koşullar göz önüne alınırsa anlamlıdır. Fatih'in ölüm haberi üzerine yeniçeriler ayaklanıp İstanbul'a döndüler ve ilk iş olarak Veziriazam Karamanî Mehmed Paşa'yı öldürüp cesedini sokaklarda sürüklediler. İdareyi ellerine alan Gedik Ahmed ve kayınatası İshak paşalar, Bayezid'i Amasya'dan getirtip tahta oturtmak ve Cem'in Konya'dan gelmesini önlemek için her türlü önlemi aldılar. Bu tarihten ölümüne (Kasım 1482) kadar ki dönem, yeniçerilere dayanan Gedik Ahmed Paşa'nın diktatörlük dönemidir. Bütün devlet kararları, onun söylediği gibi oluyor. Cem Sultan'ın tahtı ele geçirmek için yaptığı girişimler karşısında (Yenişehir Savaşı, 20 Haziran 1482) Sultan Bayezid ona dayanıyordu.

Osmanlı Devleti'ni temelinden yeni bir yöne sokan bu dönem üzerinde hakkında bazı belgeler vardır. Olayları, o zaman Fatih'in sarayında bulunarak ölümünde İtalya'ya kaçan Jean Maria Angiolello'dan dinleyelim: Amasya'dan İstanbul'a gelen Bayezid'in önüne sarayın kapısında çıkan yeniçeriler vadedilen bin akçe bahşişi istediler. Yeniçerilerin ikinci koşulu vezirlik makamına kökeni Hristiyan yani *kul* olmayanın getirilmemesiydi. Üçüncüsü, yeni akçe çıkarılmamasıydı. Bayezid'e, bu koşullar yeminle kabul ettirildi. Yeni sultan ilk iş olarak devlet hazinesinin saklandığı Yedikule'yi ziyaret etti ve devlet ileri gelenlerinin bîatını kabul ederek tahta oturdu. Bayezid döneminde hemen hemen her alanda, Fatih devrindeki politikaların bırakıldığı ve işlerin eski şekline getirildiğini görmekteyiz. Bu değişiklik sokakta kalmayan bir devrimdi. Şimdi her şey, şeriat adına eski haline getiriliyor ve padişah şeriatı yeniden canlandıran bir kurtarıcı gibi selamlanıyordu. Tabii yapılan ilk işlerden biri, Fatih'in *nesh*ederek devlete mâl ettiği emlak ve evkâfı eski sahiplerine geri vermek oldu. Bu bir karşı devrimdi; bununla beraber tarihî belgelerin dikkatle incelenmesi göstermektedir ki, bir kısım emlak ve evkaf geri verilmemiştir ve Fatih zamanında merkezî devleti güçlendiren önlemlerin birçoğu saklanmıştır. İktidarı mutlak bir şekilde elinde tutan veziriazam İshak ve Gedik Ahmed paşaların idaresi, dış politikada eskisi gibi askeri destekleyen bir fetih politikasını yeğlemekteydiler. Gedik Ahmed'in Otranto'da yerleştirdiği kuvvet, onun Rumeli'den getireceği orduyu beklemekteydi. Gedik Ahmed oradan hareketle Roma'yı fethetmeyi düşünüyordu. Fakat yeni sultan her şeyden önce Bursa'ya kadar gelmiş olan kardeşi Cem'i bertaraf etmeliydi. Cem iki defa yaptığı girişimde Gedik Ahmed Paşa'nın kumandası altındaki kuvvetlere galebe çalamadı. Yine bu uğraşıda yeniçerilerin, hazineyi elinde tutan Osmanlı sultanının yanında yer aldığını, Cem'in daha çok Türk halkından olan, yaya ve azeb askerlerine dayandığını görüyoruz. Cem, Bayezid'e yenilerek Suriye'ye kaçtıktan sonra Bayezid Amasya'dan beraberinde gelmiş olan yakınlarının öğüdü ile diktatör Ahmed Paşa'yı yakalatıp hapsettirdi. Yeniçeriler, ayaklandılar. Padişahın vaatlerinden vazgeçtiğini ileri sürerek paşayı serbest bırakmaya zorladılar. Bayezid'i Gedik Ahmed Paşa'ya karşı bu karara sürükleyen kişi, veziriazamlığa namzet ünlü Hamza Bey ailesinden Kara Mustafa Paşa idi. Bayezid, eski Türk aristokrat ailelerinden gelen ve Amasya'da kendisiyle beraber bulunan Mustafa'yı veziriazam yapmak, Gedik Ahmed diktatörlüğüne son vermek istiyordu. Mustafa Paşa'ya karşı Paleoglardan Rum Mesih Paşa, Gedik Ahmed Paşa'yı desteklemekteydi. Cem Rodos'a sığındıktan (26 Temmuz) sonra Sultan Bayezid şövalyelerin Büyük Üstadına yılda 40.000 altın ödeme vaadi ile Cem'in hapisde tutulmasını sağladı. Cem, tutuklu olarak Fransa'ya gönderildi. Hâlbuki Cem, Rodos'a, Bayezid'e karşı yardım vaadi ile sığınmıştı. Cem korkusunun kalkması üzerine Bayezid kendisini taht üzerinde sağlamca yerleşmiş hissederek, Edirne'de Gedik Ahmed'i boğdurmuştur.

Cem, uzaklaştırılmış ve Hristiyanlar elinde tutuklu olmakla beraber, 1495'te İtalya'da ölümüne kadar Bayezid'in bütün iç ve dış politikasını etkilemiştir. Osmanlı ülkesinde Cem'in taraftarları çoktu. Batıda Macaristan, Fransa ve Habsburglu İmparator Cem'i yanlarına alarak bir haçlı sefer halinde Balkanlar'ı istila etmeyi planlıyorlardı. Bu nedenle Bayezid, Venedik'e ve diğer Hristiyan devletlere karşı alttan alıyor ve Batı Hristiyan dünyasına karşı pasif bir politika gütmek zorunda kalıyordu. O, Floransa gibi bazı Hristiyan devletlere özel ticaret imtiyazları bağışlayarak Cem hakkında devamlı haber almak, Avrupa devletlerinin planlarını öğrenmek için daima uyanık bulunuyor, Cem'i bırakmamalarını sağlamak için Rodos büyük üstadıyla yakın ilişkisini sürdürüyordu.[17] Cem korkusu altında Bayezid'in siyasetindeki temelli bir önlem de, hükümet işlerini Divan'dan doğrudan doğruya sarayın kontrolü altına almak olmuştur. Bayezid'in, şimdi veziriazamlığı kendisine bağlılığından mutlak emin olduğu kimselere, yani kapıağası hadımlara verdiğini görmekteyiz. Bunlar arasında en ünlüsü Hadım Ali Paşa'dır (veziriazam: 1501-1503, 1506-1511).

---

17 Bkz. H. İnalcık, "A Case Study in Renaissance Diplomacy: The Agreement between Innocent VIII and Bayezid on Djem Sultan," *Journal of Turkish Studies*, III (1979-1980), 209-230; Cem Sultan üzerinde N. Vatin, *Sultan Djem*, Ankara: TTK, 1994; N. Vatin, *Rodos Şövalyeleri ve Osmanlılar*, çev. T. Altınova, Tarih Vakfı, 1994.

Bayezid, Gedik Ahmed-İshak diktatörlüğünden kurtulduktan sonra saltanatta nüfuz ve otoritesini kurmak ve savaş isteyen yeniçerilerin isteğine uymak için önemli bir zafer kazanmak zorundaydı. Bunun için güney-kuzey ticaretinin üzerinde başlıca transit merkezleri olan Kilia ve Akkerman kalelerini almak üzere Boğdan üzerine hareket etti (1484). Fatih, aynı amaçla yaptığı seferlerde burada yenilgiye uğramıştı. 1484 Boğdan Seferi tam bir başarıyla sonuçlandı. Cem korkusu sebebiyle Bayezid, batıda olduğu gibi doğuda da saldırgan bir politikadan çekiniyordu. Fakat Bayezid'in uzun süren saltanatından belli başlı üç önemli savaş kaçınılmaz savaşlar olarak nitelendirilebilir. Birinci savaş Mısır Memluklularına karşı Çukurova bölgesinde cereyan etti (1484-1491). Memluklular Cem Sultan'ı açıkça desteklediklerinden, hatta Roma'da Osmanlı İmparatorluğu'na karşı haçlı seferlerini körüklediklerinden, 1484'te Memluklularla savaş patlak verdi (1484-1491), kesin sonuç vermeden, yıpratıcı ve uzun sürdü.

Bayezid'in Barışçı Politikası, Ekonomik Gelişme

Bursa'nın Ortadoğu'da doğu-batı ticaretinin belli başlı bir ticaret merkezi haline gelişi bu döneme rastlar. Pera'da Floransalı bir ticaret evinin idarecisi olan Giovanni de Francesco Maringhi'nin 1501-1502 yılları arasını kapsayan mektupları, İtalya-Osmanlı ticaretinin ve genellikle Bursa'da ticaret hayatının koşullarını göstermek bakımından son derece ayrıntılı ve ilginç bir kaynaktır. Maringhi 1497-1507 yılları arasında Pera'da faaliyette bulunan Floransalı bir tüccardır. O, Pera'da Venturi, Medici, Galilei ve Michelozzi firmalarını temsil etmekte, onların gönderdiği değerli yünlü kumaşları satmakta ve Bursa'dan doğu malları, özellikle İran'dan kervanlarla gelen ipek balyalarını Floransa'ya sevk etmekteydi. Sözleşme ile kârın beşte üçünü almakta ve kendi adına da ticaret yapmaktadır. Mesela Venturi kumpanyası yılda en az 7.000 altını ve dokuduğu yünlü kumaşları satmak için ona göndermektedir. Maringhi'nin, Bursa'da, Gelibolu, Sofya ve Akkerman'da ajanları vardı. Bunlara belli bir ücret ödenmekle ayrıca kârdan da bir pay almaktaydılar. Bazıları Türkçeyi öğrenmişlerdi. Maringhi, Floransa ile Bursa arasında mal getirip götürmek için ajanlarını kullanmaktaydı. Bir ajanın Floransa-Bursa arasında seyahat masrafı ipek yükü başına 700 akçeye (14 altın) varıyordu. Maringhi, Galata'da kumaş üzerine toptancılık yapanlara da mal veriyordu. Yıllık masraflarını kapamak için yılda en az 200 yük kumaş satılmalıydı. Bunun değeri 180-200.000 altın duka etmektedir. Ondan bu kumaşları alan çoğu tüccar İstanbul Yahudileri veya Pera Cenevizlileridir, onlar bu kumaşları başka yerden gelen tüccarlara satarlar yahut imparatorluğun öteki şehirlerine götürürlerdi. Fatih ve II. Bayezid Floransalılara ticaret imtiyazları, kapitülasyonlar vermişlerdi.

Maringhi, bu ticareti yürütmek için Floransa'dan kumaş toplarıyla beraber altın getirttiği gibi Galata'daki bankerlerden %15 faizle para da çekmek durumundaydı. Bursa pazarı Floransa yünlü kumaşlarının büyük ölçüde satıldığı büyük bir pazardı. Genellikle, bu değerli yünlü kumaş, ham ipekle değiştirilirdi. Maringhi bu işlemin öteki ticaret biçimleri yanında en kârlı alışveriş olduğunu vurgulamaktadır. Bu suretle Maringhi, kumaştan yaptığı kârla beraber ipeğin Floransa'da yüksek fiyatla satılması dolayısıyla ipekten de büyük kâr sağlamaktaydı. Floransa'daki büyük firmaları daha çok yönlü kumaş göndermek için sıkıştırmakta ve bu pazarda Floransa kumaşı için büyük talep olduğunu firmalara bildirmektedir. Yünlü kumaş yetmediği zaman ham ipek, altın karşılığı satın alınmaktaydı. Maringhi, ipek yükü başına Floransa'da 70-80 altın duka net kâr sağlandığını belirtmektedir. Fakat tipik bir Rönesans tüccarı olarak o sermayesini başka ticaret mallarına da yatırmayı akıllıca bir iş saymaktadır. Bursa'dan Floransa'ya gönderdiği mallar arasında Ankara sofları özel bir yer tutmaktadır. Osmanlı-Floransa arasındaki bu kârlı ticaret Rönesans merkezi Floransa için bir zenginlik kaynağıydı.

Maringhi, bir aralık Akkerman'da deri ticaret ile ilgilendi. Bir ortaklığa 200-300 duka gibi bir para yatırarak oradan 4-5.000 parça deri almayı umuyordu. Doğuda ticaret, siyasi atmosferden ayrılmadığı için Maringhi'nin İstanbul'daki Floransa temsilcisi aracılığıyla Osmanlı hükümetiyle yakın ilişki içinde olduğunu görmekteyiz. Maringhi, 24 Şubat 1506'da Pera'da ölünce 97.000 altın dukaya varan mirasla 127.000 dukaya varan bir mal stoku bırakmıştır. Maringhi'nin meslek hayatı ve faaliyeti, Osmanlı ticaret merkezlerinde iş yapan öteki İtalyanların iş hayatını aydınlatmaktadır. Mesela, ünlü Medici ailesinden, Francesco, Giovanni ve Raffaello, Pera'da, Bursa'da ve Edirne'de ticaret yapmaktaydılar. Öteki Mediciler de Osmanlı ülkesinde bankacılıktan sabun imaline ve kumaş boyacılığına kadar çeşitli ekonomik faaliyetlere katılmışlardı. Floransalıların Bursa'daki faaliyetleri üzerine Bursa kadı sicilleri geniş bilgi içermektedir. Ticarî güvenlik bakımından bu tüccarlar işlemlerini, kadı sicillerine kaydettirmeyi yararlı bulmaktaydılar. Bu belgeler, Bursa'da devletler arası pazarın nasıl işlediğini göstermek açısından ilginçtir. 1478'de Piero adında Fransalı ajan, 207.920 akçe tutarında kumaşı ham ipek ve ipekli kumaş karşılığında dört Müslümanla değiş tokuş yapmıştır.

Mîrî Toprakların Tasarruf Şekilleri

Tapulu Arazi, Mukataalı Arazi

Mîrî devlet toprakları, temelde iki büyük kategoriye ayrılır: Birincisi, *tapu* kanunlarına göre köylü tasarrufu altına verilen *tapulu topraklar*; ikincisi, basit bir kiralama sözleşmesi, yani *mukataa* ile kişilere kiralanan *mukataalı topraklar*.

Tapu kanunları altında bir kiralama gibi yorumlanabilecek, çift hane sistemi çerçevesinde toprağa özel bir statü vermektedir. Köylü, dirlik sahibi timarlı veya zâimli *tapu* denilen bir sözleşme yapar, *tapu resmi* öder, böylece toprağın tasarrufunu elde eder. Tapulu çiftlikler, evli köylülerin *tasarrufu* altına verilmiş aile işletme üniteleridir. Çeşitli bölgelerde arazinin verim gücüne göre bir aile çiftliği 50'den 150 dönüme kadar değişir. Buna karşı, *mukataalı çiftlikler*, yıllık *maktû'* belli bir kira ödemek koşuluyla herhangi bir kişiye, bir kiralama sözleşmesiyle verilen çiftliklerdir. Bu ikinci kategoride kiralayan kişiler, tapu sisteminde köylünün ödediği vergileri ödemez, yalnız sözleşmede saptanan *maktû'* ücreti öder. Tapulu arazi, çifthane sistemi dediğimiz belli bir sistem altında tapuyla köylü hanelerin tasarrufu altına verilmiş işletme üniteleridir. Basit kiralama sözleşmeleri, yani mukataa devletle kişi arasında yapılmış serbest bir *'akd*, sözleşme olduğu halde, tapu, köylünün devlete raiyyet bağlılığından doğan belli bir statüyü ifade eder. Tapu rejiminde köylü âşârdan başka devlete veya onun mümessili timar sahibine âşâr (üründen sekizde bir) vermek ve birtakım kişisel hizmetler yapmak zorundadır. *Kulluk* sıfatı dolayısıyla yapılan hizmetler karşılığı çift resmi veya *ispence* denilen bir vergiyi öder.[18] Kısaca, mukataa serbest bir sözleşme, tapulama belli bir statüye bağlı olmadır. Mukataayı yapan kimse, tamamıyla hürdür fakat tapu ile çiftlik alan raiyyetin hareket serbestliğini kayıtlayan birtakım koşullar vardır. Mesela, tapulu çiftliği terk edip giderse çift bozan denilen bir ceza öder. Fakîhlerin yorumlamasına göre, *raiyyet* İslâm devletinin toprak üzerinde bıraktığı halktır, devlet kullarıdır.

Tahıl ziraatı yapılan tapulu arazi, ideal olarak çiftlik denilen ünitelere ayrılmıştır. *Raiyyet çiftliği*, bir çift, yani iki öküzün hakkından gelebileceği belli genişlikte bir çiftliktir. Genelde, tapulu topraklar kategorisine, hububat ekimine ayrılmış tarlalar, köylü işletmesinin sürekliliği için gerekli otlaklar ve köylü tarafından yeniden tarıma açılmış arazi girer. Bağlar ve bahçeler, tapulu arazi dışında bırakılmıştır, çünkü bu çeşit arazi kişiler tarafından bir mülk olarak tasarruf edilir, üzerinde devlet rakabesi yoktur. Sebze bahçeleri, bostanlara gelince, bunlar tahrîr defterlerinde kaydedilmiş ve vergisi belirlenmiş ise *tapulu* arazi sayılır. Tapulu araziye "raiyyetli yeri" de denir. Osmanlı kanunnâmelerine göre, "sapanla sürülen her arazi mîrîdir. Bir bağ veya bahçe hububât ekimi için sapanla işlenirse,

18 Bu hizmetler Osmanlı'dan önce yerleşmiş feodal hizmetlerdir, bkz. H. İnalcık, "Osmanlılar'da Raiyyet Rüsûmu", *Belleten*, TTK, XXIII, 576-610.

otomatik olarak mîrî arazi durumuna gelir, ondan sonra âşâr ve raiyyet rüsûmunu ödenir.

Tarım yapılmayan timar arazisinden bir bölümünü bir köylü işlerse, bu arazi otomatik olarak *tapulu* toprak statüsü kazanır ve timar sahibi bu gibi araziden alınabilecek bütün vergileri ve raiyyet (âşâr, rüsûmu) alır. Şayet, köylünün işlediği arazi, timar sınırları içinde değilse ve tahrîr defterine geçmemişse, o zaman bu vergileri *hazine* adına *mevkufcu* denilen memurlar toplar. 1610'da kanun yapıcı, bunu, sonunda sipahiye bırakmaya karar vermiştir. Sipahileri sefer hizmetlerinde desteklemek ve teşvik etmek daha önemli görülmüştür. Bununla beraber timar sınırlarının daha açık bir şekilde belirlenmesi de, idarî bir önlem olarak önemle belirtilmiştir. Yeniden tarıma açılacak topraklardan gelecek vergilerin sipahiye bırakılmasının başka bir önemli nedeni de şudur: gelecek tahrîr sırasında bu yeni topraklar tapuya bağlı topraklar olarak ilâve olunacak devletin kaynakları genişletilmiş olacaktır. Gerçekten, sipahiler küçük arazi parçalarını bir riayet çiftliği halinde toplamaya ve köylüleri timar içindeki boş araziyi şenlendirmeye teşvik ederlerdi.

Tapu ile arazi alabilmek olanağı, yalnızca bu toprağı işleyip vergi ödeyebilecek kişilere, yani köylü reâyâya tanınmıştır. Prensip olarak şehirli ve askerî sınıftan olanlar, tapu toprakları edinme olanağından yoksundular. Onlar, ancak *mukataalı* araziyi sözleşmeyle üzerine alabilirler ve bu araziyi, ya hayvan yetiştirmek ya da gezginci köylüleri çekerek işletmeye çalışırlardı. Şayet onlar, herhangi bir şekilde, tapulu araziyi tasarrufları altına geçirirlerse, aynen köylünün yükümlülükleri altına girerler, raiyyet vergilerini ödemek zorunda kalırlardı. Göçebelere gelince, onlar bir timar arazisinde tapu ile raiyyete verilmemiş boş topraklar üzerinde yerleşip geçici olarak tarım yapabilirlerdi. Bu durumda, ödeyecekleri vergiler özel nitelik taşırdı (*tütün resmi* ödenirdi). Bir raiyyet çiftliği boşalınca, bunu almaya öncelik hakkı olanlar, ilk sırada kendi yakın akrabaları, sonra aynı köyden olanlardır. Bunlar toprağı olmak istemezlerse ancak o zaman köy dışından olanlar artırma yoluyla bu çiftliği edinebilirlerdi.

Tapulu araziyi edinme, *tapulama* veya *tapuya verme* diye adlandırılan basit bir işlemle gerçekleşirdi. Kadı sicillerinde bulduğumuz *tapu sözleşmeleri*, bir satış sözleşmesi gibi kaleme alınmıştır. Sözleşmede timar sahibi yahut hazineyi temsil eden başka bir ajan "Bu toprağı sattım. Bütün tasarruf haklarını bağışladım ve bunun karşılığında tapu resmini aldım" demektedir. Bundan sonra satın alan taraf bütün bu şartları ve koşulları yüklendiğini beyan ederdi. Kadı bütün bu işlemin şeriat esaslarına göre cereyan ettiğini belgeye ekler ve sözleşmeyi *sicil-i mahfuz* denilen deftere aynen geçirirdi.

Kadı önünde yapılan bu işlem bir satış iâre (ödünç verme) *sözleşmesi* niteliği taşımakta ve kullanılan terminoloji tamamıyla şer'î kaynaklardan gelmekte ise de, tapu sözleşmesindeki ayrıntıların ve özelliklerin şeriatla bir ilgisi yoktur; bunlar Osmanlılardan önceki zamanlara giden çifthane sisteminin bir parçası olan âdet ve yöntemlere göre belirlenmiştir. Gerçekte, tapu resmi dinsel şer'î vergilerden ayrı olarak *rüsûm* adı altında anılır. *Rüsûm* genellikle İslâmî kaynağı olmayan örfî vergilere verilen addır. Mahkemede yapılan sözleşmede, tasarruf şartları, intikal hakları, toprağın kullanılma şekli, vergiler ve kulluk hizmetleri üzerinde hiçbir ayrıntılı kayıt yoktur. Bütün bu özel noktalar, *sultanî kanunnâmelerin* konusunu oluşturur.

Tapu sözleşmesi hukuki bir belgedir, taraflara hakları çiğnendiği veya tasarruf şartlarında değişiklik yapıldığı zaman, kadı mahkemesine gitmek, sözleşme ve genel kanun maddelerine göre hakkını arama olanağı sağlamaktadır. Özellikle, kanun maddeleri sipahi karşısında köylünün tasarruf haklarını şu açık ifadelerle belirtmektedir: "Bir raiyyet toprağı bir köylünün tasarruf altına verdiği zaman tapu kanununa göre bu toprağı ondan hiç kimse alıp zapt edemez ve tapu ile verilen bir toprak yeniden tapuya konu olamaz." Fakat ileride göreceğiz ki, köyde sipahi birçok hileler kullanarak tapulu bir araziyi kanunî mirasçılarından kaçırmaya çalışmakta ve durum bir dava konusu olmaktadır.

Şunu da belirtmek gerekir ki, gerek tapu sözleşmesi yapılması gerek kötüye kullanımlar ortaya çıktığı zaman taraflar, köylü ve sipahi, aralarında anlaşmaya varırlar, böylece şehre gidip kadı mahkemesinde mahkeme resimlerini ödemekten kurtulurlar. Çoğunlukla tapu işleri bu yolla düzenlendiğinden, sultanın kanunu şu maddeyi koymuştur: Eğer bir köylü bir toprağı fiilen uzun zaman elinde tutmuş ise hiç kimse onun tasarrufuna karşı çıkamaz ve hak iddia edemez. Kadı mahkemelerinde, tapu sözleşmeleri nispeten azdır. Yine kanun şu maddeyi de koymuştur: Bir köylünün bir toprağı tapu ile belli bir zaman tasarrufunda tutması halinde, kendisinden sonra gelen timar sahiplerinin kendileri için yeniden tapu resmi istemeleri yasaklanmıştır. Fakat bu madde gösterir ki, her gelen sipahi toprağı kendisi için yeniden tapuluyor gibi, tapu resmi istemektedir.

Tapu Sisteminde Tasarruf Haklarının Niteliği

Köylünün tasarruf hakkı *tefvîz* terimiyle açıklanmıştır. *Tasarruf* genel olarak bir şeyin fiilen elinde tutmak anlamına gelir. Şer'î bir terim olarak *tefvîz* ise "tam yetki verme" anlamına gelir ve bununla köylünün toprağı işlemekte, üretimi örgütlemekte tam serbestliğini vurgular. Osmanlı kanunnâmeleri, raiyyeti açıkça hür köylü olarak belirler, böylece onun kul statüsünde olan *ortakçı kullar*'dan veya çeltik ziraatında olduğu gibi, üretimi düzenleyen özel yönetmeliklere bağımlı olmadığını açıklar. Gerçekten, kanun maddelerinde veya kadı sicillerinde açıkça görmekteyiz ki, sipahi hiçbir şekilde köylünün üretim faaliyetlerine karışamaz. Ancak, köylü toprağı bağ ve bahçe gibi hukuki statüsü farklı olan şekillerde kullanmaya kalkarsa timar sahibi bunu önleyebilir. İslâm hukukunda *tefvîz* sözleşmesinin anlamı geniştir. Tapulamada, köylü kiralama koşullarını serbest şekilde karşı tarafla tartışamaz. Bu koşullar, daha önce kanun maddeleriyle belirlenmiştir.

Sonraları *mîrî* arazinin İslâm kiralama esaslarına göre yorumlanması, birtakım çelişkilere yol açacaktır. Çünkü toprak üzerinde devlet mülkiyetinin özel koşulları, çifthane sistemi gibi *tarihî bir gelişimle* ortaya çıkmış belli bir tarım ve tasarruf sistemine ait ampirik kurallarla belirlenmiştir. Tapu tasarrufunda, gerçek bir mülkiyeti oluşturan haklar yoktur. Mîrî toprağı tasarruf eden kimse, bu toprağı satamaz, hibe edemez, vakıf yapamaz, rehine veremez, onu vasiyetle kendisinden sonrakilerin tasarrufuna bırakamaz ve toprağı o zamanki kullanımından ayrı şekle sokamaz, yani bağ ve bahçe haline getiremez yahut üzerinde binalar kuramaz. Bütün bu sınırlamalar, aslında mîrî toprakları çifthane sistemi içinde saklama kaygısından ileri gelmektedir. Bununla beraber tapu ile tasarruf, onu basit bir kiracılıktan ayırt eden birtakım ayrıcalıkları içerir. Bu ayrıcalıkların başlıcaları: toprağı kendi oğullarına hiçbir karşılık ödemeden intikal ettirebilmesi, toprak intikali halinde karısının, kızının ve erkek kardeşinin öncelik hakları bulunması ve köylünün sağlığında bu toprağı başka birine bir karşılıkla ferağ edebilmesidir.

Tapu ile tasarruftaki bu özelliklerin nedenlerini ve anlamını açıklamak gerekir. Mîrî arazinin satışı yasaklanmıştır, çünkü toprak satılırsa özel mülkiyetin konusu haline gelir ve devletin bu toprağın kullanımından beklediği yararlar ortadan kalkar. Başka deyişle o takdirde devlet tarafından timar olarak kullanılamaz. Yine bu çerçevede, ölenin borçları için mîrî arazi kullanılamaz. Fakat 1601'de bunu yasaklayan yeni bir kanun çıkarılması gösteriyor ki, mîrî arazinin borç ödemede kullanılması oldukça yaygın bir hale gelmiş. Mîrî arazinin bu şekilde kullanılması, köylü çiftlik ünitelerinin mirasçılar arasında parçalanması ve sonuçta devletin vergi ve timar sisteminin çöküşüne götürebilir. Kanunlar, çiftlik ünitelerinin parçalanmasını özellikle belirtirler. Çiftliğin, ölen köylünün oğulları arasında *hisseler* halinde parçalanmaması da kanunun başlıca maddelerindendir. Aksi takdirde çiftlik esasına göre düzenlenmiş olan vergi sistemi uygulanamaz. Dolayısıyla timar gelirleri Şeyhülislam Ebussuûd'un ünlü fetvalarında ve kanunnâmelerde belirtildiği gibi, mîrî topraklar halk arasında geniş ölçüde bir alım satım konusu olmuştur.

Şeyhülislam, bu kötü kullanımı durdurmak için bu fetvaları çıkarmış görünmektedir. Gerçekte, kadı sicillerinden öğrendiğimize göre, bir mîrî toprağı satmak son derece güçtür. Çünkü onun mîrî statüsünün saklanmasında sipahinin ve başkalarının doğrudan doğruya çıkarları vardır. Bununla beraber, satışların hayli genişlediği ve mîrî toprak alanının daralmakta olduğu, devlet ricali tarafından kaygıyla saptanmıştır.

Kadı sicillerinde öğreniyoruz ki, sık sık borç alan fakir köylü kanunun açık ifadeleri karşısında yine de elindeki toprağın bir kısmını rehine vermekte veya satmaktadır. Bu şekilde kadı mahkemesinde şer'î kurallara göre satılan topraklar mîrî için kaybolmaktadır. Mîrî toprak bir kere satılırsa, özel kişiler arasında satış konusu haline gelmektedir. Zira Osmanlı hukuk sisteminde şeriat tüm kanunların üstündedir. Şer'î kurallara göre yapılmış bir satışı bozmak olanaksızdır bu günah işlemektedir. Burada *'örfî* devlet kanunlarıyla şeriat kurallarının çatışmasına tanık oluyoruz. Bu nedenledir ki, tahrîr defterlerinde ve kadı sicillerinde bir mülkten veya vakıftan söz edilirken toprağın şer'î bir satış sonucu elde edildiği özellikle belirtilir. Toprak sayımına atanan *muharrir-i vilayet* buna dair kayıtları, dikkatle araştırır ve kaydeder. Fakat birçok hallerde mîrî arazinin şer'î kurallara uydurularak, *muvaza'a* ile satış konusu yapıldığını görmekteyiz. Bu eskiden beri haracî-fay' topraklarının hilafet döneminde özel büyük emlâke yol açtığını bilmekteyiz. Bu yüzden bir bölüm İslâm fakîhleri haracî toprak satışının şeriata aykırı olduğunu ve yapılan işlemlerin dayanaksız olduğunu belirtmişlerdir.

Ebussuûd'un şu fetvası dikkat çekicidir: "kadıların bu şekilde satış hüccetleri vermeleri tamamıyla kanuna aykırıdır." Fetva gösterir ki bu şekilde kötüye kullanım, bizzat kadı mahkemelerinde uygulanmaktadır ve bu işlemin altında rüşvet kokusu varır. Ebussuûd, bu şekilde hüccet veren kadıların cezalandırılması gerektiğini belirtmiştir. Birçok hallerde mîrî toprağın satışı, şuradan kaynaklanmaktadır. Kadı için bir toprağın tasarrufundaki gerçek hukuki durumu incelemek, soruşturmak ve saptamak pratikte imkânsızdır. Hele böyle bir toprak, bir kere hile ile satış konusu olmuş ise artık onun niteliği üzerinde durmak imkânsızdır. Mîrî toprakların satışında karışıklık başlıca ferag işlemleri dolayısıyla görülür. Çünkü köylünün kendi tasarrufundaki mîrî toprağı ferag yoluyla başkasına devretmesi sultanî kanunların kabul ettiği bir esastır. Köylü ferag yaparken en azından bu toprak için ödediği *tapu* ücretini ister veya çoğu zaman bunun üzerinde bir fiyat elde etmeye çalışır. *Feragın* yapılması için sipahinin izin vermesi de şarttır. Sipahi bu izni verirken âdet olarak bir para kabul eder. Şu halde gerek köylü gerek sipahi, *feragın* yapılmasında çıkar sahibidir ve kadı sicillerinde *ferag* için genellikle bir satış işlemi yapılır ve satma-satın alma deyişleri kullanılır. İfadedeki bu karışıklık, toprağın *tasarruf hakkının* feragı *devri* gibi değil tam bir satış yapılmış gibi düşünülmesine yol açar. Dikkate değer ki, tahrîr defterlerinde nüfuzlu ricâlin ellerindeki birçok mülk ve vakıf toprakları mîrî toprakların satışı yoluyla elde ettikleri belirtilmiştir.

Şeyhülislam Ebussuûd'un tam bu dönemde, mîrî arazinin şer'î ve âşârın oranı üzerinde durması da anlamlıdır. Şeyhülislam'ın hilâfet devrindeki büyük imamların, özellikle Ebû Yûsuf'un arazi üzerindeki hükümlerini esas tutarak, bu kargaşa devrinde arazi hukukuna açıklık getirmek çabası içinde olduğu meydandadır. Ona göre *mîrî toprak* demek, devletin *rakabesi* yani yüksek mülkiyeti altındaki toprak demektir. Uygulamada bu gibi topraklardan öşür alınmakta ise de, bu topraklar kaynağında İslâm hukukuna göre *harâcî* topraklar sayılmalıdır. Büyük imamlara göre, İslâm fethinden sonra toprak üzerinde bırakılan ve tasarruf hakkı verilen gayrimüslim köylüler, ürünlerinden *harac* denilen ve duruma göre beşte birden üçte ikiye kadar vergi vermek zorundaydılar. Buna karşılık fethedilen topraklardaki Müslüman fatihler arasında bölüşülen mülk topraklar âşâr, yani yalnızca onda bir vergi öder. Ebussuûd ısrarla belirtir ki Osmanlı İmparatorluğu'nda bütün topraklar fetih yoluyla kazanılmıştır, dolayısıyla *harâcî* topraklardır. Sonuç olarak, onda bir veya sekizde bir yerine beşte bir vermek zorundadır. Şeriata göre yapılan bu yorum, yani âşârı sekizde bir yerine beşte bir ödeme Osmanlı ülkesinde köylü için bir devrim olur, son derece güç sonuçlar verebilirdi. O zamana kadar Müslüman ve Hristiyan köylüden öşür olarak sadece sekizde bir alınmaktaydı. Tahrîr defterleri ve kanunnâmelere göre 14. yüzyıldan beri her yerde öşür 1/8 alınmaktaydı.

Ebussuûd'un belirttiğine göre, o zaman köylü, verginin adına bakarak, öşürün sadece onda bir ödenmesini istemektedir. Onda bir olursa devlet, gelirlerinde büyük bir düşüş olurdu. Ebussuûd'un fetvası bu iddiayı önlemek için yapılmış görünmektedir. O diyor ki, elinizdeki topraklar *harâcî* toprak olduğundan aslında, en az beşte bir ürün vermek zorundasınız fakat Osmanlı kanunları size bunun çok altında sekizde bir oranını uygulamaktadır.

Sultanın şeyhülislamdan vergi oranlarında şeriata dayanan fetvâlar istemesi, bu dönemde mali ihtiyaçların ziyadesiyle artmış olmasıyla ilgili olmalıdır. Bu dönemde, Veziriazam Lütfi Paşa'nın açıkladığı gibi, olağanüstü gelir kaynakları bulmak için devlet sık sık olağanüstü avârız vergilerine başvurmaktaydı. Büyük donanmaları ve sefer-i hümâyûnları finanse etmek için geniş gelir kaynaklarına ihtiyaç duymaktadır.

Mîrî Topraklar ve Timar Sistemi

Timar olarak verilen arazinin sınırlarını köy sınırları, çiftlik veya mezra sınırları belirler. Timar sahipleri toprağı kendi çıkarları için kullanamazlar, ama kanun onlara, tarım topraklarını kontrol altında tutmak için timar sınırları içindeki ekili ve boz toprakları, otlakları, yabani ve yetiştirme meyve ağaçlarını, ormanları, suları vb. kontrol altında tutma hakkını verir. Onların bu kontrol hakkını tahrîr defter kayıtlarında kesin biçimde tanımlanmış ve sınırlandırılmıştır. Timar sahipleri tapulu toprakların kullanma şeklini idare ederler, boş olan toprakları kiraya veya tapuya verirler, kendi reâyâsı olmayıp dışarıdan gelerek timar içindeki toprakları tarım veya otlak olarak kullananları saptarlar ve resim alırlar. Bütün bunlar timar sahibinin timar üzerindeki geniş yetkisini gösterir. O, bu timar arazisinin *sahibi* değilse de, kanunda yazıldığı gibi gerçekte *sahib-i arz*dır. Bunu göz önüne alarak sipahinin timar toprağı üzerinde devletin temsilcisi olarak mutlak kontrol haklarından söz edebiliriz.

Timar *zeâmet* ve *hâs* sahipleri, yani timarlı sipahi, zeâmet ve has sahibi beyler kendi yetkileri altındaki topraklarda suç işleyenleri yakalamak ve tutuklamak hakkına sahiptir. Bu da, onların toprakları üzerinde yetkilerinin idari niteliğini belirtir. Ancak unutulmamalıdır ki, bu yetkileri başka yerel otoritelerle paylaşmak zorundadırlar. Fakat Osmanlı idaresinde, başka alanlarda olduğu gibi, timarlı sahibi değillerdir. Bu amaçla kanun koyucu, birçok kısıtlamalar getirmiştir. İlkin, suçluları cezalandırmak, hatta en ufak bir para cezası almak için sipahi, önce kadının hükmünün almak zorundadır. Cezâ kanunnâmesine göre, timarli cezâ uygulayamaz, ancak kadının verdiği hükümden sonra bey rütbesinde olan *subaşı* veya *sancak beyleri* bedeni ceza gerektiren ağır suçların cezasını yerine getirirler. Zeâmet altındaki sipahiler yalnız bazı *rüsûm* para cezaları alabilirler. Hatta bu para cezâlarında da *sahib-i siyaset* olan beylerle, yani subaşı ve sancak beyleriyle bu ceza parasını belli oranlarda bölüşürler, onların kontrolü sağlanır. Beyler, zaman zaman yaptıkları *devirlerde* gelip suçluları kovalamak ve tutuklamak hakkına sahiptirler. Bundan yalnız, beylerin elindeki zeamet veya hâsları muaftır. Bu bağışıklığı göstermek için, bu çeşit timarların *serbest* olduğu vurgulanır. Timar sahibinin yetkilerini kısıtlayan önlemlerden biri de, bir köyün tümüyle timar olarak bir kişiye verilmemesi, hisselere bölünerek birkaç timarlı arasında bölüştürülmesidir. Böylece, bir timar sahibi, timar gelirini birkaç köyden toplamak zorunda kalır ve bir tek köyde kendi başına buyruk olması önlenir. Aynı prensip, beylere ait hâslarda da uygulanır. Bir beyin hâs gelirleri, sancağın çeşitli bölgelerinde köylerde *hisse* şeklinde dağıtılmıştır. Böylece, zeâmet veya sancakbeyi, kendi idarî bölgesinin çeşitli bölgeleriyle yakından ilgilenmek zorundadır. Bütün bu kontrol mekanizması *adalet* prensibini yerine getirmek ve reâyâyı korumak için alınmıştır.

Timarlıların kontrolü altına verilmiş olan timar toprakları, *icmal defteri* denilen bir ciltte kaydedilmiştir. *Kılıç* denilen her ünitenin yetki dairesi ve sayısı bellidir. Timar tevcihinde bu üniteler tevcih edilir ve *kılıç* denilen ünitelerin parçalanmaması kesinlikle göz önünde tutulur. Çünkü bir *kılıcın* parçalara bölünerek başka timarlara eklenmesi halinde, sipahi sayısında azalma ortaya çıkar.

Mufassal defter, raiyyet çiftliklerini belirlediği gibi, *icmal defteri* bu şekilde timar ünitelerini tespit etmiş ve korumuş olur. Büyük bir timar, sahibinin azli ve ölümü yoluyla boşaldığı aman, o timar, o miktarda timarı hak etmiş olan bir sipahiye verilir. Timara hak kazanmış oğullardan biri, o miktar timarı hak etmişse, kendisine başka yerde timar verilir. Böylece, timarlar babadan oğula ırsen geçen topraklar olmaz. Bu özellik, Osmanlı timar sistemini Batı'da irsî mâlikânelere dayanan feodal sistemden ayırır. Bütün bu kısıtlamalar göz önüne alınınca, timar sahibini Batı'daki feodallere kıyaslamanın ne kadar yanlış olduğunu gösterir.

Osmanlı tarihinin ilk dönemlerinde timarlar; sahibi ölünce timar geliri ne kadara yükselmişse, bölünmeden oğluna geçerdi. Bu bir çeşit imtiyazlı aileler sosyal yapısını hazırlamaktaydı. Sonraları ölenin zamanla biriktirdiği büyük timarların oğula verilmesi kuralı kaldırıldı. Oğula gereken kadarı verilip kalanı başkalarına timar olarak dağıtılması kuralı getirildi. Böylece idarî timarli sipahi sayısını arttırma imkânı elde etti. Bu reform eski aileler arasında hoşnutsuzluk doğurdu. Âşıkpaşazâde tarihinde (15. Bâb) huzursuzluk yankı bulmuştur. Sözde Osman Gâzi'ye atfolunan başlıca kanunlardan biri, timarların babadan oğla bütünüyle geçmesini emrediyormuş.

Sipahilere, reâyâ için ayrılmış tapulu araziyi kullanma, ekme ve tapu ile üzerine alma yasaklanmıştır. Fakat her sipahiye ailesinin geçimi, gulamları ve atları için bir destek olmak üzere bir raiyyet çiftliği genişliğinde *hâssa çiftliği* denilen bir çiftlik arazi yahut bir bağ ya da çayır verilir ve defterde bu açıkça yazılır. Bize kadar gelmiş olan en eski *icmâl* defterinde 1432 tarihli Arvanid defterinde eski yerli Arnavut aristokrasisine ait topraklar timar olarak aynen ellerinde alıkonmuştur. Bu uygulama, yerli hanedanları itaatte tutmak içi yapılmıştır. Aynı yöntemin Anadolu'da özellikle duyarlı bir bölge olan Amasya ve Tokat bölgesinde uygulandığını biliyoruz. Özellikle Yıldırım Bayezid (1389-1402)'den sonra merkeziyetçi bürokratik merkeziyetçi bürokratik idare sistemi yerleşmeye başlayınca, genelde babadan oğula timar geçmesi yöntemi kaldırılmış olmalıdır.

Timar ve hâslar sultanın veya beylerin kullarına verilmeye başlamış, ailelerle kendi bölgelerinden uzakta timarlar verilmiş, böylece Osmanlı timar rejimi feodal özelliklerinden kurtulmuştur. Başka deyişle timar sisteminde *irsîyet* prensibinin bertaraf edilmesi, Osmanlı merkeziyetçiliğinin gelişimiyle denk bir gelişimdir. 16. yüzyılda Avrupalı gözlemciler, Osmanlılarda toprak üzerinde bulunmamasını irsî toprak aristokrasisinin yokluğunu önemle belirtmişlerdir.

İlk Osmanlı döneminde büyük arazi ve otorite sahibi bey ailelerinden, feodal aristokrasiden söz etmek mümkündür. Bu aileler devletin en önemli makamlarını babadan oğula ellerinde tutmuşlardır. Kardeşler arasında saltanat kavgalarında onlar kontrollerini arttırmışlardır. Bu ailelerden Mihaloğulları, Evrenosoğulları, Malkoçoğulları imparatorluğun sınır bölgelerdeki sancaklarda *uc* beyleri olarak verâsette varlıklarını korumuşlar, iç politikada kesin rol sahibi olmuşlardır. Fatih ve ondan sonra gelen sultanlar bu ailelerin kontrolünü büyük ölçüde kısmışlardır.

Toprak ve Köylü

Toprak Üzerinde Devlet Rakabesinin ve Tasarruf Hakkının Kaynağı ve Niteliği

Tahıl tarım toprakları üzerinde devlet mülkiyeti, Osmanlıların bulduğu bir yöntem değildir. İslâm hukukunda toprak üzerinde mülkiyet hakkı aslında fetih kavramına bağlıdır ve İslâm cemaatinin bütünü, *umma*, bu hakkı, Allah'tan emanet olarak almaktadır. Fethedilen toprakların Müslümanların veya onu temsil eden İslâm devletinin vazgeçilmez ortak malı olduğu kavramı, İslâm tarihinin ilk yüzyılında kesin kurumsal niteliğini kazanmıştır. Bu kategori topraklar, aynı zamanda *harâcî* topraklar olarak bilinir ki, bu topraklar harac ödenmesi karşılığı İslâm devletine kendiliğinden boyun eğen gayrimüslimlerin kullanımına (tasarrufuna) bırakılmıştır. Rivayete göre Halife Ömer (634-644) demiştir ki, eğer fethedilen topraklar, sular ve köylüler yahut bu toprakları kul olarak işleyenler, fatih Araplar arasında kişi mülkiyeti olarak dağıtılırsa, gelecek İslâm kuşakları bu önemli gelir kaynağından yoksun bırakılmış olur ve devlet hazinesi boş kalır. Gerçekte, aynı statüye bağımlı köylülerin oturduğu bu gibi devlet toprakları, Bizans dönemi Suriye ve Mısır'da ve Sâsânî, idaresi altında Irak'ta var olmuştur. İslâm hilafeti, bu geleneği sürdürmüş, görünmektedir. Halifelerin bu konuda kararları Kur'an'daki *fay'* üzerindeki ayetlere dayandırılmaktadır.

Fetih hakkının toprak üzerinde, devlet *rakabe* ve mülkiyet hakkına esas olduğu gerçeği, Osmanlı dönemindeki şu ifadelerle de anlaşılır: Osmanlı sultanları fırsat düştükçe fermanlarında "kılıç hakkı ile" kazanılmış topraklardan söz ederler. Burada anlatılmak istenen şey, gâlib olan devlet yenilmiş olan devletin toprak dâhil elindeki bütün malları üzerinde mutlak bir hak kazanmasıdır. İslâm tarihinde ve hukukunda Peygamber zamanından beri, cihâd ve fetih İslâm devletinin toprak ve onu işleyen insanların emeği üzerinde mutlak kontrolünü tesis eden prensipler olarak düşünülmüştür. İmam, devlet başkanı isterse karşı koyan ve yenilen halkı ortadan kaldırabilir, *kul* yapabilir veya bir *cizye* ya da harâc ödeme karşılığında toprak üzerinde çalışmak üzere bırakabilir. *Mîrî* toprak ve reâyâ üzerindeki Osmanlı kanunlarının ana kaynağı İslâm hukukundaki bu temel kavramlardır, *Rakabe*, toprak üzerinde yüksek mülkiyet, devlete aittir. Tarımcı, sadece toprağın tasarrufuna sahip kiracısıdır. Gerçekte, *beyt-ul mâl-i müslimîn*, yani İslâm devlet hazinesi, bu gibi toprakları, fetih öncesi köylü sınıflarını yalnız tasarruf hakkına sahip *kiracı* toprak üzerinde bırakarak benimsemiştir. Köylü *tapu* resmi ödeyerek tasarruf hakkına sahip olmuştur. İkinci halife Ömer demiştir ki, "toprak üzerinde *rikâb (rakabe)* daima bize aittir." Gerçekte, toprak üzerinde devletin mutlak mülkiyetini gerektiren birtakım zorunlu nedenler vardı.

İmâmı Abû Yûsuf'a göre Halife Ömer, fethedilmiş toprakları İslâm ümmetinin yahut devletin, mülkü saymakla, İslâmiyet'in savunulması ve yayılmasını güvence altına almak istemiş olmalıdır. Açıkça görülüyor ki, toprak üzerinde *rakabe*'nin devlet mülkiyetinin dayandığı mantık, merkezî bir imparatorluk hazinesi vücûda getirmek zorunluluğunun bir sonucu olarak görünmektedir.

Fethedilmiş topraklar üzerinde devlet rakabesi, bazen basit bir kontrol hakkı gibi yorumlanır ve bununla da devletin toprağın sadece kullanımını kontrol ettiği düşünülür. Osmanlılar, İslâm geleneğini sürdürerek, toprak üzerinde mülkiyet hakkını kuran şu prensibi göz önünde tutar: ölü toprakların (*mevât*) şenlendirilmesi, yani tarıma açılması. Böylece hazineye katkı sağlanacaktır. Fetih, bütün topraklar üzerinde rakabe hakkı bir bütün olarak Müslümanlara, yani onu temsil eden İslâm devletine vermiştir. Başka deyişle, toprak üzerinde mülkiyet hakkını kurmaya yetkili biricik otorite, devlettir. Bozkırdan veya ormandan toprak açan birinin mülkiyet hakkını da ancak İslâm devletinin mümessili olarak sultan meşrulaştırabilir. Toprak açan devletin onayıyla onun mülkiyetini alabilir. Ölü topraklardan toprak açma işi, o toprak parçasının işgaline imamın, yani sultanın izin vermesiyle gerçekleşir. Bu yetki başkalarının aynı toprak üzerinde hak iddia etmelerini önler ve kanunî temeli oluşturur. *Mülk-i mahz*, yani tam ve mutlak mülkiyet, tasarrufun bütün haklarını mutlak bir şekilde içerir. Yani toprağı elinde tutan kişi, onu hiçbir koşula bağlı kalmadan kullanma hakkına sahip olur. Osmanlı Devleti bu gibi mutlak mülk, hatta vakfedilmiş olan topraklar üzerinde dahi, bazı şartlar altında mutlak mülkiyet ve tasarruf haklarını kaldırabilir. Bunun dayanağı prensip fethedilmiş topraklar üzerinde, toprak ne durumda tasarruf edilirse edilsin devletin yüksek *rakabesinin* asla kaybolmayacağıdır.

İleride, Osmanlı sultanlarının, özellikle Fatih Sultan Mehmed'in bu prensibe dayanarak mülk ve vakıf topraklarını, devlete mâl ettiğini göreceğiz. Ölü (*mevât*) topraklardan tarım toprakları haline getirme durumunda bu topraklar üzerinde mülkiyetin kurulması için devletin hukuki onayının zorunlu olup olmadığı İslâm fakîhleri arasında bir tartışma konusu olmuştur. İslâm fıkh alanında büyük imamların çoğu, halifenin izin vermesi ve tasdikinin zorunlu olduğu üzerinde birleşirler. Bunu destekleyen kanıt olarak, bu gibi fethedilmiş toprakların Allah'a ait olduğu, halifenin de Allah'ın vekili olduğu ileri sürülür. Bu yüzden halifenin bu toprakların idaresini İslâm ümmetinin en yüksek çıkarlarına hizmet edecek şekilde idare etmek hakkı ve ödevidir. Bundan başka Şâfi'î ve öteki imamlar, ümmete ve onun hayrına öncelik tanıyarak yerel, hanedanın gereğini kabul etmezler. Bununla beraber, Osmanlılar dâhil, hemen hemen bütün İslâm devletlerinde kabul gören prensip, devletin her çeşit toprak üzerinde *rakabe* hakkının mevcut olduğu ve devletin kanunîleştirmesi dışında hiçbir toprağın tasarruf veya mülkiyet hakkının kazanılamayacağı doğrultusundadır. Osmanlı bürokrasisi, bu son yorum üzerinde kesin bir tutum izlemiştir. Toprak tahrîri sırasında mülk ve vakıf toprakları üzerinde her türlü mülkiyet hakkı *muharrir-i vilayet* tarafından son derece dikkatle gözden geçirilir ve özellikle son padişahın bu hakları onaylayan bir berât verip vermediği araştırılır. Özetle, toprak üzerinde ilk işgal, yani ilkin boş bir toprağı kim işgal etmiş ise toprak mülkiyetinin ona ait olacağı prensibi, burada işlemez. Devletin onayı ile bu haklar meşrû ve kanunî bir şekilde tanınmış olur. İslâm memleketlerinde kaynağı eski İran'a kadar giden *nasihatnâme* edebiyatında, bütün siyasi ve sosyal yapıyı garanti eden temel prensip, şu şekilde ifade edilmiştir. "Toprak ve raiyyet sultanındır". Nizâmü'l-mülk'ün *Siyasetnâme* kitabında formüllendirdiği bu prensip, Osmanlı kanunnâmelerinde de bir anayasa prensibi gibi yer almıştır. Osmanlılarda toprak tasarrufunun ve toprak vergilerinin niteliğini belirleyen bu prensip bürokrasi tarafından dinî otoritelerden bağımsız olarak devlet *kanunnâmelerine* konu olmuştur.

Böylece, büyük İslâm fakîhleri tarafından ifade edilmiş olsun yahut İran kaynaklı pratik siyaset kitaplarında yer almış olsun, devletin tarım toprakları üzerinde, *rakabe* rejimi yerleşmiştir. Şu noktaya dikkati çekmek gerek, bu gibi topraklar yalnız hububat ekilen tarla arazisidir ve ekilen toprakların hemen hemen %90'ını kapsar. Bu gibi toprakların iradesi, tamamıyla Divân üyesi nişancının sorumluluğu altına konmuştur. Nişancı, bu toprakları tamamıyla sultanın iradesiyle çıkarılmış olan kanunlara göre idare eder.

Kanunnâmelere gelince, İslâm hukuku ve Roma-Bizans mirasıyla ilgili yerli âdetlerin bir karması olan Osmanlı kanunnâmeleri, toprak tasarrufu ve toprak üzerinden alınan vergileri düzenleyen ana kaynaklardır.[19] Bizans'ta ve Balkanlar'da onun mirasçısı olan devletlerin kanun ve kurumlarından Osmanlılar birçok şeyi devralmışlardır. Zira Osmanlı için halkın kolayına gelen ve devlet gelirlerini garanti eden yüzyıllarca denenmiş bu metodları toptan değiştirmek için bir neden yoktu. Osmanlıların devraldığı düzende, Bizans'ta köylü kitleleri hâkim bir sınıf veya devlet için üretim yapan belli bir sisteme bağlıydı. Öbür taraftan Osmanlı toprak tasarrufu sistemi, değişen tarihî koşullarla ilgili olarak kendi evrimini izlemiştir. Kanun yapıcı, durumun gereklerine göre önünde bulunan olanaklardan en uygununu seçerek kanunlaştırmıştır. Şu da dikkate alınmalıdır ki, İslâm fıkhı, doğrudan doğruya toprak tasarrufu üzerinde özel fasıllar içermez. Toprak ve vergi sistemi, *divânü'l-harâca* bağlı olduğundan fakîhler bu devlet işi için ayrı risâleler kaleme almışlardır. Gerçekte sonradan yapılan eklentiler, toprak tasarrufu ve vergi alanında eskiden beri var olan kuralları izler yahut yeni ortaya çıkan durumlar şer'î kaynaklara göre hukukileştirme çabasındadır. 16. yüzyıl Osmanlı hukukçuları kanunnâmelerdeki örfî kuralları şer'îleştirmek gerçeğini duydukları zaman, başta Abû Yûsuf olmak üzere bu gibi İslâm fukahâsına başvurmuşlardır.

Vakıflar

İslâm'da devletin toprak üzerinde mülkiyetinin aslı ve kaynağı konusunda yapılan derin bir inceleme ana kavramların kaynaklarını Roma hukukunda bulur. Roma hukukuna göre, toprak üzerinde mülkiyet üç duruma indirilebilir. 1. Rakabe (*abasus* yahut *dominium eminens*), 2. Tasarruf (*usus*) 3. İstiglâl (*frugtos*). İslâm hukuku bu kavramları benimsemekle beraber onları birbirinden bağımsız olarak ele almıştır. İslâm hukukunda *rakabe* yüksek mutlak kontrol hakkı devlete ait

19 Bkz. Ö. L. Barkan, *XV. ve XVI. Asırlarda Osmanlı İmparatorluğunda Ziraî Ekonominin Hukukî ve Malî Esasları*, İstanbul, 1943.

olup devlet tasarruf ve istiglal haklarını toprağı işleyene bırakmıştır. Abû Hanîfe *rakabe* ile *istiglâl* veya manfa'a (*usufruct*)'yı tamamıyla birbirinden ayırmış, bunları mutlak şekilde bağımsız, birer hak haline getirmiştir. Buna göre, bir vakıf kurulmasında toprağın mâliki, yani devlet sadece *manfa'a*'yı vermekte, rakabeyi daima elinde saklamaktadır. Böylece, mâlik bu toprağın vakıf niteliğini kaldırabilir (bu yüzden kadılar vakfiyeleri düzenlerken Abû Hanîfe'yi andıktan sonra rakabeyi vakfa sokan Abû Yûsuf'u daima zikrederler). Fatih Sultan Mehmed, mülk ve vakıf toprakları devletleştirirken rakabenin daima devlet elinde kalmış bulunduğu prensibinden hareket etmiştir. İstiglâl veya *manfa'a*'yı Osmanlı hukukçuları, satış, rehin veya vasiyetle yahut miras yoluyla intikaller gibi hukuki işlemlerin konusu yapmışlardır. Böylece, *istiglal* haklarının mülkiyet haklarından ayırt edilmesi bir çeşit mülkiyet durumu meydana çıkarmıştır. 18. yüzyılda tasarruf hakları *icâre* sistemine göre genişletildiği zaman, mülkiyete yakın bir durum ortaya çıkacaktır.

Karışıklığa yol açan başka bir işlem de, tapu sözleşmelerinde genellikle intikal işlemi, satış (*bey'*) terimiyle ifade edildiğinden, satılan şeyin toprak mı, yoksa *tasarruf* ve *istiglâl* hakkı mı olduğu belli olmamakta, çoğu zaman tasarruf hakkını "satın alan" kimse, toprağın rakabesi, yani *mülkiyeti* üzerinde de hak iddia etmektedir. Çünkü mîrî dışındaki satışlarda şeriata göre, satışta toprak üzerinde tam mülkiyet bütün unsurlarıyla gerçekleşir.

Osmanlı uleması şu noktayı da belirtmiştir: "devlete ait mîrî topraklarının mülkiyeti sultana, başka deyişle beytü'l mahale ait olup onun fiilen tasarrufu ve faydalanma hakları işleyen köylüye veya bu durumda olan kişiye tam yetkiyle (*tefviz*) edilmiştir." *Tefvîz* terimi, tam yetkiyle tasarruf anlamına gelir. Daima hatırda tutulmalıdır ki, devlet mülkiyeti yalnız hububat ekilen tarla topraklarını kapsar. Bu çeşit topraklar; köylü kitlelerinin geçimi ve devletin temel gelirleri için hayati önem taşır, bunun içindir ki, devlet belli bir sosyal ve ekonomik düzeni korumak için bu çeşit topraklar üzerinde *rakabeyi*, mutlak kontrolünü saklı tutmak istemiştir. Kanunnâmelerde bu prensip, çeşitli yerlerde ifadesini bulmuştur: Sapan girmiş yer, ziraat olunan yer yahut öşür verilen yer *mîrî*dir, devlet rakabesine aittir fakat bağ, bahçe ve bostanlar bu kategori toprakların dışında bırakılmıştır.[20]

Ö. L. Barkan, devletin rakabe hakkını titizlikle saklamasında gerçekten askerî ve siyasi rejimin ayakta tutulması için ön görülmüş gerekli bir kontrol sistemi düşünür. Bu askerî ve siyasi yönünden ziyade devlet, vergi sisteminin temeli olan ve çifthane sistemi dediğimiz belli bir üretim ve köylü statüsünü sürdürmek içindir ki, mîrî topraklar rejimini benimsemiştir. Marksist yorum, Asya imparatorluklarında üretim ilişkilerini tayin ederken, böylece tüm sosyo-ekonomik sisteminin hukukî temelini karakterlendirirken, mîrî toprak rejimi ve onun önemi ve anlamı üzerinde daha geniş bir görüş biçimi getirmiştir. Marksist görüş devlet rekabesini yorumlarken doğrudan doğruya üretim yapan köylünün ödediği temel vergilerin, bir *toprak rantı* veya *kirası* olduğunu vurgular. Buna göre, devlet en yüksek *toprak ağasıdır*, köylünün ödediği öşür hâkim sınıfın topladığı ranttan ibarettir. Bir iddiaya göre, Osmanlı İmparatorluğu'nda ve Hindistan Türk (Moğol) İmparatorluğunda toprak üzerinde devlet mülkiyeti, fetih hakkında doğar ve üretici sınıflarında ürettiği artı-ürünü hâkim sınıf temsilcileri "gasp" eder, elinden alır.

Marksist yorumda, köylünün artı-ürününü elinden alan, yerel feodal veya merkeziyetçi bir devlet arasında bir fark yoktur. Marksist tarihçiler, toprak tasarrufunun devlet tarafından sıkı bir şekilde kontrolünü, Osmanlı tarımının ilkel tutuculuğu olarak tanımlarlar ve böyle bir rejimde toprak kullanımının dinamik ve ileri biçimlere dönüşmesinin olanaksızlığını belirtirler. Sonuç olarak, bu durum Osmanlı ekonomisinin ve toplumunun durağanlığını ve geri kalmışlığını açıklar.

Özetle, Osmanlı merkeziyetçi bürokrasisi, *mîrî* sistemi korumak ve yeni gelişmeleri önlemek için titiz bir kontrol sistemi kurmuştur.

20 S. Albayrak, *Budin Kanunnâmesi ve Osmanlı Toprak Meselesi*, Tercüman 1001 Temel Eser, İstanbul, 1973.

Marksist hukuk tarihçisi, F. Milkova İslâm-Osmanlı *rakabe* sisteminde *dominium eminens*, yani devletin çıplak mülkiyetinden (*nuda proprietas*) fazla bir şey görmektir. Marx ve Engels'in söylediği gibi devletin topraktan topladığı gelir, basit bir *rant* niteliğindedir. Çünkü devlet egemenlik hakkını kullanarak tam mülkiyeti kendi tekelinde tutmaktadır ve bu kontrol, medeni hukuktaki kişinin mülkiyet hakkından farksızdır. Milkova'nın bu Marksist yoruma eklediği önemli şey şudur: Sultan toprağın kullanılışı şeklinde tam kontrol icra ettiğinden, her özel halde doğrudan doğruya mülkiyet hakkının verdiği kontrolü yerine getirmektedir. Bundan başka devlet, madenleri, ormanları ve her türlü toprak ürünlerini doğrudan doğruya işletme ve doğrudan doğruya kontrolü altında tutma hakkını saklamaktadır. Marksist yorumculara göre genellikle devlet, çıplak mülkiyet ve rakabe hakkı yanında Batı'da feodal senyörlerin yaptığı gibi, üretimi doğrudan doğruya etkileyen bir kontrol veya iyileştirme yapmamaktadır. Feodal iyileştirmekten şahsen yararlanır Osmanlı'da ise böyle bir durum söz konusu değildir. Milkova'nın görüşünü desteklemek için şunu ekleyelim. Mesela pirinç tarımında devlet doğrudan doğruya üretim şeklini örgütlemektedir. Fatih Sultan Mehmed döneminde devletleştirilen çeltik topraklarının özel bir statü taşıdığını da unutmamak gerekir.

Kayda değer ki, Marx'ın topraktan alınan gelirleri bir rant olarak yorumlaması İslâm fakîhlerinin yorumlamasıyla uygun düşmektedir.

Ticaret ve Ekonomi Üzerinde İslâm ve Osmanlı Düşüncesi ve Uygulamalar

Osmanlı-İran devlet geleneğinde ekonomi, hükümdarın güç ve otoritesini ve buna gereç olan devlet maliyesini güçlendirmenin bir aracı sayılmıştır. Osmanlı rejimi de, ticareti düzenlerken daima, hazineye nakit para sağlanmasını önde gelen bir amaç olarak düşünür. Van Klaveren *fiskalizm* diye adlandırdığı bu politikayı şöyle tanımlamaktadır. *Fiskalizm* daima, başka ekonomik amaçlar yerine kamu gelirlerini maksimum bir düzeye ulaştırmak gayretidir. Öbür yandan askerî güç, Osmanlı Devleti gibi prekapitalist bir doğu emperyalizminde, *fiskalizm*le birlikte devlet gücünün temelini oluşturur. Bu yaklaşım, aynı zamanda Osmanlı Devleti'nin fetih dinamiğini ve imparatorluk kurma sürecini de açıklar. Ünlü Osmanlı ahlâk-siyaset yazarı Kınalızâde (ö. 1561) Osmanlı devlet adamlarına şu öğüdü verir: Bazı ileri gelen yazarlar, servet edinmeyi üç şeyle sınırlarlar: Ticaret, zanaatkârlık ve tarım; fakat bazı fakîhler buna askerî, siyasi gücü, yani emirliği, *emareti* de eklerler. Din ve ahlâk bakımından bu faaliyetlerin en iyisi hangisidir, bu konuda anlaşmazlık vardır. İmam Şâfi'ye göre ticaret en hayırlı iştir. Çünkü Hz. Muhammed'in asıl mesleği ticaretti. Fakat Maverdî tarımı bütün öteki meslekler üzerine koyar. Bazı fukahâ der ki, ticari işlere şeriata aykırı birçok âdetler girmiş olduğundan, ticarette kazanılan servetlerin kaynağı üzerinde kuşku vardır. O sebepten tarımın ticaretten daha hayırlı bir faaliyet olduğu öne sürülmüştür. Servet edinmede insan her şeyden önce zulüm ve adaletsizlikten, ayıp faaliyetlerden ve üçüncü olarak da insanın şanını düşüren pis işlerden kaçınmalıdır.

Zanaatkârlık *asil*, *tarafsız* ve *aşağı* olarak üç kategoriye ayrılır. Ulemanın, bürokratların ve askerlerin meslekleri sırasıyla akıl, edebiyat ve yiğitlik gibi manevi meziyetlere dayandığından asaletli mesleklerdir. Faizcilik, halkı eğlendirmeye yönelik faaliyetler aşağı meslekleri simgeler. Bununla beraber, bu dünyanın en iyi düzen içinde yürümesi için bütün bu mesleklere ihtiyaç vardır. Herkes kendi faaliyet alanında kalmalıdır. Tarafsız mesleklerden orta tabakayı, yaşamamız için gerekli olan tarım gibi meslekler oluşturur. Kuyumcunun işi bu kategori içinde ise de, tarım gibi yaşamsal bir önemi yoktur. Kınalızâde'ye göre üretim faaliyetinde özellikle lüks eşya yapımında fazla titizlik göstermek zaman kaybıdır.

Ekonomik faaliyetler üzerine ahlakî yaklaşım, Osmanlı toplumunda insanların davranışını etkilediği için son derece önemlidir ve Osmanlı'nın ekonomik nizamını anlamamıza yardım eder. Tarıma en önemli ekonomik faaliyet alanı olarak öncelik vermek, özellikle dikkatimizi çeker. Kanunî Süleyman bir rivayette, köylüyü insanların en hayırlısı saymıştır. Çünkü demiş, köylü, bütün insanları doyuran sınıftır. Tarıma verilen bu önem, Osmanlı Devleti'nde nüfusun %90'nı üzerinde bir bölümünün köylülerden oluştuğunu ve devlet gelirlerinin büyük bölümünün tarımdan geldiğini düşünürsek, açıklık kazanır. Buna karşı Batının ekonomi anlayışı, merkantilist devleti, Osmanlı Devleti'nden şu noktada ayrılır: Batı devleti servet-devlet gücü denkleminde endüstriye, mal yapımına ve ticarete birinci derecede ağırlık vermiştir (Colbert). Dolayısıyla batı toplumunda *merkantilizm* ve burjuvazi egemen bir durumdadır. Başka deyişle Batı daima genişleyen kapitalist bir sistem altında endüstri ve yeni pazarlar yoluyla millî ekonomiye yönelirken, Osmanlılar fütuhatla tarım ve timar toprakları elde etmek yolunda yürümüşlerdir. Genelde uzak pazar için mal yapımında kısıtlı tekel geleneklere bağlı kalmışlardır.

İslâm dünyasında devlet, siyasi gücünü her şeyin üzerinde tutar. Bununla beraber, genellikle İslâm devletinde toplumun refahı önde gelen bir kaygı olmuştur. İslâm devleti ekonomik siyasetinde bolluk ilkesine bağlıdır. Son zamanlarda Suudi Arabistan'da toplanan bir iktisat kongresinde İslâmiyet'in ekonomik prensipleri tartışılmıştır. Katılımcı İslâm âlimleri ekonomi prensiplerini İslâm'ın fıkıh kaynaklarından çıkarmaya çalışmaktadırlar. Ekonomik faaliyetlerde spekülasyon, faiz ve haksız kazanç gibi dinî-ahlakî esaslara aykırı düşen faaliyetler reddedilmektedir. Onlar Batı'nın *homo-economicus* kavramını eleştirerek, İslâmiyet'teki dünya görüşünü bütün ekonomik faaliyetler için temel prensip tanımaktadırlar. O prensip de bu dünya ile öteki dünyanın birbirinin devamı olduğu ve insan faaliyetlerinin tek gayesinin Allah'ın rızasını kazanmaktan ibaret olduğudur. Üretim ve kârı gaye değil, bir araçtır. Hâlbuki modern ekonominin itici kuvveti kâr düşüncesidir. İslâmiyet'te ise amaç, insanın refah ve mutluluğudur. İslâm âlimleri Batı ekonomi felsefesinde 20. yüzyılda aynı doğrultuda bir gelişme olduğunu ileri sürerler. Fakat şunu derhal belirtmek gerekir ki, bu İslâm ideali ile gerçek arasında büyük bir aykırılık vardır ve İslâm toplumunda hiçbir zaman bu idealin gerçekleştiği iddia edilemez. Sadece şunu anımsamak, İslâm devletlerinde vergi sistemi, İslâmî olmayan birçok vergileri halka yüklemekte ve haksız yollarda harcanmaktadır. İslâm âlimlerinin şeriatçı görüşü, İslâm maliye sisteminin İslâmî zekât ve sadaka esaslarına dayandığını söyler. Özellikle, zekâtın önemi üzerinde durulur ve toplumun meydana getirdiği gelirin zengin ile fakir arasında paylaşıldığı ileri sürülür. Bu idealin dünkü ve bugünkü İslâm toplumlarında ne dereceye kadar gerçekleştiği sorgulanır.

Klasik İslâm fukahâsının üzerinde durdukları dikkate değer bir teoriyi de, burada eklemek gerekir. Ulema, zorunlu ihtiyaç maddeleri ile zorunlu olmayan maddeler arasında ayrım yapar. Onlar, zorunlu maddelerin fiyat ve kalitesi için devletin ekonomik faaliyetleri kontrolüne karışmasını gerekli bulurlar. Bunun için de İslâm toplumlarında, pazarda yiyecek ve giyecek maddelerini kontrol eden bir görevli vardır. Devlet, kadı vasıtasıyla eşyanın en yüksek fiyatlarını narh listeleri halinde saptar ve fiyatlarla ölçüler sürekli kontrol edilir. Veziriazamın ve hükümdarın zaman zaman pazarı bizzat ziyaret ederek *ihtisab* işini yerine getirmeleri en önemli devlet ödevlerinden sayılır.

İslâm şehirlerinde ekmek için ayaklanmalar hükümet adamlarının en büyük kaygısıdır. Özetle, yukarıda açıklamaya çalıştığımız esaslar, fıkıh kitaplarında kalan sözlerden ibaret olmayıp Osmanlı tarihi boyunca hayatta ve hükümet kararlarında uygulanmıştır.

Osmanlı Devleti'nde İslâm düşüncesine göre temel prensip, *sadaka*, başka deyişle Allah rızası için fukaranın yardımına koşmaktır. Sultan kendisi çeşitli fırsatlarda halka sadaka dağıtır, bayramlarda binlerce koyun kesilerek fakirlere bazen sultan tarafından kendi eliyle dağıtılır. Osmanlı kültüründe ve toplumunda o kadar önemli yer tutan *imaret sisteminin* temeli de aynı prensibe dayanır. İslâmî bir din görevi olarak, bir büyük cami inşa edilirken yanında daima yiyecek dağıtan bir *imâret* yapılır. Bu arada dikkate değer bir padişah fermanını burada analım. Bu ferman Ramazan ayında İstanbul'a

Mısır'dan sadaka toplamak için gelen dilencilerin yasaklanmasına dairdir. Sayıları binlere varan *Duâgûyân* (sırf dua okuyanlar), devlet hazinesine ağır bir yük olmaktadır. Onlara devlet tarafından muntazaman maaş ödenir. O kadar önemli olan vakıf kurumu da, temelinde bu hayır ve sadaka düşüncesine dayanır. Bütün bu kurumlar, toplumda servetin dağılımında önemli bir rol oynar. İşsiz ve fakir büyük kitleler böylece sadaka, imaret ve vakıf yoluyla yaşama olanağı bulur. Yüksek tabakanın elinde toplanan büyük servetler, bu yolla toplumun öteki sınıflarına aktarılır. Bu nedenle, bu kurumların Osmanlı ve genelde İslâm toplumunda ekonomik ve sosyal anlam ve önemi küçümsenmemelidir.

Özetle, Osmanlı toplumunda öteki geleneksel toplumlarda olduğu gibi, kâr, faiz, işçi gündeliği ve maaş gibi pazar ekonomilerinde esas olan kurumlar, tamamıyla dinî bir nitelik ve anlam kazanmıştır. Saray ve seçkin sınıf elinde toplanan servetin dağıtımı ekonominin temel görünüşüdür. Sadaka ve vakıf, bu toplumda sosyal-ekonomik bir bütünleşme fonksiyonu görür. Öbür taraftan çok uygulanan hediye alış-verişi, pişkeş ve in'âm, Nevruz'da ve dinî bayramlarda karşılıklı hediye verilmesi, aynı zamanda ekonomik fonksiyonu olan geleneksel âdetlerdir. Padişah, bu armağanları hazırlamak için sarayda her sanat kolundan usta ve işçileri kapsayan *hiref-i hâssa* denilen geniş bir imâlât faaliyetini sürdürmek zorundadır. Bunlar, Osmanlı sanatkârlığının en yaratıcı ve en mükemmel tekniklerini geliştirerek önemli bir ekonomik rol oynarlar. Yeniçerilere ve saray halkına belli aralıklarla yünlü kumaş dağıtımı, Selânik'te İstanbul'da geniş bir yünlü sanayinin doğmasına neden olmuştur. Armağan, alış verişiyle toplumun ekonomik fonksiyonları arasındaki bağlılığa ait daha birçok misâl verebiliriz. Hediye veya hizmet akçası, aşağı tabakadaki devlet hizmetlilerince bir çeşit ritüel, sosyal manası olan âdetlerdir. Bu âdetleri yerine getirmemek, mesela yeniçerilere daha çıkan padişahın *cülûs bahşişi* hususundaki gevşekliği, bu askeri isyana kadar götürür. Aslında bu bahşiş âdeti devlet bütçesinde, dolayısıyla vergi ödeyenler üzerinde ağır bir yük oluşturmaktadır. Geleneksel *patrimonyal* devletlere özgü olan bu âdetler yanında Osmanlı toplumunda aynı zamanda Batı toplumlarına özgü bazı ekonomik kurumların ve âdetlerin geçtiğini de görmekteyiz. Bu âdetler arasında, sırf kâr düşüncesiyle uzak mesafe ticareti için ortaklıklar geniş ölçüde uygulanmaktadır. İslâm hukukunun *mudâraba* terimi altında formüllendirdiği ve Akdeniz toplumlarında eski çağlardan beri *commenda* adı altında bildiğimiz bu çeşit ortaklıklara toplumun her sınıfından insan, kâr düşüncesiyle para yatırır. Kervan veya deniz ticaretiyle uğraşan *saffâr* (gezginci) müteşebbis tüccar, çeşitli kaynaklardan topladığı sermaye ile ticaretten kazandığı kârı ortaklarıyla genellikle yarı yarıya paylaşır. Keza, bunun gibi şer'î satış şekilleri altında gizlenmiş faizle para işletme, *muâmele*'ye verme çok yaygındır.

Bu arada, ilkel de olsa, bankacılığın bir şekli *dolap* adı altında uygulanmakta idi. Fakat bütün bu ticari yöntemler ve araçlar, gerçek anlamda kapitalizme doğru bir gelişmeyi gerçekleştirememiştir. Osmanlı sosyo-ekonomik yapısı ve dünya görüşü, İtalya veya Batı Avrupa'da olduğu gibi, böyle bir gelişmeye uygun esaslı bir değişikliğe uğramamıştır. Açıkça, Osmanlı toplumunda devletin sıkı kontrolü ve sosyal ilişkilerin *patrimonyal* efendilik, niteliği dolayısıyla, servetin toplanması ve yeniden dağıtımı kapitalist dışı bir ortamda cereyan etmektedir. Osmanlı ekonomisinin ve maliyesinin yapısı tartışılırken, devletin *extensiv* tarım toprak mülkiyetini kontrol altında tutması (mîrî arazi hukuku) ve servetin esas kaynağı olan tarım üretimini kontrol etmesi hususları daima akılda tutulmalıdır.

Avrupa *Merkantalizmi* Karşısında Osmanlı'nın Bolluk/Refah Ekonomisi

Osmanlıların, Avrupa ile ekonomik ilişkileri, Yakın Doğu'da Batılı milletlerin faaliyetlerinin genişlemesi ve kapitülasyon rejimi sonucunda yeni bir doğrultu alacaktır. Millî ekonomisinin bir şirket/korporasyon, gibi düşünüldüğü Batı merkantilist sistemi, İtalya'daki ilk şekillerine bakarsak, kapitalizmin ileri bir şeklidir. Bu sistem, Osmanlıların ekonomik ilişkiler üzerindeki ana kavramlarına karşıttır. Batı ekonomileri, Osmanlılardan farklı olarak, kendi merkantilist siyasetlerin geliştirmişler. Böylece kendi kapitalist amaçlarını gerçekleştirmişlerdir.

Aslında, merkantilist teoriler, Doğu'da olduğu gibi Batı'da da yaygın bazı popüler inançlardan doğmuştur ve iki tarafta da Ortaçağ'a giden bir geçmişi vardır. Mesela, doğulularda, merkantilizmde olduğu gibi, siyasi güç hükümdarın merkezî hazinede altın ve gümüş toplamasıyla orantılıdır. Bir hükümdar, bu kıymetli madenleri ne kadar fazla toplarsa, o kadar güçlüdür. Bunun sonucu olarak, vergi ödeyen tebaanın refahlı ve zengin olması, bu düşünceyle etkin himayesi, hazinenin zenginliği için ilk şart olarak düşünülür. Merkantilistler bu Ortaçağ anlayışına yeni bir boyut eklemişlerdir. Bu görüşte altın ve gümüşün memlekette toplanması, hazinenin zenginliğidir. Bu madenlerin memlekette toplanması da ticaret dengesinin lehte fazlalık vermesine bağlıdır. Lehte bir ticaret dengesi ise yerli sanayinin ve pazarların genişlemesine bağlıdır. Batı'da, 16. yüzyılın ilk yarısında üstünlük kazanan bu düşünce, batıyı doğu ekonomilerinden ayırt eden ve 18. yüzyılda Batı Avrupa'yı endüstri devrimine ve serbest pazar ekonomisine götüren temel ekonomik felsefedir.

Aynı zamanda hem doğulular hem merkantilistler, memleketten kıymetli madenlerin dışarı çıkmasını önlemeye çalışırlar ve tersine kıymetli madenlerin olabildiği kadar memlekete girmesini teşvik ederler. Doğuda, memleketin zenginliği ve refahı, altın ve gümüşün pazarda bolluğudur. Buna karşı altın ve gümüşün dolaşımda azlığı veya hazinede saklı tutulması, ticarette ve vergi ödemede güçlükler doğurduğu için daima, kötü görülmüştür. Bu nedenle, altın ve gümüşü hazinesinde toplayarak pazarı sıkıntıya sokan hükümdarlar kınanmıştır.

Öbür yandan, Osmanlı İmparatorluğu'nda sultan, genellikle pazarı ve fiyatları düşünerek, buğday, pamuk, yün, deri gibi halk geçimi yerli sanayinin gerektirdiği maddelerin ihracını yasaklamıştır. Aynı politika, Batı'da merkantilistler tarafından da savunulmuştur. Fakat orada amaç itibarıyla fark vardır. Osmanlı hükümeti, halk kitlelerini korumak için gerekli maddelerdeki kıtlığı önlemek amacını güder. Buna karşı merkantilist ekonomide asıl amaç, gıda maddelerini ve ham maddeyi ucuza mâl ederek işçi gündeliklerini aşağıda tutmak ve dünya pazarlarında sanayi mallarını rakiplere karşı en iyi fiyat sayesinde muhafaza etmektir.

İki sistem arasındaki benzerliklere karşı esas fark Batı'da ekonominin bütün milleti kapsayan bir millî ekonomi olarak bütünüyle düşünülmesi, bir korporasyonda olduğu gibi son bilançonun memleket lehine gerçekleştirilmesi ve bu fazlalığın kıymetli madenler veya dayanıklı mallar ölçüsüyle ölçülmesidir. Aslında İtalya'daki ticaretin geliştiği şehir cemiyetlerinde, komünlerde doğmuş olan bu sistem sonradan Batı'da yükselen millî devletlerde geniş bir uygulama alanı bulmuştur. Osmanlılar, böyle bir ekonomik düşünceye yabancıydılar. O yüzden kapitülasyonlar vererek pazarları mal ile dolu bir açık pazar halinde tutma politikasına bağlandılar. Öbür yandan, merkantilist bir rejimde bir şehir devletinin veya millî bir devletin serveti o memleketin ticaret yollarını korumaktaki gücüne bağlı sayılmıştır. Mesela, Venedik'in Levant ticaretindeki üstünlüğü temelde denizlerdeki egemenliğine bağlıdır. Bu gerçek, sonradan Batı monarşileri için de geçerlidir. Buna karşı Osmanlılar, belli bir tarihten sonra deniz ulaşımında tamamıyla Batı gemiciliğine bağımlı olmuştur. İmparatorluğun ticari çıkarları ile deniz egemenliği arasındaki ilişki fark edilmemiştir. Tabii, Osmanlı Devleti ticaret yollarında güvenlik noktasına önem veriyor ve korsanlara karşı savaşı devamlı destekliyordu. Hatta Fatih zamanında Mısır ile Antalya arasındaki deniz ulaşımında devlete ait mîrî gemilerin kullanıldığını biliyoruz. Osmanlılar böyle bir politikayı, memleket ekonomisini bir bütün olarak desteklemek şeklinde değil, pazarda kıtlığa meydan vermemek ve gümrük vergilerinin azalmasını önlemek gibi düşüncelerle yapıyorlardı. Her ne kadar *fiskalizm* ve pazarda mal bolluğu, Batı merkantilizminde temel düşünce olsa da, esas amaç pazar edinme ve pazarları millî ekonomi için elde tutma kaygısıdır. Osmanlılarda, yerli sanayinin yabancı mallara karşı korunmasını savunan bazı fikirlere nadiren rastlanırsa da temel inanç, hangi menşeden olursa olsun pazarda mal bolluğunu sağlamaktır. Yerli sanayinin zararı veya çöküşü bu devlet için kaygı değildir. Ancak 18. yüzyılda Batı tüccarı imparatorluk ekonomisini, özellikle geniş tüketim mallarında (un, kahve) çökerttiği zaman, devlet yerli sanayiyi koruma düşüncesine ciddi olarak eğilmiştir. Özetle, Osmanlı ekonomik düşüncesine ait fikirler, pazarda halkın sıkıntısına meydan vermeyecek mal bolluğu ve ucuzluktur. Osmanlı seçkin sınıfı, özellikle kendi tüketimleri olan ipekli kumaşların, sofun ihracında sakınca görürler. Buna karşılık Venedik, Floransa, Ceneviz, daha sonraları 18. yüzyılda Fransız yapımı pahalı lüks ipekli kumaşların ithalini teşvik ederlerdi. Bu Osmanlı tutumu karşısında Batılılar Osmanlı ipeklerini ve sof kumaşlarını taklit ederek Osmanlı memleketine ithale başlamışlar ve Osmanlı ülkesinde bu sanayi kollarının gelişmesini önlemişlerdir. Genellikle, kumaş gibi lüks eşya ithalinde tüketici sınıfın çıkarları her şeyden evvel göz önünde tutulmuştur. Hiç kuşkusuz, Osmanlılar bir merkantilist ekonomide olduğu gibi memleketin genel ekonomisini bir bütün olarak değerlendirmemişlerdir. Bir ödemeler dengesi düşüncesi ve bunun için de yerli sanatların ve işçiliğin himayesi düşüncesine bağlı olmamışlardır. Yabancı tüccar için kapitülasyon garantileri ve %3 gibi düşük bir gümrük resmi bunu açıklar. Bu kaygı ancak 19. yüzyılda kendini göstermiştir. Onlar için tarım maddeleri dışında yoğun işçilik isteyen ekonomik faaliyetleri teşvik etmek söz konusu olmamıştır.

Öbür yandan, halk için gıda ve giyecek üreten esnafın mallarına *narh* koymak, pazarda malların kalitesini ve ölçüleri sürekli kontrol etmek, mum gibi bazı gerekli maddelerin yapım ve satımında tekeller koymak, Osmanlı Devleti'nde gördüğümüz gerekli önemli ekonomik önlemlerdir. Pazarın düzenlenmesinde bu gelişmeler, amaç itibarıyla merkantilist bir ekonominin düzenlemelerinden tamamıyla farklıdır. Osmanlılarda temel amaç devletin mali çıkarlarını ve pazarda tüketiciyi korumaktır. Merkantilist ekonomilerde ise düzenlemeler devletlerarası pazar rekabeti göz önünde tutularak yapılır. İki sistem arasındaki ayrılık son analizde şu noktaya gelir: Doğu'da ekonomik, toplumsal yapıyı devlet kumanda ile düzenlemeye çalışır. Batı'da ise pazar şartlarının serbest oyunu ile meydana çıkan bir sistem egemendir. Batı, esası tabiat ekonomisine dayanan bir toplum hayatından para ekonomisinin egemen olduğu bir toplum hayatına doğru evrim göstermiştir, buna karşı Osmanlı toplumunda para ekonomisi az gelişmiştir. Bir kapitalist ekonominin ortaya çıkmasına karşı Osmanlı'da bütün servet kaynaklarını kontrolü altında tutan *patrimonyal* bir rejim egemendir. Şu nokta tarihî bir gerçektir: Osmanlı toplumunda en zengin insanlar saray mensupları, padişahın kulları, paşalar, beyler altı bölük sipahi oğlanlarıdır. Bursa şehri gibi ticaret ve sanayinin oldukça gelişmiş olduğu zengin bir şehirde ölenlerin terekeleri esas alınarak toplumda *zengin*, *orta* ve *fakir* sınıfları tahmin etmeyi deneyelim.

892-893 / 1487-1488 yıllarında Bursa kadı sicillerinde, ölenlerin bıraktıkları terekelerin, değer tahmin listeleri.[21]

Servet Grupları	**Kişi Sayısı**	**Şahıslar Yüzdesi**
10.000 aşağı	359	88.8
10.000-30.000	27	7
30.000-50.000	5	12
50.000 yukarı	11	3
Toplam	402	100

On binden yukarı olanlar 402 kişiden 43 kişidir. Böylece varlıklı sınıf (on binden yukarı) % 11,2.

Osmanlı düşüncesi daima servet ile güç ve otorite arasında bağ kurmuştur. Servet yaratımı, fetihle kazanılan yeni topraklardan alınan yeni vergi kaynakları olarak düşünülmüş fakat Yeniçağ Avrupası'ndaki gibi yeni teknolojilerle tarım ve ticaret kazançlarının

21 892-893 tarihli, Bursa Şer'iyye Sicili, Bursa Arkeoloji Müzesi Kitaplığı; O tarihlerde on bin akçaya 400 koyun veya 70 ton buğday alınabilirdi.

âzamiye çıkarılması düşüncesine yabancı kalınmıştır. Adam Smith, bu iki sistem arasındaki aykırılığı, 18. yüzyılda belirtmiştir.

Doğal kaynakların geliştirilmesi için projeler yapılması, Osmanlı Devleti'ne Tanzimat dönemine kadar yabancı bir fikirdir. Yahut hiç olmazsa doğal kaynakların geliştirilmesi genel iktisadi gelişmenin gerekli bir yolu olarak değil, vergi kaynaklarının arttırması amacıyla düşünülmüştür. Murphley Irak'ta geniş ölçüde kanal açma ve taşkınları kontrol faaliyetlerinin Osmanlı devrinde devam ettiğini göstermiştir. Keza, bataklık ve ormanlarda tarım toprağı olarak açılması için teşvik edici önlemler aldığını da biliyoruz. İstisnası, kıraç ve ormandan tarla açmaları için devlet büyüklerine *temlîknâme* ile arazi bağışıdır. Fakat bütün bunlar, sadece devlet hazinesine yeni kaynaklar bulmak düşüncesiyle ele alınmıştır.

Özetle, Van Klaveren'in dediği gibi: Osmanlılar, vatandaşları için milletler arası ticaretin kârlarından daha büyük bir kâr sağlamak amacıyla bir tarım ekonomisinden sanayi ve ticaret ve denizcilik temellerine dayanan bir gelişmeyi hatırlarına getirmemişlerdi. Başka deyişle Osmanlı, ekonomiyi yeni rasyonel düşünceye dayanan bir planla değil, uzun yıllar denenmiş gelenek ve usullerle idare etmeye çalışmıştır. Bu iki mantalite arasındaki karşıtlık gümrük siyasetlerinde açık bir şekilde ifadesini bulur. Merkantilist Avrupa'da ekonomiyi geliştirme planları yapan her millî ekonomi, geniş Osmanlı pazarına girmek için sultandan bir kapitülasyon koparmaya çalışır ve bu ticareti ekonomik ve rasyonel olarak örgütlemek için kendine ait bir *levant kumpanyası* kurar. Levant kumpanyaları *merkantilizmin* ayrılmaz bir parçasıdır. Buna karşı Osmanlılar çok aşağı %3 bir gümrük tarife sistemi ile pazarlarını Avrupa'nın mallarıyla bolluk içinde tutmak için Avrupalı merkantilist devletlere kapitülasyonlar bağışlamıştır.

Tarihçilerin üzerinde birleştikleri bir nokta, Ortaçağlardan beri Avrupa ile Levant ve Hindistan arasında ticaret dengesi daima Avrupa aleyhine açık vermiştir. Bunun sonucu olarak Batı'dan doğuya sürekli bir gümüş ihracı zorunlu olmuştur. 1450-1550 döneminde bu yapısal durumu etkileyen önemli gelişmeler olmuştur. İlkin, *Levant* dediğimiz Doğu Akdeniz, Balkanlar ve Karadeniz bölgeleri merkeziyetçi Osmanlı İmparatorluğu egemenliği altında bir blok olarak birleşmiştir. Osmanlı Devleti doğu-batı arasındaki ticaret yollarını ele geçirmiştir. Aynı dönemde dünya ölçüsünde başka bir gelişme, Avrupa'nın bir yandan Amerika'nın diğer yandan Atlantik-Hindistan yolunun keşfi ile dünya yüzünde genişlemesi ve eskiden dünyanın merkezi olan Akdeniz'in küresel rolüne son vermesidir. Üçüncü büyük gelişme, Avrupa kıtasının kendisi büyük bir nüfus artışına paralel olarak tarımda ve ticarette olağanüstü gelişme gerçekleştirmiş ve son derece yoğunlaşan üretim ve ticaret, pazarda dolaşımda altın ve gümüş stoklarına ihtiyaç, olağan üstü artmıştır. Başka önemli bir gelişmeyi unutmamak gerekir, o da Avrupa'da feodalitenin bertaraf edilmesiyle beraber merkezî bürokratik-millî monarşilerin ortaya çıkmasıdır. Avrupa'daki bütün gelişmeler, Avrupalıların dünya üzerinde saldırgan bir yayılma hummasına kapılmalarının, *Eldorado*'ya erişmek için yarış, yeni ticaret yollarının aranmasının ve özellikle büyük zenginlik kaynağı olarak düşünülen baharat ticaretine katılmak için yapılan çabaların arka planını oluşturur. Osmanlı İmparatorluğu'nun kontrolü altına giren Levant, 16. yüzyılda genişleyen Avrupa karşısında eski önemini yitirmiştir. Fakat özellikle İran ipeğinin Batı endüstrileri için gittikçe artan önemi dolayısıyla, Levant dünya ticaretinin önemli bir parçası olmaya devam etmiştir. Öbür yandan, 1500-1511 döneminde Osmanlı İmparatorluğu, Lizbon'a ve Batı Avrupa'ya ulaşan yeni baharat yolu ile başarıyla rekabet etmiş,[22] Venedik ve Doğu Avrupa, Yakındoğu yolundan gelen baharat akımı canlılığını korumuştur. Tarihçilerin, Ortadoğu-Hindistan baharat yolunun yeniden canlanması diye kabul ettikleri bu gelişme, artık kabul edilen bir tarihî gerçektir. Öte yandan Levant, Avrupa ve özellikle İtalya için hayati gıda ve ham madde ihracatçısı olarak eski ekonomik önemini korumuştur.

---

22 Bkz. H. İnalcık, *An Economic and Social History of the Ottoman Empire*, I, Cambridge: CUP, 1994, 315-362.

Bunun sonucu olarak Osmanlı İmparatorluğu 16. yüzyılda dünya ticaretinin önemli yollarından biri olmak rolünü devam ettirmiştir. Avrupa'dan Hindistan'a altın ve gümüş akımında Osmanlı Ortadoğu'su başlıca kanal görevini üzerine almıştır. Bu büyük aracılık dolayısıyla Osmanlı ekonomisinin genel kazançları yanında, Osmanlı devlet hazinesi gümrük olarak büyük gelirler sağlamakta ve bu yolun açık tutulması için büyük çabalar harcamaktadır. Öbür yandan siyasi karşılaşmalar ve Ortaçağ'dan kalan İslâm-Haçlı mücadelesi geleneği süregelmekle beraber, Osmanlılar bu ticaret yararlarını bilinçli olarak daima göz önünde tutmuşlar, Venedik'e ve 16. yüzyılın ikinci yarısında Batı devletlerine geniş ticaret serbestliği ve garantileri sağlayan kapitülasyonları vermekte cömert davranışlardır. Osmanlıların ticaret yollarıyla değil, yalnız fetihle ilgilendikleri yolundaki Wilhelm Heyt gibi bir büyük otoritenin öne sürdüğü iddialar, artık değiştirilmesi gereken teorilerden ibarettir. Venedik ile yapılan her savaştan sonra Osmanlılar, bu cumhuriyetin eski ticaret imtiyazlarını derhal yenilemişler, Fatih savaş sırasında ticareti sürdürmek için Venedik'in rakibi olan Floransa ve Dubrovnik gibi devletleri teşvik eden ticaret imtiyazları vermiştir.[23] Osmanlılar için Batı ile ticaret, yalnız Hind mallarını kanalize etmek için değil, aynı zamanda vazgeçilmesi olanaksız çelik, barut, kalay gibi stratejik maddeler ithali gereği[24] ve Osmanlı seçkin sınıfına lüks kumaşlar almak için de zorunluydu. Avrupalı devletlerin yeni kapitülasyon imtiyazları elde etmek için kullandıkları en önemli baskı araçlarından biri, Osmanlı limanlarını bırakıp gitmek tehdidiydi. Osmanlı idaresinde Yakındoğu'nun Avrupa ile ticaret dengesinde avantajını kaybetmesi, ancak 16. yüzyılın bitiminden sonra ortaya çıkan bir olgudur. Ekonomi tarihçilerinin genellikle birleştikleri nokta, bu yüzyıl boyunca Osmanlı İmparatorluğu'nun Batı'ya karşı aktif, Doğu'ya karşı pasif durumunu korumuş olmasıdır.

---

23 Fatih 1453'te İstanbul kuşatmasında Venedik karşısında inatla savaşmış ticaret imtiyazlarını yenilemiştir (1454).

24 Özellikle İngiliz çelik, barut ve kalay ithalatı yaşamsal önemde idi. İngiltere'ye 1580'de kapitülasyon verildi.

Pazar ve Ekonomi

Yukarıda anlatmaya çalıştığımız zihniyet içinde Osmanlılar için pazar, genelde kısıtlı, belli miktarda bir üretim isteyen değişmez bir pazardır. Batı ise biteviye genişleyen bir pazar peşindedir. Osmanlı'da egemen düşünce, bir yandan üreticiyi, öbür taraftan tüketiciyi korumak ve fiyatları her iki grup için adaletli bir düzeyde tutmaktır. Bu pazar felsefesi dolayısıyla devlet zanaatkâr loncalarını ve satıcıyı korumak gayesiyle kanun ve nizamlar koymuş, bu düzeni *kadı* ve *muhtesip* eliyle sürekli kontrol altında tutmuştur. Bu koşullu Pazar, Yeniçağ'da Batı'da gelişmekte olan serbest pazar koşulları ile taban tabana zıttır. Önemle kaydetmek lazımdır ki, Osmanlı sisteminde de ufak bir idareci seçkinler sınıfı için lüks eşya üretimi (özellikle ince yünlü kumaş ithali ve ipekli *kemhâ*) fiyat kontrolünden serbest tutulmuş, pazarı kontrol eden *ihtisab* yönetmelikleriyle daha çok kalite üzerinde durulmuştur.

Görünüşte, bu kısıtlayıcı kontrollerle bolluk ekonomisi arasında çelişki vardır. Aslında, bu çelişki, korumacı ve kumandacı ekonomi ile burjuva toplumunun *bırak yapsın bırak satsın* felsefesi arasındaki çelişkiden ibarettir. Osmanlı toplumu gibi geleneksel toplumlar, gelenek ve deney sonucu olarak şu gerçeği anlamışlardır: Yetersiz üretim, tüketici için yüksek fiyat sistemine götürür. Öbür yandan, ihtiyaçtan fazla üretim de fiyatları ziyadesiyle düşürerek üretici zanaatkâr için elverişsiz ve haksız bir durum yaratır. Bu nedenle üretimin ve pazarın nizam altına alınması ve kontrolü halk için, hem üretici hem tüketici için gereklidir. Lonca sistemini ve düzenleme yöntemini belli koşullar altında haklı çıkaran işte bu sosyal felsefedir. Buna karşı olan serbest pazar felsefesi, gelişen ekonomi altında haklı ve gerekli bir sistemdir ki, bu durum ilkin Rönesans İtalya'sında gerçekleşmiş ve bu ekonomiler *daima gelişen Pazar* yöntemini benimsemiştir. Osmanlı ekonomisi öteki geleneksel Asya ekonomileri gibi, sınırlı bir pazarın koşullarıyla belirlenmiş bir ekonomi sistemi olmaya devam etmiştir. Bununla beraber Osmanlı ekonomisinde de, genel ekonomik koşullarda değişikliklere bağlı olarak, genişleyen dinamik bir pazar büyük şehirlerde ortaya çıkmakta gecikmemiştir. Bursa, İstanbul, Edirne gibi nüfusu gittikçe artan şehirlerde lonca sisteminin düzenlemelerini ve kısıtlamalarını zorlayan ekonomik güçler etkisini göstermiştir. 16. yüzyılın başlarına ait Bursa *ihtisâb kanunnâmesi* bize bu durumu ayrıntılarıyla gösteren değerli bir belgedir: İpekli kumaşların kalitesini kaybettiğini gören saray ve idareci sınıf, bunun nedenlerini anlamak ve durumu düzenlemek için Bursa'ya bir müfettiş gönderir. Müfettişin sorularına cevap veren ipekli kumaş dokuyucuları, şu gerçekleri açıklamışlardır: Bursa'da halkın ipekli kumaş talebi büyüktür fakat iyi kadife ve kemhaları ödeyecek güçleri yoktur. İşte bu talep ve baskı karşısında biz, çeşitli değerli kumaşlara ipek miktarını azaltarak ve ucuz boyalar kullanarak halk için daha ucuz kumaşlar yaptık. Pazar *muhtesibi* rüşvet kabul ederek eski düzeni bozmamıza göz yumdu. Gelen müfettiş, her çeşit ipekli kumaşta kullanılacak ipek miktarını eski seviyesinde tutmak ve Hindistan'dan ithal pahalı iyi boya (*indigo*) ile boyamak hususunda yeni bir *ihtisâb* nizamnâmesi yapmış ve sultanın emri ve kanunu olarak saptadıktan sonra Bursa'dan ayrılmıştır. Burada gördüğümüz olay şudur: Devlet, seçkin sınıfın yararına, pazarın gelişmesine izin vermemektedir. Başka deyişle, bir pazar ekonomisi yerine kumanda ekonomisini yeğlemektedir. Üretici ve yapımcı Batı'daki burjuva gibi, kendi kazancını bol üretimle artırmak için pazarın genişlemesini sağlayamamakta ve devletin düzenlediği bir pazarda belli bir fiyat sistemine bağlı kalmak zorundadır. Osmanlı'da ekonomik koşulları sosyal yapı, patrimonyal kumanda sistemi belirlemektedir.

Böylece Osmanlılar, kuvvetli bir merkeziyetçi devletin sıkı kontrolünde tipik gelenekçi bir Ortaçağ ekonomisini devam ettirmektedir. Osmanlı-Türk ekonomisinin yüzyıllarca dinamik olmayan niteliğinin başka faktörler yanında kuşkusuz en önemli nedenlerinden biri budur. Osmanlıların zanâat (artisan) yöntemleri, mesela belli bir kumaşta kullanılacak ipek telinin sayısını belirleyecek kadar kısıtlı düzenleri karşısında, Avrupa pazar ekonomisi, genişleme ve rekabet baskısı altında yeni teknolojiler bulmak, daha ucuz ve daha kaliteli mal yapmak yolunda dinamik bir ekonomiye yönelmiştir. Oldukça gelişmiş olan Osmanlı yünlü ve ipekli sanayi ve madencilik özellikle 16. yüzyılın sonlarından itibaren Avrupa'nın daha ucuz ve daha kaliteli malları karşısında rekabet gücün kaybedecektir. Ancak kâr marjı küçük olan kaba pamuklu sanayi gibi ucuz mal yapan sektörlerde, pamuklu sanayinde emeğin ucuzluğu dolayısıyla bazı sanayi kollarında Osmanlı ekonomisi uzun zaman direnebilmiştir. Bu sanayi kollarında Batı, Osmanlı pazarını istila edebilmek için, emeği son derecede ucuzlatan makinenin sanayiye uygulanmasını, Sanayi Devrimini bekleyecektir. Pazar genişlemesi ve Osmanlı pazarı üzerinde en aydınlatıcı örneklerden biri, İngiliz yünlü kumaş yapımı ve ihracatıdır. Osmanlı seçkin sınıfı, Floransa'nın ve Venedik'in çok pahalı ince yünlü kumaşlarına rağbet gösterirken, İngiliz yünlü sanayi, *kersey* (Osmanlıca *karzıya*) denilen kaba ucuz yünlülerle Levant'ta 15. yüzyıldan beri kendisine geniş bir pazar sağlamıştır. Sakız, Bursa yoluyla bu ucuz İngiliz kumaşları, İran ve Orta Asya'ya kadar gitmektedir. İşte İngiliz sanayi ve ticaretinin temel maddesi olan *kersey* ihracatı ve dolayısıyla İngiliz sanayiinin başlangıçta yükselmesi, Ortadoğu pazarı ile yakından ilgilidir. İngiliz ancak 16. yüzyıl sonlarında, Floransa ve Venedik'in pahalı kumaşlarını yapmaya yönelerek bu alanda da İtalya'ya karşı rakip olarak yükselecek ve 17. yüzyılda tamamıyla İtalyan yünlü pazarını elde edecektir.

Devlet Gelirleri ve Harcamaları

1. Devletin Gelir Kaynakları
2. Madencilik ve Tuz Üretimi
3. Mukataât ve Vergi Toplama Yöntemleri
4. Cizye
5. Köylü Üzerinde Konulan Vergiler
6. Timar
7. Memuriyetlerin Satışı ve Rüşvet

Osmanlı İmparatorluğu'nda, bütün eyaletlerde temel nakit devlet gelirleri, cizyeden ve mukataadan gelmektedir. Bu gelir kaynakları, merkezî hazinenin %90'nı oluşturmaktadır. Mukataa, belli bir gelir kaynağının, mesela İstanbul gümrüğünün veya padişah hâssı olarak ayrılan köylerin gelirinin, merkezî hazinede saklanan defterlerde belli bir miktar üzerinden bir ünite halinde saptanmasıdır. Bu gibi gelir üniteleri, devletin ilk zamanlarından beri mukataalar artırma ile özel kişilere iltizam olarak satılır. Mukataalar çok çeşitli gelir kaynaklarını içerdiği için, burada onların ne gibi ekonomik faaliyetler içerdiğini incelemek zorunludur. 1470'lere kadar çıkan kuşkusuz bir İtalyan kaynağı (aslı herhalde bir Osmanlı belgesi)[25] bu mukataalar hakkında bize ayrıntılı bilgi sağlar.

Rumeli, imparatorluk hazinesinin en önemli gelir kaynağıdır. Timar ve hâslar dışında Osmanlı devlet bütçesinin %67'sini, 1.769.000 altın duka ile Rumeli sağlamaktadır. Rumeli ve Anadolu'da timar ve hâs olarak dağılmış gelirleri eklersek bu tarihte devletin toptan geliri, 3.000.000 altın duka olarak hesaplanmıştır. Bu miktar merkez hazine defterlerinde kaydedilmiş tahminî miktardır. Mukataalar satılırken yapılan arttırmalar daha aşağı veya daha yukarı gerçekleşebilir. İmparatorluğun ekonomik kaynaklarının sürekli artış gösterdiği bu dönemlerde, arttırmalarda genellikle yüksek teklifler yapıldığını görmekteyiz (örneğin, İstanbul gümrük mukataası). 3.000.000 altın devlet geliri 1495 yılı gelirleri için A. Sagudino tarafından verilen rakama yaklaşmaktadır.

En önemli devlet geliri cizye geliri olup tüm bütçenin %48'ini oluşturmaktadır. Onu maden ve darphane gelirleri ile tuz tekelinden elde edilen gelir izlemekte ve genel bütçenin %28'ine varmaktadır. Bu dönemde Kastamonu Küre bakır madenlerinin çok önemli bir gelir kaynağı olduğu görülmektedir. Buradan bütün Anadolu eyaletlerinin genel gelirin %45'i sağlanmaktadır. Ucuz pazar alış verişinde kullanılan belli başlı para bakır mangırlar olup, bu maden

---

25 F. Babinger, *Die Aufzeihnungen desGenuesen Iacopo de Promotorio-de Campis über den Osmanen stadt um 1475*, Münih, 1957.

para stokunun önemli bir bölümünü teşkil etmektedir. Bakır aynı zamanda komşu memleketlere ihraç edilen belli başlı mallar arasında bulunmaktadır. Genel olarak merkezî hazinenin geniş gelir kaynakları şu bölgelerde toplanmaktadır: Sakız Adası üzerinden Avrupa ile belli başlı ticaret bölgesi olan Batı Anadolu, büyük ölçüde hububat üretimi yapar ve ihraç malı olarak büyük miktarda pamuk ve pamuklu kumaş üretir. Trabzon, Amasra ve Samsun gibi işlek ticaret limanları ile Karadeniz bölgesi ve nihayet İran ham ipeği ile Batı yünlü kumaşlarının değiş tokuş edildiği Bursa pazarı, bu önemli bölgeler arasındadır.

Avrupa Devletlerinin Tahminî Yıllık Bütçeleri, 1492
(bin altın duka hesabıyla)

İspanya	9.000
Fransa	5.000
Venedik	3.900
Napoli	1.600
Milano	600
Floransa	300
Papalık	200

Bu tablo ile karşılaştırılırsa Osmanlı bütçesi, İspanya bütçesinin üçte biri kadarken Fransa'nınkinin %60 kadarıdır.

Eyaletlerde Devlet Gelirleri

İstanbul'dan sonra ülkenin en büyük ticaret merkezi Halep'dir. Belli başlı gelir kaynakları darphaneden, koyun pazarından, esir pazarından ve ham ipek ticaretinden gelmektedir. İpek tartı geliri, II. Selim döneminde bütün öteki gelir kaynaklarını geride bırakmaktadır. Gerçekten, 16. yüzyılda Bursa ile beraber Halep, İran'dan gelen ipek kervanlarının ulaştığı büyük pazar durumundaydı ve Avrupalılara satılan en önemli transit ihraç mallarını oluşturmaktaydı. Halep pazarında beklenmedik bir eşya cinsi, Mısır, Güneydoğu Anadolu şehirlerinden ve Gazze'den ithal edilen kumaşlardır. Osmanlı gümrük defterlerine göre, Mısır *alaca*, *kutni* ve *keten* kumaşları, İstanbul, Akkerman, Kefe gibi transit merkezleri dâhil bütün imparatorluk şehirlerinde çok aranan mallar arasındadır. Öyle anlaşılıyor ki, baharat gibi bu kumaşların da Anadolu ve Balkanlar'a ihracında Halep başlıca bir dağıtım merkezi durumundaydı. Halep'te boyahanelerden elde edilen büyük gelir bu şehirdeki dokuma ticaretinin ve sanayiinin öneminin başka bir göstergesidir. Bu gelir listesinde Avrupalılardan alınan gümrük vergilerinin, nispeten düşük bir miktarda görünmesi kayda değer. Bunun bir sebebi, yünlü kumaş ve mineraller dışında Avrupalıların Halep'e ithal ettikleri malların kısıtlı miktarda olmasıdır. Daha önemli görünen başka bir neden, Avrupalıların buraya İran ipeği satın almak için büyük miktarda gümüş sokmalarıdır. Osmanlı hükümeti değerli madenlerin ithalinde gümrük almamaktadır. Bununla beraber Halep'te 16. yüzyılın ikinci yarısında, Avrupa ithal mallarının iki katına çıktığını görmekteyiz. Halep, özellikle Hint mallarının, Hint kumaşları ve boyalarının, Basra ve Bağdad kervanlarıyla eriştiği bir transit merkeziydi. 16. yüzyılın ikinci yarısında Basra körfezi yoluyla gelen bu malların ticaretinde büyük bir artış olmuştur. Yine İran ve Basra körfezi yoluyla Halep pazarına Çin'den porselen, misk gelmektedir. Halep'te dikkati çeken ilginç bir şey imparatorluğun öteki büyük ticaret merkezlerinde olduğu gibi, iç ticaret ve tüketim mallarının ekonomik hayatın bel kemiğini oluşturduğudur. Mesela, koyun pazarı ve esir ticareti vergilerinin yarım yüzyıl içinde iki katına çıktığını kaydedelim. Altın, gümüş ve bakır darphanelerinin getirdiği gelir, Halep'in Anadolu, İran, Avrupa, Arabistan ve Hindistan arasında önemli bir transit merkez olduğunun bir göstergesidir. Dikkate değer bir nokta, Avrupalı tüccarın her yıl Halep darphanesine bir *pişkeş*, yani bağış olarak 400 *kilece* gümüş teslim etmek zorunda olduğudur. Belki de bu âdet daha önce Memluklular zamanında yerleşmiş bir âdettir. Halep'te dolaşımda kullanılan başlıca gümüş para, *para* denilen ve iki akçeye geçen gümüş paradır. Arap memleketlerinde Mısır ve

Suriye'de dolaşımdaki esas para budur. Halep'te başka önemli bir gelir kaynağı, sabun yapımı ve ticaretidir. Devlet sermayesiyle yapılan sabun üretiminden hazineye yılda 300.000 akçe gibi önemli bir gelir sağlanmaktadır. Suriye sabun sanayi, zeytinyağı ve bol miktarda elde edilen potasyum dolayısıyla her dönemde önemli bir sanayi koludur. Ünlü Venedik sabunlarının menşei de Suriye'dir.

Macaristan

Öteki gelir kaynaklarıyla birlikte Macaristan'daki mukataalar yaklaşık 4.500.000 akçeye, altın hesabı ile 75.000 sikkeye varmaktadır. Bu miktar bir önceki yıla bakarak 1.000.000 akçe artış göstermektedir. Macaristan'ın Habsburglara karşı savunulması, kalelerdeki muhafız askerlerinin maaşları dolayısıyla, İstanbul'daki merkez hazinesinden oldukça önemli katma yardımlar yapılmaktadır. 1571-72 mali yılında, Macaristan'a bu bağlamda 15.000.000 akçe devredilmiştir.

Merkezî Hazine

İmparatorluk idaresi saray, ordu ve merkezî idare için büyük nakit parayı, merkez hazinesi emrinde toplamak zorundaydı. Osmanlı bürokratik cihazının her şeyin üstünde temel kaygısı, bunu sağlamaktı. Buradan da, Osmanlı Devleti için mali politikanın, Van Klaven'in deyişiyle *fiskalizmin*, önemini anlamaktayız. Altın ve gümüş nakit para merkezî hazinede biricik araç olduğu gibi, merkezî bir imparatorluk rejiminin de temel koşuludur. Bu yüzden altın ve gümüş madenleri ve transit ticareti yoluyla elde edilen gümrük gelirleri, nakit parayı sağlayan ve dolayısıyla imparatorluk mali siyasetinin önem verdiği başlıca hedeftir. Bu yüzdendir ki, biz I. Murad'dan beri Osmanlı Devleti'nin Sırbistan ve Bosna'daki zengin gümüş ve altın madenlerini ele geçirmek için büyük çaba gösterdiğine tanık olmaktayız. Osmanlı gelmeden önce altın ve gümüş madenleri üretimi Macaristan ve İtalya'ya gönderilmekte ve Avrupa ekonomisinin temel taşlarından birini oluşturmaktaydı. Macaristan ile Osmanlı Devleti arasında Sırbistan ve Bosna üzerindeki uzun çekişmenin başlıca sebeplerinden biri, bu maden yataklarına sahip olmaktı. Osmanlılar kesin olarak ancak Fatih Sultan Mehmed zamanında bu madenler üzerinde tam kontrol kuracak ve Sırp, Dubrovnikli veya Rum mültezimler eliyle üretimi devam ettirmeye ve genişletmeye çalışacaklardır. Fatih zamanında, yeni altın ve gümüş maden yataklarının işletmeye açıldığını biliyoruz. Bu madenlerde, eskiden beri Transilvanya'dan gelen Alman asıllı madenciler çalışmakta ve burada Saksonya'nın madencilik teknolojisi ve tüzükleri yürürlükte bulunmaktadır. Türkçeye tercüme edilen bu maden yönetmelikleri Osmanlı *maden kanunnâmeleri*'nde toplanmıştır.

Tuz Tekeli

Tuz üretimi ve dağıtımına ait düzenlemeler ve kanunlar, Osmanlı İmparatorluğu'nda geniş bir örgütlenmenin konusu olup ekonomi ve maliye alanında önemli yer tutmaktadır. Tuz halk için vazgeçilmez bir madde olduğu gibi hazineye gelir sağlamak için de üretim kaynakları ve dağıtım devlet kontrolü altına sokulmuştur. Üretimin artmasını sağlamak amacıyla devlet, özel girişimi de teşvik etmiş ve bu yolla açılan tuz kaynakları üzerinde kişilere mülkiyet hakkı tanınmıştır. Özel kişiler üretimlerinin beşte birini devlete teslim etmek zorundaydılar. Tuz üretimi mültezim durumunda özel kişilere bir *mukataa* şeklinde sözleşme ile verilmekteydi. Sultan, özel bir *berat* ile mültezimin üretimini, dağıtımını ve önceden saptanan geliri sağlamasını garanti etmeye çalışırdı. Bu gelir kaynağını bir tekel olarak işletme hakkını alan mültezime destek olmaları için yerel otoritelere, beylere ve kadılara emirler gönderilmekteydi. Tuz kaynaklarını işletmek için başka bir metod, *emânet* yöntemi olup hükümet işletmenin bütün yetkilerini bir devlet memuru sayılan *emin*'in eline bırakmaktaydı. Emin, mültezimin bütün yetki ve sorumluluklarına sahipti. Böyle bir işletme, *iltizam* veya *emanet* şeklinde tamamıyla bağımsız bir işletme halinde çalışırdı. Bütün idare masrafları, maaşlar ve işçi ücretleri işletme sermaye ve kârından ödenir, merkezî hazineye net kâr devredilirdi. Bu otonom işletme yöntemi Osmanlı

Devleti'nde her türlü üretim ve işletme kollarında uygulanan genel bir yönetim şeklidir. Böylece devlet pahalı ve gecikmeli yazışma ve ulaştırma giderlerinden kendini kurtarmaktaydı.

Öteki maden işletmelerinde olduğu gibi, tuz işletmelerinde de, civardaki halk işçi olarak üretimde çalışırdı. Örneğin Karadeniz kıyısında Ahyolu (Anchialos) tuz işletmesi yalnız civardaki köylüler değil, Kırkkilise, Rusi-Kasrı, Zagra, Kızanlık ve Filibe'den işçi çekmekteydi. Bu işçiler, *tuzcu* adı altında özel bir statüye tâbiydiler. Bu zorunlu hizmet dolayısıyla *avârız* vergisinden affedilmekte veya bazı devlet vergilerini aşağı ölçüde ödemekteydiler. Ahyolu'ndaki işçilerin sayısı 1.047'dir. Selânik tuzlalarında çalışanların sayısı ise 1.545'e varmaktaydı. Başka bazı tuzlalarda işçiler, üretimden %10'dan üretimin üçte birine çıkan pay almaktaydılar. Bu yöntem, işin devamı ve üretimin artması için bulunmuş ilginç bir yöntemdi. Bu ağır işçilikten kaçanlar zorla geri getirildi. Bu tuz işçisinin statüsü babadan oğula geçmekteydi. Bu statünün, genel bir kural olarak, devlet için çalışan başka işçi gruplarına, madencilere ve pirinç yetiştirenlere de uygulandığını biliyoruz.

Çeltikçiler ve madenciler için olduğu gibi tuz üretiminde çalışanlar da özel bir statü altında çalışırlardı. İşçiler, *reis* denilen nezaretçilerin idaresi altına verilmekteydi. Reisler, üretimi ve çıkarılan tuzun bölgedeki tüccara satılması işini de üzerlerine alırlardı. Bunlar, mültezimin ve eminin genel kontrolü altında çalışan ikinci düzeyde müteahhitler durumundaydılar. Reislerin, kâr için bu işi alan yerli yüksek sınıf, hali vakti yerinde Müslüman veya Hristiyanlar arasından geldiğini görmekteyiz. Tuzun satılıp kârının hazineye teslimi, mültezim veya eminin sorumluluğu altındaydı. Örneğin, 1492-1495 yılları arasında Ahyolu'da her 45 okka tuz, 30 akçeye satılmakta, bunun iki akçesi reislere ödenmekteydi. Tuz işletmesinin aralıksız devamı, hayati bir önem taşıdığından ve devlet hazine gelirlerinin zarar görmemesi için, tuz satışı belli bir bölgede tekele bağlıydı. Kasaba ve şehirleri içine alan yörede ahali, her üç yılda bir, ihtiyacı olsun olmasın, belli miktarda tuzu satın almak zorundaydı.

Birçok kötü kullanımlara yol açan bu yöntem halkın şikâyetlerine ve direnişine neden olmaktaydı.

Belli bir tuz üretim kaynağı, belli bir yöreye dağıtım, tuzu satın alan ve taşıyan özel tuz satıcıları tarafından sağlanırdı. Bazı hallerde taşıma ve dağıtma işini devlet kendi üzerine alırdı. Bu son halde tuz, devlete ait depolarda depolanır, oradan ikinci el müteahhitler tarafından ahaliye satılırdı. Ağır bir madde olan tuzun sürekli bir şekilde satımını garanti etmek için devlet, ucuz bir şekilde taşımacılığı örgütlemişti. Örneğin, eskiçağlardan beri işletilen ve çok aranan tuz üretimi yapan Kızılca Tuzla'dan yöreye tuz nakli için devlet bölgede *Böğürcü (Deveci) Arapları* belli bir statü altında bir örgüte bağlamıştı. Yıllık 3.000 ton tuzun taşınması için 12.000 deve gerekiyordu. Böğürce Arapları *avârız* vergisinden bağışlanarak bu taşıma işini üzerlerine almışlardı. Böğürcü Araplan, tuz taşıma işinde Saruhan, Aydın ve Menteşe sancaklarında da bulmaktayız. Aydın sancağında onlar, aynı zamanda ihraç için limanlara buğday, kuru meyve ve pamuk da taşımaktaydılar. Bu son çeşit taşımacılıkta, özel kişiler devletin verdiğinden yüksek bir ücret ödemekteydiler. Tuz taşımacılığı bu yüzden 16. yüzyılda ciddi güçlüklerle karşılaştı. Nihayet bu durum hükümeti, zorunlu taşıma sistemini kaldırmaya ve hizmet karşılığı belli bir vergi koymaya zorlamıştır (1528).

Tuz bir devlet tekeli olduğundan ve işletmeyi sağlıklı ekonomik şartlar altında yürütmek için, devlet belli bir yörede başka kaynaklardan tuz getirilip satılmasını yasaklamıştır. Bu yöntem sultanının *yasak kulu* tarafından kaçak tuz bulmak için evlerin aranması gibi halk için sıkıntılı durumlar yaratmıştır.

Küçük tuzlalar da dâhil olarak devlet hazinesinin bütün tuzlalardan yıllık net geliri 8.300.000 akçe (altın olarak 140.000 sikke) gibi önemli bir yekûna varmaktaydı.

Tuz bahsinde şunu da ekleyelim: İstanbul'un tuz ihtiyacının önemli bir kısmı, Kırım Hanlığı'na ait tuzlalardan gelmekteydi. 1587'de Kırım Hanlığı'ndan İstanbul'a gönderilen tuzun miktarı

41.274 kileye yahut 1.000 tona varmıştır. Bu tuzu, Karadeniz'den çoğu navluncu Rum gemi reisleri keza bir Rum olan Osmanlı görevlisi idaresinde İstanbul'a naklederlerdi.

Yaşamsal bir madde olan tuzun Balkan memleketlerine sağlanması için önemli bir kaynak, Eflak kaya tuzudur. Eflak'tan büyük miktarlarda gelen bu tuz, Balkan şehirlerini ve İstanbul'u beslemektedir. Kaya tuzunun hayvancılıkta da önemi vardı. Eflak'ta Tirgoviş yakınındaki tuzlalardan çıkarılan kaya tuzu arabalarla Tuna üzerindeki limanlara getirilir, Tuna'nın öbür kıyısında Osmanlı kontrolü altında satışı yapılırdı. 16. yüzyıl ortalarında Eflak'tan 5.000 araba tuz getirildiği belgelerle saptanmıştır. Bu tuz, Yergöğü (Giurgiu) dan, Niğbolu'ya 2.150 büyük arabayla taşınmıştır. 1630'da Niğbolu, Rusçuk ve Silistre'ye 4.000 araba tuz taşındığını öğreniyoruz. Bu tuz satışlarını, gerek Eflak Voyvoda hükümeti gerek Osmanlılar, önemli bir gelir kaynağı haline getirmişlerdi. Osmanlı ve Eflak hükümetleri satışı yapılan tuzdan Niğbolu'da %4, Rusçuk'ta %5 gümrük verisi alır, ayrıca nakit ve tuz olarak küçük vergiler tahsil edilirdi. Ayrıca, tuz satışını tekeli altında tutan Osmanlı Devleti örneğin Silistire Limanı'nda, 100 parça tuzu 47 akçeye satın alır ve onu özel kişilere 80 akçeye satardı. Eflak tarafından da voyvoda aynı operasyonla büyük gelirler toplamaktaydı. Voyvodaların bu tuzu almak için gerekli olan büyük sermayeyi, Osmanlı gümrük memurları, mültezimler ve hatta İstanbul'dan ileri gelen kişilerden kredi olarak sağladığını görüyoruz. 1584'ten sonra akçanın değerini kaybetmesi, İstanbul'daki büyüklerin kredi muameleleri, Eflak voyvodası Mihal'ın isyan hareketinin (1594-1601) esas nedeni olarak görülmektedir. Bütün kötü kullanımları önlemek için, 1603'da Eflak voyvodası ile bir anlaşma yapmıştır. Buna göre, Tuna Limanı'ndaki vergi gelirleri 3.00.000 akçe olarak hesaplanmış ve voyvodanın yıllık haracına bu miktar eklenerek bütün vergiler kendisine bırakılmıştır. Bu yöntem voyvodanın bir mültezim olarak kullanıldığını ve eklenmiş büyük meblağın Eflak haracıyla bir ilgisi olmadığı burada belirtilmelidir.

Mukataalarda Vergi Toplama Yöntemleri

Bir büyük sefer çıktığı zaman İstanbul'da defterdar, her tarafa emirler göndererek vergi toplanmasıyla ilgili eminlere, mültezimlere ve kadılara geniş yetkiler tanır ve görevlerinde kusur görüleni azlederdi. Zamanında ödenmemiş *bekaya* vergileri toplamak için geniş yetkili bağımsız bir organizasyon vücuda getirilmişti. *Baş Bakî Kulu* adı verilen bir görevli idaresinde 60 kişi ödenmemiş vergilerin tahsili için harekete geçerlerdi. Onlar ödememekte direnenleri, hapse atmak yetkisine sahiptiler. Fatih zamanında biz birçok mültezimin sözleşme ile üzerlerine aldıkları paraları ödeyemedikleri için hapse atıldıklarını, hatta idam edildiklerini biliyoruz. Bir *mültezim* ('âmil) artırımıyla aldığı mukataa için zengin kefiller bulmak zorundaydı. Sözleşmeye göre mültezim, mukatayı aldığı anda hazineye peşin bir meblağ öderdi ki, buna *mu'accele* denirdi. Kalan kısmını antlaşmaya göre her gün (*kıstı'l-yevm*), üç ay, altı ay gibi aralıklarla öderdi. Mukataa iltizam yöntemi, Osmanlı İmparatorluğu'nda ilk dönemlerden beri uygulanan temel vergi toplama yöntemidir. Bu yöntem sonradan *iltizam* usûlü adını almış ve mültezimler lehine gittikçe daha elverişli koşullarla genişlemiş olmakla beraber, sistemde aslında büyük bir değişiklik olmamıştır. Büyük değişiklik, ancak 18.yüzyılda mukataaların *malikâne* yöntemiyle verilmesi üzerine ortaya çıkmıştır. Eskiden mukataalar üç dört yıl için verilirken, 18. yüzyılda *malikâne* olarak hayat boyu hatta irsî olarak verilmeye başlanmıştır.

Bir mukataanın nasıl oluştuğu ve maliye defterlerine nasıl geçtiği üzerinde yeni fethedilen Kili kalesinin ayrıntılı raporundan bilgi edinmekteyiz. Kadı, mültezim veya emin bölgede vergiye konu olabilecek herhangi bir ekonomik faaliyeti izlemek, merkeze bildirmek zorundadır. Bu rapora göre kadı, vergi alınması gereken kaynakları bu arada fetihten önceki gelir kaynaklarını saptar ve merkeze bildirir. Kadı bu gelirlerden bazılarını, deney olarak iltizama verir ve belli bir süre içinde ne kadar gelir sağlandığını merkeze bildirir. Şayet defterdar, bu gelirin bir *mukataa* olacak kadar önemli olduğuna hükmederse, bunu merkezdeki *mukataa defterlerine* bir mukataa ünitesi olarak geçirir ve mukataanın iltizama verilmesi için yerel kadıya emir gönderilir. İşte bu yöntem hazine için yeni kaynaklar, yeni mukataalar meydana getirmek için kullanılan en sık yöntemdir.

Mukataa sisteminin esnekliği, değişiklik sonucu meydana çıkacak sıkıntıları yumuşatmaya yarar. Gelirlerin kaynak yerinde kullanılmasına olanak sağlayan *havale* ve *ocaklık* sistemi bu önlemlerden en önemlileridir. Havale sistemi, nakit parayı merkeze, yani İstanbul'a taşımak ve oradan tekrar gider yerlerine göndermek yükünü kaldırmaktadır. Havale bir gelir kaynağından tahsis edilen yere ödemeyi bir emirle yapmaktır. Padişah emrini alan mültezim veya emin derhal ödemeyi yapar. Örneğin, ödeme yakındaki bir kale muhafızlarının maaşını ödemek yahut sultan için o yerden bir şey satın almak şeklinde olabilir. Havaleyi yapan ödemeyi yapar, karşılığında ileride mahsup için parayı alandan bir vesika ister. Ödeme ayrıca o yerin kadısının sicil defterine kaydedilir. Bu yolla ödemeler gecikmeden yapılmış olur ve para kısa zamanda tekrar pazara döner. Savaş zamanlarında fazla ödemeler yahut gelirlerdeki düşme dolayısıyla bazen havale emirlerinin ödenemediği olur, 16. ve 17. yüzyıllarda havale yerine *ocaklık* sistemi yaygın bir hal almıştır. *Ocaklık*, belli bir mukataanın belli bir gider yerine sürekli olarak bağlanmasıdır. Örneğin, sınırda bulunan bir kaledeki muhafızlara yakında bulunan bir gelir kaynağı, yani bir *mukataa* belirlenir ve maaşlarını belirtilen miktar üzerinden oradan almaları sultanın bir emriyle sağlanır. Bu kale askeri aralarından birini o yere gönderip parayı alırlar ve yukarıdaki gibi parayı alan bir belge verir. *Ocaklık* bağlanan kaynaktan başka hiçbir yere ödeme yapılmaz. Özellikle, uzak hudutlardaki kale eratının maaşlarını zamanında alması hayati önem taşıdığından, *ocaklık* sistemi özellikle bu gibi hallerde uygulanır. Başka deyişle, *ocaklık* bir gelir kaynağının merkezî hazinenin kontrolünden ayrılmasıdır. Fakat hazine gerekli gördüğü herhangi bir zamanda sultanın emriyle bu ocaklık durumuna son verebilir. Bu mali önlemi bir otonomi veya devamlı bir imtiyaz olarak nitelendirmek durumu abartmaktır. Aslında, ocaklık merkezin doğrudan doğruya kontrolü altında idarî bir otonomi ifade eder. Mesela, Doğu Anadolu'da bazı sancaklar *ocaklık* olarak verilmiştir. Bu demektir ki, aşiret beyi o yerin gelirlerini kendisi için toplar, mültezim veya devlet memurları oraya vergi tahsiline gitmezler. Aşiretlerin kalabalık olduğu Doğu Anadolu'nun sosyal yapısına uygun olan bu yöntem fetihten sonra yerli hanedanların eski imtiyazları ile yerlerinde bırakıldıkları başka bölgelerde de uygulanmıştır. Bu gibi *ocaklık* bölgelerinde dahi bazı vergiler, örneğin *cizye* doğrudan doğruya merkezî hazinenin kontrolü altına alınabilir. Osmanlı yönetimi bazı mali otonomi tanıdığı durumlar için de bu *ocaklık* terimini kullanmıştır.

Sonuç olarak, ocaklık sisteminin, yerine ve zamanına göre çeşitli ölçüde ve anlamda bir çeşit otonomi demek olduğu açıktır. *Havale*'yi kısıtlı bir *kredi mektubu* biçiminde yorumlamak olanaklıdır. Mukataa-iltizam sisteminin Osmanlı maliyesi ve ekonomisini belirleyen temel kurumlardan biri olduğu açıktır. Her şeyden önce büyük kapital birikmesine ve para işlemlerine konu olan *mukataa* ya da *iltizam*, Osmanlı toplumunda sarraflarla beraber bir *kapitalist* (Osmanlı deyimiyle *mâldar*, mütemevvil) grubun ortaya çıkmasına neden olmuştur. Devlet mukataayı üzerine alabilecek büyük sermaye sahiplerinin Hristiyan, Yahudi, Müslüman yahut yabancı olmasına bakmaz. Aradığı şey devlet gelirlerini peşinen veya taksit olarak zamanında ödeyebilecek kredi sahiplerini bulmaktır. Mesela Sırbistan veya Bosna maden mukataalarının Raguzalı kapitalistlere, Batı Anadolu şap mukataalarının Cenevizli veya Venedikli yabancılara iltizâma verildiğini biliyoruz. Devletin en büyük gelir kaynaklarından biri olan İstanbul gümrük bölgesinin yıllık mukataası Fatih devrinde 1476 tarihinde mültezimlerin yaptığı çekişmeli artırmalarla yaklaşık 10.000.000'dan 20.000.000'a çıktığını görüyoruz. Bu mukataayı almak için Rum, Yahudi, Müslüman veya Dönme kapitalistlerin aralarında konsorsiyum oluşturduklarını görüyoruz.

Osmanlı mukataa-iltizâm sisteminin önemli sonuçlar doğuran bir esnekliği de şudur. Bir büyük mukataayı alan mültezim, bu mukataayı bölgeler arasında başka mültezimlere kendisi doğrudan doğruya parçalar halinde iltizâma verebilir. Aslında bu yöntem büyük bölgeler için kaçınılmazdır. Mesela, İstanbul gümrüğü bölgesi sadece Anadolu tarafında Aydın sahillerine kadar çok geniş bir bölgeyi içine alır. İstanbul'da mukataayı üzerine alan mültezim bunu Mudanya gümrüğü, İzmir gümrüğü gibi yerel üniteler halinde orada iş gören başka mültezimlere sözleşmeyle devredilebilir. Bu bölge mültezimleri, o yerdeki koşulları daha yakından bildikleri için gelirin toplanmasında daha etkilidirler. Bu bölge mültezimleri devlete değil, doğrudan doğruya büyük mukataayı üzerine alan mültezime karşı sorumludurlar. Bölge mültezimleri de, kendi iltizamlarını yerel mültezimlere devredebilirler. Bu mültezimler hiyerarşisi çok kez köy mültezimlerine kadar iner. Merkezdeki büyük kapitalist mültezim hazineye zamanında ödeme yapmak için İstanbul'daki büyük sarraflardan kredi alır ve bu sarraflar gerçekte banka rolü oynarlar.

Mültezimler hiyerarşisi, mukataaların hayat boyu veya irsî bir biçimde verildiği 18. yüzyılda bir âyân hiyerarşisinin ortaya çıkmasında temel koşul olmuştur.

Mukataa veya iltizam sistemi, devletin zamanında hazine giderleri için hazır para sağlaması bakımından Osmanlı maliyesinin temel kurumudur ve Osmanlı öncesi İslâm memleketlerinde geniş ölçüde kullanıldığı gibi, Osmanlı Devleti'nde de başlangıçtan beri kullanılmıştır. Bununla beraber zamanla yaygın bir hale geldiği, iltizamları üzerlerine alan grupların, sosyal durumlarında değişiklikler olduğu görülmektedir. Mesela, 17. yüzyılda askerlerin, hatta valilerin bir çeşit mültezim durumuna geldikleri, yerel âyânın genellikle mukataaları üzerlerine aldıkları bilinen gelişmelerdir. Öbür taraftan iltizam sisteminden yalnız devletin değil, yukarıda sözünü ettiğimiz esneklik sonucu olarak hâs alan beylerin, vezirlerin, zeamet sahiplerinin veya hatta timarlı sipahilerin yararlandığını biliyoruz. Arşiv kayıtlarından öğrendiğimize göre, birçok sipahi köylerdeki gelirlerinin toplanması ve değerlendirilmesi işini bir vekile veya mültezime vermektedir. Böylece, dirliklerin kredi konusu haline geldiğini görmekteyiz. 17. yüzyılda yaygınlaşan bir usule göre, ulufeli bir kapıkulu, genellikle maaşı yüksek *sipahi-oğlanları* ulufesinden vazgeçerek yahut onu karşılık göstererek iltizamları üzerlerine almakta, devlet bunu bir garanti sayarak onları iltizam işlerinde yeğlemektedir. Gelir tahsilinde güçlükler olan uzak sancak veya eyaletleri bir şey veya paşa, iltizama alabilmekteydi. Bu sancak veya eyalete atanan vali "iltizam bana verilirse, ben yılda hazineye şu kadar para ödemeyi üzerime alırım," diyerek o yerin gelirleri için bir mültezim rolünü üstlenmektedir. Tabii, böyle bir işlem sonucu, eğer o kişi yerli bir hanedandan geliyorsa, o bölge gerçekte otonomiye gider. Bu usul Arap sancaklarında ve eyaletlerinde uygulanarak yerel hanedanların türemesine yol açmıştır. Lübnan'da *Cebel*'in vergi olarak mukataasını irsî olarak üzerine alan Ma'an-oğulları, orayı özerk bir bölge durumuna getirmişlerdir. Mali otonomisi olan Mısır'da, büyük mukataaların eski Memluk döneminden beylerin eline mukataa olarak geçmesi, Mısır'ın özellikle 16. yüzyılın sonundan bu yana otonom bir hâl almasına yol açmıştır. Kısaca Osmanlı İmparatorluğu'nda birtakım temel sosyal, idarî, hatta siyasi gelişmeleri anlamak ve açıklamak için mukataa sisteminin tarihini iyi incelemek gerekir.

Cizye ve Gayrimüslimler

Osmanlı bütçesinin en önemli nakit para kaynaklarından birini cizyeden gelen gelirler oluşturur. 894/1488 yılında bütün Osmanlı ülkesinde cizye geliri 30.710.000 akçeye varmıştır. Bir baş vergisi olan Sırp idaresinden kalma *ispençe* vergisi de bunun içindedir. Bu listede o zaman cizye ödeyen 645.550 gayrimüslim hane (aile) sayılmıştır. Cizyeden gelen gelir 1528 bütçesinde bütün ülke için toplam 45.050.000 akçeye çıkmıştır. Bu artışta Osmanlı ülkesine bu iki tarih arasında katılmış olan bölgeleri katmak gerekir.

Bu miktar, bütün imparatorluk gelirlerinin %8'ini oluşturur. Buna Hristiyan ve voyvodalıklardan gelen haraçları eklemelidir. Bu gelirde gayrimüslimlerin ödediği, cizye, harac karşılığı sayılır, dolayısıyla bu memleketler haracgüzâr bölgeler olarak devletin tam himayesinden yararlanırlar. Ancak, bir ayaklanma olduğu zaman bu memleketler, tekrar *darü'l-harb* (savaş yurdu) durumuna düşerek akınlara açık duruma gelirler, orada halk esir ve malları yağma edilebilir. Fakat isyan halinde dahi, padişah askerî yağma ve esir almaktan yasaklar. Çünkü daima bir vergi kaynağı olarak o bölgenin harap edilmesi Osmanlı hazinesi için zararlı görülür.

Cizye, İslâm dininin emrettiği şer'î bir vergidir. Hukuken alınması her bakımdan haklı sayılan vergiler kategorisinin başında gelir. Bu vergiden bağışıklık yahut hazine dışında kişilere bağlanması çok az rastlanır bir haldir. Ancak padişahın olağanüstü bir bağışı olarak verilebilir. Hristiyan halkın cizyeden affedilmesi ancak olağanüstü hallerde (askerî hizmet görüyorlarsa) yapılır, cizye her zaman nakit para olarak toplanır. Osmanlı döneminde ilk zamanlarda 16. yüzyıl sonlarına kadar cizye toplanmasında sultan çoğunlukla kendi kapıkullarını, başlıca *sipahî oğlanları* kullanır. Tahsilâta giden bir sipahi-oğlanı vergi mükellefinden kendisi için bir hizmet akçesi, *gulamiye* almaya yetkilidir. Bu sebeple, sipahi oğlanları cizye toplamasının mukataa olarak iltizama verilmesine şiddetle karşı koymuşlardır. 16. yüzyıl sonlarında saraylıların gözdesi Yahudi Ester Kyra cizye mukataasını kendi Yahudi yandaşlarına sağladığı için çıkan bir sipahi ayaklanmasında katledilmiş ve malları hazineye alınmıştır. Klasik İslâm hukukunda cizye kişinin mali durumuna göre bir, iki veya dört altın dinar olarak saptanmıştır. Bu nispetlerin saf gümüş karşılığı 12. 24 veya 48 dirhem saf gümüştür. Osmanlılar, bu şer'î nispetleri her yerde ve her zaman izlememişler bölgenin Osmanlı öncesi âdetleri, zenginliği ve başka durumlarını göz önünde tutarak başka orantılar uygulamışlardır. Bununla beraber *cizye* ayrıca daima merkezî hazineye ait bir vergi olarak tahsil edilmiştir. Nadir hallerde çift-resmi ve *ispençe* cizye karşılığı sayılmıştır. Genellikle, imparatorlukta köylü vergisi çifthane (bir çift hane öküzün işleyebileceği toprağı tasarruf eden çiftçi ailesi) olarak örgütlenmiş olan köylü nüfustan, bir altın veya karşılığı 22 gümüş akçe alınmıştır. Bu yöntem Roma dönemine kadar izlenebiliyor.[26] Bu cizye değildir. Ayrı bir baş vergisidir.

---

26 Bkz. H. İnalcık, "Çift-hane Sistemi", *Osmanlı İmparatorluğunun Ekonomik ve Sosyal Tarihi*, 187-199.

İktisadî koşullar veya düşman ülkesine yakınlık gibi bazı özel durumlarda cizyede nispetler uygulanmıştır. Mesela, 1489'da Arnavutluk'ta 25 akça, Taşoz Adası'nda 30 akça gibi düşük bir nispete karşılık aynı dönemde Bitlis vilayetinde 55, Suriye ve Filistin'de 80 akça cizye alınmaktaydı. Macaristan'da 1550 civarında cizye 50 akça olup, fakirlerden çok aşağı nispetlerde 25 akça olarak alınırdı. Fakat 1566'da II. Selim tahta çıktığında birden cizyeye 10 akça ekleme yapılmıştır. Onu izleyen cülûslarda daima bu katmalar tekrar edilmiş ve cizye 1595 yılında 140 akçaya kadar çıkmıştır (Cizye'de artış). Bu artışlarda hiç kuşkusuz akçanın altın karşısında sürekli değerini kaybetmiş olması rol oynamaktadır. Akça 1595-1603 döneminde 3-5 kez değer kaybetmiştir. Yeniçeri'ye dağıtılan *züyûf* (kötü) akçanın sekizi bir *sağ* akça sayılmıştır. Genellikle, Osmanlıların cizye miktarı şer'î ölçünün altında olmuştur.

Yıl	Cizye
1489	40-70
1500	25-28 (Anadolu)
1541	50 (Macaristan)
1574	66 (Macaristan)
1595-1603	140 (Genel)

Dolaşımda çeşitli gümüş paraların varlığı dolayısıyla bu dönemde devlet cizye ödemelerinde yalnız altın para kabul edeceğini ilân etmiştir. Zaten cizye ödemek için nakit para bulmakta büyük güçlük içinde olan köylüler bu yeni emir karşısında daha da kötü bir duruma düşmüştür, şaşkına dönmüştür.

Vergi toplayan sipahilerin kendi masrafları ve *kitâbet* hizmetleri için aldıkları para hemen hemen cizye miktarının 1/25'ine varmaktadır. Bununla beraber vergi toplayanlar birçok resimleri âdet olarak köylüye yüklemekteydiler. İslâmlaşmaların en önemli nedenlerinden biri kuşkusuz cizye ödemekteki güçlüklerdir. Devlet zoraki Müslümanları *ahriyan* adıyla ayırt etmektedir.

Osmanlı idaresi bazı hallerde, cizye vergisinin cemaat tarafından kendi aralarında toplanıp belli bir miktar üzerinden teslimi yöntemini uygulamıştır. Buna *maktû'* usûlü denmektedir. Bazı şehirler ve adalarda cizye toplanması güç olan hallerde hükümet o cemaatin *papaz*, *kocabaşı*, *çorbacı* veya *kethüda* gibi ileri gelen bir mümessili ile belli bir miktar üzerinde cizye toplamak için anlaşma yapar. Bu yöntemin hem o cemaat hem de hükümet için yararları ortadadır. Hükümet böylece belli bir gelirin ödenmesinden emin olur. Cemaat ise vergi toplayanların kötü muamelesinden kurtulur. Bu yöntemde cemaate doğum veya dışarıdan gelmelerle katılanların cizyesi hazinece kaydedilir. *Maktû'* usûlüne bağlı cemaatler, cizyeden kaçmaya fırsat verdiği için dışarıdan bu şekilde katılanlar çoktur. Balkanlar'da Hristiyan köylü için özellikle ağır bir durum, bir köyün veya cemaatin cizyeden toptan sorumlu tutulmasıdır. Ölüm veya kaçaklar dolayısıyla cizye verenlerin sayısı azalsa dahi köylü defterde kaydedilmiş belli miktarda cizyeyi ödemek zorundadır. Bu da çoğu kez nüfus başına cizyede tam bir artma sonucu verir. Fatih zamanında kaçakların cizyesinin yarısının timar sahibi yarısının köylüler tarafından ödenmesi yöntemi uygulanmıştır. Fakat sonradan bu sorumluluk sadece cemaate yüklenmiştir. Haksızlık bazen köylünün yerini bırakıp kaçması, köyün harap olması sonucunu verir. Bu duruma çare olarak idare şu yöntemi bulmuştur. Her üç yılda bir cizye ödemesi gerekenler sayılır, bir deftere yazılır. O tarihte, ölenlerin ve kaçakların isimleri defterden çıkarılır. Eğer fazla nüfus varsa (*nev-yâfte*) onlar deftere geçirilir. Yerinden ayrılmış olanların cizyelerini toplamak için de ayrı bir örgüt kurulmuştur: *Yava* denilen kaçakları takip ve cizyelerini toplamak için cizye tahsili bir mültezime satılır. Devlet güçleri mültezime yardımcıdır.

Cizye miktarındaki ağırlaşma ve kötüye kullanımlar özellikle dağlık bölgelerde (Mora'da Manya) geniş Hristiyan halk tabakalarının özellikle 16. yüzyıl sonlarından itibaren Osmanlı rejimi aleyhine dönmeleri sonucunu doğurmuştur. Cizyeden kurtulmak için İslâmiyet'e geçme yeni dönemde Balkanlar'da kitle halinde İslâmlaşmanın başlıca sebebi sayılmıştır.

Baş vergisiyle ilgili olarak *ispençe*'den (ispence) de söz etmek gerekir. Sırpça *Jupanitsa*'dan (Feodal beye Jupan'a ödenen âidat) geldiği saptanan *ispençe*, cizye ödeyen her Hristiyanın ödemesi gereken ikinci bir baş vergisi olarak erkenden yerleşmiş bir vergidir. Cizye, İslâmî bir vergi olduğu halde *ispençe* Osmanlılardan önce Balkanlar'da yaygın bir baş vergisidir. Osmanlı Devleti bu örfî vergiyi yerinde bırakmış ve sipahi timarına dâhil etmiştir. İspençe, daima nakit olarak 25 akça oranıyla ödenir. Büyük bir ihtimalle Osmanlıların bu vergiyi kabul ettikleri tarihte, eski Roma-Bizans döneminden beri süregelen bir *altın baş vergisi* 25 gümüş akça karşılığıydı. Hazineye ait hâs topraklarında ispençe cizye ile beraber hazine için toplanırdı. Vakıflarda *ispençe* vakıf gelirleri arasına katılmıştır. İspençe, Macaristan'da *kapu resmi* adıyla Osmanlı vergi sistemine girmiştir. İspençeyi, devlet 1540'larda Doğu Anadolu'da bir *Osmanî* resim olarak da uygulamıştır. Aslında hem cizye hem ispençe, baş vergisinin çifte alınması demektir. Oysa Osmanlılar aynı verginin iki defa ödenmesini prensip kabul etmişlerdir. İspençe konusunda bu prensip uygulanmamıştır. Belki de bu, yerli halkın ispençeyi uzun zamandan beri ödemeye alışmış olmaları ve Osmanlı hazinesinin de bu büyük gelir kaynağını kaybetmek istememeleriyle açıklanabilir. Unutmayalım ki, Osmanlılar mali zorunluluk altında genel vergilere katma olarak *avârız salmaları* yaparlardı.[27]

Genel Olarak Köylülerden Alınan Vergiler

Ortadoğu imparatorluklarında vergileme, genel ekonomi üzerinde kesin bir etki yaptığı gibi, aynı zamanda kırsal kesimdeki toplumun sosyal-ekonomik statüsünün de temelini belirlemiştir. Köylüden alınan vergiler, kanunlarda ve tahrîr defterlerinde üç temel kategoride toplanmıştır. En başta, köylü ailesinin toprak tasarrufunu

27 *Avâriz* için bkz. *MEB İslâm Ansiklopedisi*, (Ö. L. Barkan).

ekonomik ve sosyal statüsünü çift resmi sistemi belirler. Sistemde çift resmiyle beraber *bennâk*, *mücerred*, *kara*, *caba*, *bîve* resimleri vergi mükellefinin imkânlarına göre belirlenmiş vergi nisbetlerini gösterir. Çifthane sistemine bağlı vergileme yöntemi üzerinde şunu eklemek gerekir ki, çift-resmi ve bağlantıları İslâmî değil, tamamıyla örfi vergilerdir. Bizans-Roma vergi sisteminin devamından ibarettir.[28] Osmanlıca deyimiyle *rüsûm-i örfiye* denilen bu resimler esasen birtakım feodal hizmetler karşılığıdır. Çift-resmi genellikle sipahi timarlarına bırakılmıştır ve sipahinin başlıca nakit gelirini oluşturur. Vergilerin sıralanmasında ikinci sırayı âşâr oluşturur. Âşâr tam bir İslâmî şer'î vergi olup *hukuk* adı altında anılır. Osmanlılar, âşârda İslâmî kurallar yanında zamanla yerleşmiş birtakım değişiklikleri sürdürmüşlerdir.

Osmanlılar âşârı şeriatın tespit ettiği gibi hububattan alınan onda bir yerine genellikle sekizde bir oranında uygulamışlardır. Nedeni, Osmanlılardan önceki İslâm devletlerinde beylerin hayvanları için hubûbattan zekât nispetinde kırkta bir alınan üründür. Genelde seferdeki beylere tahsis edilmiş sayılır. Bu katma değer vergiye *salarlık*, *salâriye* adı ile Osmanlı öncesi İslâm devletlerinde rastlamaktayız.

16. yüzyılın ilk yarısında İslâmî onda bir âşâr nispeti, hükümeti kaygılandıran temel bir tartışma konusu olmuş görünmektedir. Şeyhülislam Ebussuûd Efendi'nin toprak ve vergiler üzerine verdiği ünlü fetvalarında ifade edildiği gibi, köylü âşârı 1/8 değil, şer'î 1/10 olarak ödemeye yeltenmişlerdir. Bu takdirde sipahilerin ve devlet gelirlerinin 1/5 azalması tehlikesini doğurabilirdi. Buna karşı şeyhülislam, ödenen ürün vergisinin gerçekte güç yoluyla fethedilmiş memleketlerde uygulanan *harac* vergisi olduğunu, haracın ise 1/5'ten yarıya kadar alınabileceğini ileri sürerek mevcut geleneğe şer'î bir dayanak bulmuştur. Osmanlı vilayetlerinin, özellikle Batı Anadolu ve Balkanlar'ın *gazâ*, aşarın aslında gerektiğinden aşağı

28 Bkz. H. İnalcık, "The Problem of the Relationship between. Byzantine and Ottoman Taxation," *Aklen XI. Internationalen Byzantinisten Kongresses*, Münich. H. İnalcık, "*Köy*, Köylü, *İmparatorluk*", V. Milletlerarası Türkiye Sosyal ve İktisat Kongresi, Ankara: TTK, 1990.

oranda ödendiğini ileri sürmüştür. Gerçekten de 16. yüzyılın ikinci yarısında fethedilen ülkelerde genellikle âşârda, Ebussuûd'un yaptığı tefsîre göre âşâr beşte bir alınmıştır. Fakat daha önce fethedilmiş topraklarda eskisi gibi 1/8 oranı saklanmıştır.

Âşâr, İslâmî prensibe uygun olarak toprak ürünlerinden aynen ürün olarak (özel deyimi ile *'aynî*) alınırdı. Köylü sipahiye ait payı ambarına kadar taşımak yahut oradan satılmak üzere *en yakın tahıl pazarına* kadar ulaştırmak zorundaydı. Bu bir kanundu. Çünkü timarlı sipâhî seferde bütün masraflarını kendisi ödemek zorunda olan ürünü paraya çevirmek zorundaydı.

Ürünü (azamî kârla satmak için uzak bir pazara veya bir şehre taşımak sipahinin lehine olduğundan sipahi köylüyü zorlardı. Kanun yapıcı, buna karşı en yakın pazar koşulunu özellikle belirtmiştir. Köylüyü âşâr toplamında zora koyan hususlardan biri de, âşârın sipahi tarafından harman yerinde zamanında alınmasıdır. Sipâhî gelmeyince köylü ürünü ambara taşıyamaz. Harman yerinde kalan ürün yağmur vb. semavî afetler sonucu zarar görebilir, onun için kanun yapıcı sipahi gelmediği zaman, köylünün tanık karşısında âşârı yığından ayırmasına izin vermiştir. Ürün harman yerinde sekiz *cec* (yığın) halinde köylü tarafından ayrılır, sipahi bu *cec*lerden istediğini kendi payı olarak seçer. Çok defa sipahiler, âşârı kendileri gidip alacak yerde bir vekiline veya sattığı adama aldırabilir. Büyük timar ve zeâmetler için *iltizam* yöntemi kullanılmış, mültezimin araya girmesi köylü için birtakım yeni güçlükler ortaya çıkarmıştır. Bunun yanında padişah, vezir, bey hâsları yahut saraylılara *paşmaklık* adıyla bağışlanan toprak geliri, emeklilere verilen *arpalık*'larda, âşâr mukataa sistemiyle toplanırdı: bir *vekil*, *emin* veya *kethüda* yahut mültezim eliyle toplanır, paraya çevrilir ve para sahibine gönderilirdi.

Âşârın toplanmasında köylü, genellikle bir aracı karşısında bulunmaktadır ve aracılar birçok kötü kullanımlara sapmakta tereddüt etmezler, kendileri için de bir pay çıkarmaya çalışırlardı. Başlıca şikâyet konularından biri de efendilerine ait âşârı toplamak için köy köy dolaşan voyvodaların, subaşıların veya kethüdâların kalabalık maiyetleriyle köylüden yiyecek ve yem istemeleridir. Osmanlı arşivleri, buna ait pek çok şikâyetle doludur.

Bir diğer kötü kullanım, sipahinin köylüden âşâr karşılığı ürün yerine nakit istemesidir. Sipahiler, bunu özellikle ürünü paraya çevirmek güç olduğu hallerde yahut ürünün pazarda fiyatının düşmesi durumunda uygularlardı. Köylü, bu durumda iki türlü zarara girmekteydi. Birincisi, ürünü para çevirmek yükünü alma zorunluluğu, ikincisi fiyat düşüşleri karşısında sipahiye yüksek fiyattan ödeme yapma zorunda olmasıdır. Başka bir yöntem *kesim* usûlüdür. *Kesim*, âşârın ürün olarak alınmasında güçlük olan bağ ve bahçe ürünlerinden uygulanırdı. *Kesim* ürün karşılığı her yıl belli bir miktarda para ödenmesidir. Sipahiler aynı yöntemi hububat için de isterlerdi. Kanun yapıcı, bunu yasaklamıştır. Sipahiler pazarda hububat fiyatlarının düştüğü zamanlarda ürün karşılığı para isterler, fiyatlar yükseldiği zamanda ise ürün almakta direnirlerdi. Kanun yapıcı, köylüyü korumak için, kurak geçen yıllarda üründen yalnız tohum alınabildiği yıllarda sipahinin öşür istemesini yasaklamıştır. Bunun gibi, köylünün kendi yiyeceği için yetiştirdiği bağ, bahçe ve sebzevattan öşür almasına izin verilmemiştir. Emek harcayarak yetiştirilen otluk ve yemlerden âşâr alınır fakat gelenbe bırakılmış tarlada kendiliğinden yetişen ottan alınmaz.

Osmanlı idaresi pamuk, mercimek ve susam gibi fazla emek isteyen ürünlerde, köylüyü koruyarak onda bir kuralını koymuştur. Bu nispet bazı ürünlerde on beşte bire kadar iner.

Bal, balık İslâm hukukunda toprak ürünleri arasında sayıldığı için âşâra tâbidir. Fakat iki taraf için de kolaylık olmak üzere belli bir ölçü üzerinden nakdî bir resim ödenmesi usûlü yaygın şekilde kullanılmaktadır.

Üçüncü kategori köylü vergileri, çoğunluğu İslâmî olmayan örfî vergilerden oluşur ve *rüsûm* adı altında anılır.

Timarlar, 16. yüzyılda gelir-gider bilançolarında genel devlet gelirlerinden eyaletlerde doğrudan doğruya timar, zeâmet ve hâs olarak tevcih edilen vergilerdir. Ancak, toplama yönteminde farklıdır.

Görevlilere ayrılmış olan timar, zeâmet ve hâslar görevlinin maaşı olarak *tahsis* yapılır ve görevli tarafından doğrudan doğruya toplanır. Osmanlı genel gelir-gider bilançolarında, bütçelerinde sipahilerin timar, zeâmet, vüzerâ ve ümerâ hâssı olarak ayrılan gelirlerin toplamı tüm gelirlerin yarısı kadardır. Buna karşı, *havâs-ı hümâyûn* olarak belirlenen gelir kaynakları ise doğrudan doğruya devletin merkezî hazinesi için toplanır.

Devlet Hazinesi (Bütçesi)

Klasik İslâm döneminde Ebu Yûsuf ve Yahya Bin Âdem gibi fakîhlere göre bir köylünün gelirinin üçte biri, alınabilecek en yüksek vergidir. Öbür üçte biri ekim yapmak için gerekli giderlere aittir. Öteki üçte biri de, köylünün ve ailesinin geçimine ayrılmalıdır. Biz Osmanlı köylüsünün gelir-gider hesaplarını aşağıda incelerken bu noktaya döneceğiz.

Bize kadar gelen Osmanlı bütçelerinin en eskisi 1475 tarihli bir Ceneviz kaynağında bulunmaktadır.[29] Bundan önce Chalcocondyle'in aktardığı bütçe, rakamlarına bakarsak 1575 tarihli bir Osmanlı kaynağından alındığı açıkça görülen ayrıntılı bir bütçedir. Osmanlılarda bütçe dediğimiz listeler, aslında gelir ve giderin dengelenmesini öngören ve daha ziyade iç hazine için aktarma olanağını hedefleyen bilançolardan ibarettir.[30] Gerçekte, Osmanlılardan önceki Yakındoğu devletlerinde, biri iç hazine öteki dış hazine olmak üzere iki hazine vardı. Esas *hazine* sayılan ve doğrudan doğruya hükümdarın kontrolü altında olan hazine *iç hazine*dir. Dış hazine veziriazam ve defterdarın kontrolü altında *cârî* (her gün görülen) devlet hazinesidir. Her yıl Mısır'dan gelen hazine, ganimetler ve müsâdereler dışında, devletin tüm gelirleri dış hazinede toplanır ve câri masraflar bu gelirlerden karşılanır. Mali yılsonunda arta kalan fazla iç hazineye konur.

---

29 F. Babinger, *Die Aufzeichnungen des Genuesen Iacopo de Promontoriode Campis über den Osmanenstaat um 1475*, Munich, 1957.

30 Ö. L. Barkan, "Osmanlı İmparatorluğu Bütçelerine Dair Notlar," *IMF*, XV, 239-329.

Niteliği dolayısıyla iç hazinede kıymetli madenlerden başka mücevherat, kıymetli kumaşlar, altın, gümüş kap kacak saklanır. İç hazine yahut öteki adıyla *harem-i hümâyûn* hazinesinden, dış hazinede açık olduğu zamanlar borç ödemesi yapılır. Alınan tutar için veziriazam sultana yazılı bir belge verir. Verilen meblağ sonradan dış hazine tarafından ödenmelidir. Böylece, iç hazine *cârî* devlet hazinesi için bir çeşit merkez bankası durumundadır. Devlet maliyesinin iyi durumu, dış hazinede bir artış gerçekleştirmektedir.

Sözünü ettiğimiz gelir-gider muhasebesi, imparatorlukta vergi kaynaklarının ve ekonominin durumunu yansıtan güvenilir bir gösterge sayılabilir. 1433-1522 döneminde Osmanlı Devleti'nin tüm geliri, Venedikli gözlemciler tarafından 3.000.000 altın duka olarak tahmin edilmiştir. Andrea Gritti'nin 1503 yılı için verdiği 5.000.000 altın duka, merkez hazinesi dışında eyaletlerde timar olarak dağıtılmış olan gelirleri de içine almış olmalıdır. I. Selim döneminde Doğu Anadolu ve Arap topraklarının imparatorluğa katılmasından sonra merkezî hazinenin tüm geliri 4.500.000 altın dukaya ve 1527-1603 döneminde ise 7-8.000.000 dukaya yükselmiştir. Venedik kaynaklı tahminleri her ne kadar Osmanlı kaynaklarından gelmekte ise de (Venediklilerin kâtiplere rüşvet vererek Osmanlı divanından belgelerin kopyalarını elde ettiklerine dair bilgi vardır) rakamlarda büyük farklar vardır. Listede görüleceği gibi Kanunî Sultan Süleyman dönemine ait 12 hatta 15.000.000 altın dukalı bütçeler, kuşkusuz timar gelirlerini de içine alan tam rakamlardır. Venedikli gözlemcilerden bazıları, mesela Zeno (1524-1330), Barbarigo (1528) ve Donini (1561) aynı zamanda tüm gider miktarlarını da vermektedirler. Buna göre, 1524-1561 döneminde Osmanlı bütçeleri daima fazlayla kapanmaktadır.

Bize kadar gelebilen resmî Osmanlı bütçeleri arasında 1527-1528 mali yılına ait bütçe kapsamlı olanlar arasındadır. Bu mali yıl 21 Mart 1527'den 20 Mart 1528'e kadar gider.[31]

31 Bkz. Ö. L. Barkan, "Osmanlı Bütçeleri," İ. Ü. İktisat Fakültesi Mecmuası, XVII, 193-347. H. İnalcık, *Osmanlı İmparatorluğunun Ekonomik ve Sosyal Tarihi I*, İstanbul: Eren, 2000, 117-131.

Rumili	42.290.000 (ispençe dâhil)
Anadolu ve Kırım	3.760.000
Toplam	46.050.000

Tabloda gördüğümüz beş bölgeden gelen tüm gelir 160.704.000 akçadır. Mısır bütçesi ayrı bir yapıdadır. Mısır'dan gelen gelir, 116.538.994 akçaya vardığına göre merkezî hazine ve saray hazinesinde biriken yıllık tüm gelir yaklaşık 5.000.000 altın dukaya varmaktadır. Bu rakama timar gelirleri dâhil değildir. Tüm gelir 477.000.000 akçaya çıkar. Özel kişilerce yönetilen vakıflar ve mülklerin geliri 60.000.000 akça olarak hesaplanmıştır.[32] Özetlemek gerekirse, devletin bütün gelirleri 537.000.000 akçaya yahut 9.600.000 altın dukaya yükselmektedir. Bu rakam, genel olarak İstanbul'a gelen Venedik balyozlarının verdiği esas rakamları doğrulamaktadır.

1566'da cârî hazinede 8.000.000 altın bulunduğunu kabul eden Lybyer'e göre bu miktar 1613'teki râyice göre hemen hemen 70.000.000 Amerikan dolarına karşılıktır. Altının o zaman satın alma gücünün yükseldiği de hesap edilse de Lybyer'e göre bu kadar geniş bir imparatorluk için bu kadarlık bir bütçe büyük sayılmaz. Hiç kuşkusuz timar ve vakıf gelirleri de eklense Osmanlı Devleti'nin gelir ve giderlerinin çok kısıtlı olduğu kabul edilmelidir.[33]

Bu gelirlerin bölgelere göre kaynakları incelenirse, o tarihte 198.000.000 akça ile Rumeli başta gelir. Bu tarihte Rumeli eyaleti Hırvatistan, Kuzey Bosna ve Dalmaçya hariç Tuna ve Sava ırmaklarının güneyindeki bütün Balkan yarımadasını ve Kırım güney kıyılarını içine alır. 187.000.000 akça gelirle Mısır ve Suriye ikinci sırada yer almaktadır. Anadolu ise 152.000.000 akça ile üçüncüdür.

24 Temmuz 1599 ve 12 Haziran 1600 tarihleri arasına düşen H. 1008 mali yılında Yemen eyaletinin tüm gelirleri yaklaşık 400.000 altına, giderleri ise yaklaşık 561.000 altına varmakta olup

32 Ö. L. Barkan, *İktisat Fakültesi Mecmuası*, 277.

33 Avrupa devlet bütçeleri için bkz. Aynı dönemde: H. İnalcık, *An Economic and Social History*, I, 82.

açık 161.000 altın sikkedir. Eyaletin başlıca gelir kaynakları toprak gelirleri (tüm gelirin %49'u), hayvan, pazar resimleri ve limanlardaki gümrüklerden gelen mukataalar yaklaşık %34'ü bulmaktadır. Bu son kalemde de pazar bacları %5, limanlarda alınan resimler %29'dur. Çeşitli gelirler arasında altın para ile mağşuş gümüş para değişiminden elde edilen kâr yüksek miktardadır.

Pîşkeş, Rüşvet ve Memuriyetlerin Satılması

1596 tarihli raporunda Venedik Balyozu Malipiero yüksek memuriyetlerin ancak büyük paralar ödenmek suretiyle elde edildiğini söyler. Malipiero, Koçi Bey gibi Osmanlı *câyiha* yazılarının *rüşvetten* şikâyet ederken ne demek istediklerini de açıklamaktadır. Malipiero'ya göre, veziriazamlık için 80.000, defterdarlık için 40 veya 50.000 altın ödemek gerekmektedir. Memuriyete geçen kişi kendisi de öteki büyük memuriyetleri onaylarken, büyük rüşvetler kabul etmektedir. Böylece, bütün büyük memurlar bu rüşvet girdabına kapılmışlardır. Memuriyette rüşvet alma o kadar yaygınlaşmış bir yöntemdir ki, Evliyâ Çelebi bir kadının geliri için, biri *rüşvetli* öteki *rüşvetsiz* olarak daima iki rakam vermektedir.

Doğrudan doğruya halkla teması olan memurlar da ödedikleri rüşveti çıkarmak için vergi verenden, her türlü aracı kullanarak, fazladan para toplamaya çalışırlar. Bu gibi rüşvetler çoğu zaman *maîşet* (geçim parası), *hizmet akçası*, *armağan* gibi adlar altında alınır. Aslında devlet, halka bir hizmet eriştiren memurun kendisi için ufak bir hizmet akçası almasını kabul etmiş ve miktarını kanunla saptamıştır. Kadıların *hizmet akçası* olarak halktan birçok resimler topladığını biliyoruz. Kanunla resmen kabul edilen bu hizmet akçası kadı ve yanındaki hizmetliler tarafından sorumsuzca kötüye kullanılırdı. Halkın genel şikâyetini çeken bu hal, en eski *anonim Tevârih-i Âl-i Osman*'da (yazılışı 1490'larda) yankısını bulmuştur. Orada anlatılan bir hikâye bu bakımdan ilginçtir ve kuşkusuz bir tarihî durumu yansıtmaktadır. Yıldırım Bayezid sözde, kötüyle kullanımlardan dolayı bütün kadıların toplatılmasını ve hepsinin bir eve konup yakılmasını emretmiş. Halk kaynağındaki bu hikâye halkın adı rüşvetinden ne kadar acı bir tepki gösterdiğini anlatmaktadır. Hikâyeye göre o zaman Çandarlı Ali Paşa'nın tavsiyesiyle alınacak resimler üzerinde bir kanun düzenlenmiştir. Buna göre mahkemede miras bölüştürülmesinde binde yirmi, resmî kopyalardan (*hüccet*) yazı başına iki akça alınması kararlaştırılmıştır. Fatih zamanında yeniden bu hususta bir kanun çıkarıldığını biliyoruz.

Kadıların teftişine ait daha sonraki bir vesika, halkın ve devletin bu husustaki duyarlılığını göstermesi bakımından ilginçtir. *Hizmet akçası, bahşiş, pişkeş, destbûsî* adet olarak kanun yapıcı tarafından tanınmış durumlar olduğu halde, belirlenen miktardan fazla almaya kalkışmak kabul edilmiş ve cezalandırılması haklı görülmüştür. Bununla beraber *bahşiş* ve *hizmet akçası*, Osmanlı toplumu ve benzeri geleneksel toplumlarda, normal âdetlerdir. Bu toplumlardaki anlayışta, devlet gücü veya devlet hizmeti, servet üreten bir kaynaktır. Öte yandan Osmanlı Devleti'nde memurların aldığı kişisel hizmet akçalarının zamanla devlet hazinesine ait resimler haline getirildiğini biliyoruz. Bunun benzeri durumlar, Avrupa'daki patrimonyal monarşilerde de tamamıyla normal sayılmıştır. Padişah kendisi *pîşkeş* adı altında rüşvete benzer hediyeler kabul etmektedir.[34] Bu, aslında yukarıda belirttiğimiz anlayışın tabii bir sonucudur. *Pîşkeş* tanınan bir ayrıcalık karşılığı hükümdara verilen bir hediyedir. Eski Mezopotomya ve İran imparatorluklarından beri vassalların, tebaanın hediye sunması tâbilik bağının bir simgesi sayılmıştır. Hediye sunan kimse, bununla hükümdara olan saygısını, bağlılığını ifade etmektedir. O kadar ki, Osmanlılarda her durum için ne kadar *pîşkeş* verileceği kanunla saptanmıştır.

Eyalet Bütçeleri

Anadolu ve Rumeli'de imparatorluğun ilk çekirdek bölgesi yanında sonradan fethedilmiş eyaletlerde Osmanlılar genellikle özerk bir

34 Ortodoks ruhbanın tayininde *pikeş* adıyla tespit edilen para için bkz. H. İnalcık, "The Status of the Greek Orthodox Patriarch under the Ottomans", *Essays in Ottoman History*, İstanbul: Eren, 1998, 195-223.

mali yönetim kurmuşlardır. Bu eyaletler Arap eyaletlerinden başka 16. yüzyılda fethedilmiş Kıbrıs ve Macaristan bölgeleridir. Mali özerklikten yararlanan eyaletlerde eyaletin bütün gelirleri bir hazinede toplanır, tüm eyalet masrafları bu hazineden karşılanır ve sonuçta kalan fazlalık *irsaliye* adı altında İstanbul'daki merkezî hazineye gönderilir. Eyalet bütçesinin idaresi oradaki eyalet defterdarının yönetiminde olup beylerbeyinin idaresi genel gözetim sorumluluğu vardır. Bununla beraber merkezdeki baş defterdar, eyalet defterdarları yoluyla özerk eyaletin mali işlerini yakından kontrol eder ve her mali yıl sonunda ayrıntılı bir muhâsebe ister. Başka deyişle, mali özerklik, gerçek bir özerkliği sağlamaz. Bununla beraber Mısır, Yemen, Bağdad ve Budin gibi uzak sınır eyaletlerinde mali özerklik beylerbeyine, öteki beylerbeylerine bakarak daha geniş hareket serbestliği sağlamaktadır. Bu uzak hudut bölgelerinde olağanüstü hallerde beylerbeyine merkezî hükümete danışmaya hacet kalmadan karar verme olanağını sağlamaktadır. Başka deyişle bu özerklik coğrafi ve idarî koşulların zorladığı bir durumdur. Sınır eyaletlerindeki beylerbeyleri, genellikle vezir rütbesinde en yüksek mertebede beylerbeyleri sayılırlar ve bunalımlı zamanlarda komşu beylerbeyiler üzerinde otorite sahibidirler. Mesela biz Mısır beylerbeyinin sonraları fethedilen Yemen, Habeş ve Hint denizindeki gelişmelerden sorumlu olduğunu ve oldukça bağımsız kararlar aldığını biliyoruz. Bunun gibi Bağdat beylerbeyi de Basra, Lahza beylerbeyliklerine ait işleri kontrolleri altında tutarlar. Geniş yetkili beylerbeyleri arasında *Cezayir-i Bahri Sefid* beylerbeyi unvanını taşıyan kapudan-i deryayı da saymak gerekir. Ege adalarından başka kuzey Afrika'daki Tunus, Cezayir ve Trablusgarb eyaletleri onun emri altındadır.[35]

Kalan 70.000.000 akça fazlalık 1.200.000 altın dukadır. Yukarıdaki listede görülen toprak vergilerinin en büyük kısmı Aşağı Mısır'dan elde edilir. Pamuk, pirinç, şeker kamışı gibi toprak mahsulü üzerinden alınan vergilerin bir kısmı ürün halinde doğrudan doğruya

35 Özerk eyaletlerden Mısır eyaletinin gelir kaynakları için bkz. H. İnalcık, *An Economic and Social History*, I, 84-87.

devlet ambarlarına teslim olunur. 1670'te bu şekilde 421.514 arpa buğday toplanmıştır (bir ardap yaklaşık 90 litre karşılığıdır).

Mısır'da belli başlı gümrük evleri Yemen, Arabistan ve Uzak Doğu'yla ticaretin transit merkezi olan Süveyş'tedir. Bu bölgelerle Kahire arasındaki ticaret malları Süveyş'ten geçer. Mısır'ın bütün yıllık gümrük gelirlerinin toplamı 16.320.000 paraya ulaşmıştır. 1595-1596 mali yılında çeşitli kaynaklardan gelen mukarrer gelirler 1595'te 1.200.000 paraya yükselmiştir. Bu miktar 1671-72 mali yılında 17.000.000'a varmıştır. Gayrı mukarrer gelirler arasında Nil Nehri üzerinde devlete ait gemilerin kirasından gelen gelir 1595-1596 mali yılında 760.000 para tutmuştur.

Özetle merkezî hazinenin Mısır'dan istediği gelir 1595-96 mali yılında 69.000.000, 1671-72 mali yılında 95.000.000 paradır. Akça olarak bu rakam birincisi 82.800.000 ikincisi 114.000.000 akçadır.

Mısır'da belli başlı giderlere gelince, başta askerî kumandanlara, yönetimin başındakilere, ulemaya ve ulûfeli askere ve emeklilere verilen *ulûfeyi* saymak gerekir. Bu giderlerin toplamı 1595-96 mali yılında 31.600.000 para, 1671-72 mali yılında 56.400.000 paradır. Bunun yanında Eski Kahire'de bulunan devlet ambarından ürün halinde yapılmış teslimâtı eklemek gerekir. Fetihten sonra gelir Osmanlı sultanına bağlılıklarını sunan Memluk emirleri yönetimde önemli mevkilere getirilmişlerdir ve maaş olarak gelirden önemli bir pay almaktadırlar. Diğer giderlere gelince, bunlar vergi toplayanlara ödenen ücretler kamu işleri, özellikle Nil Nehri kanallar ve su tesisleri yahut da kamu binalarının onarılması için harcanan paralardır. Maaşlara kıyaslanırsa bu fasıl küçük bir miktara varır.

Mısır hazinesinin karşılamak zorunda olduğu başlıca gider yerlerinden biri, Mekke ve Medine'ye gönderilen yardım ve yıllık hac için yapılan giderlerdir. Toplam olarak bu giderler 1595-96 mali yılında 4.300.000 paraya, 1671-72 mali yılında 9.500.000 paraya varmıştır. Mısır'da Mekke ve Medine için yapılmış vakıflar bu şehirler için ek olarak 3.300.000 para nakit ve 12.583 *ardab* buğday sağlamıştır. Bir hesaba göre Hicaz'a yapılan yıllık yardımların tümü

300'den 385.000 altın sikkeye varmaktadır 16. yüzyılın sonlarına doğru. Venedik balyozu Tiepolo'ya göre Mısır'daki devlet ambarlarına teslim edilen buğday, arpa ve fasulye yılda 1.200.000 altın dukaya karşılıktır. Bu erzak, Mısır'daki Osmanlı askerine dağıtılır yahut Mısır'a ve İstanbul'a gönderilir. Donanmaları için Mısır ve Suriye'nin savunulmasına yapılan giderler, yukarıdaki hesaplara dâhil değildir. Donanma personeli ve İskenderiye'de üstlenmiş donanma için gemi yapımına İskenderiye, Dimya ve Süveyş'te üstlenmiş filolara gemi yapımı için ve bu filolarda hizmet gören askerlerin timarı olarak sultanın merkez hazinesi için ayrılmış gelirlerin önemli bir kısmı tahsis edilmiştir, yalnızca kaptanların aldığı maaşlar 1.800.00 paraya ulaşır.

Mısır'ın zengin kaynakları ve gerçekleştirilen fazla gelir, imparatorluk savunması için harcanan paranın oldukça önemli bir kısmını karşılar. İmparatorluğun Hint Okyanusu'ndaki faaliyetlerinden sorumlu olan Mısır beylerbeyi, Yemen eyaletine Mısır bütçesinden yardımda bulunur. 1573'te isyanlar dolayısıyla askerin maaşını ödeyemeyen Yemen valisi, sultanın emriyle Mısır hazinesinden 50.000 altın yardım almıştır.

Mısır eyaletinde maaşlar ve öteki masraflar karşılandıktan sonra İstanbul'da merkez hazinesine her yıl 500.000 altın duka gönderilmesi âdettir.

Osmanlı Askerî Üstünlük Nedenleri

Osmanlı beyliğinin kuruluşu ve bir imparatorluk halinde gelişimi, başlıca Osmanlı sultanlarının rakip devletler karşısında üstün bir askerî güce sahip olması ve onu geliştirmesi sayesinde olmuştur. Özetle, Bizans ve Balkan devletleri karşısında Osmanlılar, Türkmen gâzilerinde ücretsiz, ganimetle yetinen ve savaşa gönüllü katılan sayısız bir askerî güç bulmuşlardır. Hristiyan devletler bu dönemde iki çeşit askerî güce dayanmak zorundaydılar: *Proniya*, yani timar alan askerî sınıf bu çağda vilayetlerde feodal toprak beyi olarak yerleşmiş, gerçek savaşçılık niteliklerini kaybetmiş bir feodal sınıf oluşturmaktaydı. Onun yanında ikinci kuvvet, *stratiyotlar*, slav *voynuklar* köylü askerlerdi. Bir çiftlik toprak üzerinde tarımla uğraşan ve savaş zamanı çağırıldığında içlerinden birini orduya gönderen bir çeşit milis askeri durumdaydılar. Ortaçağda *katı yay* denilen uzun menzilli "katı" yaylarıyla tanınmış Türkmen gâzileri ganimet ve toprak için canını ortaya koyan çetin savaşçılardı. Ganimet akınlarına giden bu Türkmenler *kızılbörk*leriyle reâyâdan ayrılırdı. Bu alevî Türkmenleri sonraları *Kızılbaş* adıyla anılacaklardır. Bizans ve öteki Hristiyan devletler, Osman'ın bu Türkmen savaşçılarına karşı koymak için ancak Katalanlar, Alanlar gibi profesyonel ücretli askerî kumpanyalara güvenebilirlerdi. 14. yüzyılda yalnız Balkanlar'da değil, Avrupa'nın kalan kısmında da gerçek askerler, devletlerin kullandığı gerçek ordular, savaşı sanat yapan bu ücretli kumpanyalardan ibaretti. Fakir gençleri örgütleyerek zamanın hükümdarlarına ücretle hizmete giden bu askerî kumpanyalardan Bizans, Roger'in İspanyol-Katalan kumpanyasını 1303-1304'te kiralamış fakat istedikleri para bulunamadığından, kumpanya Türkmenlere karşı savaşacak yerde dönüp Bizans topraklarını yağmalamaya başlamış, 1305-1311'de Türkmen gruplarla iş birliği yapmışlardır. Bizans ve öteki Hristiyan devletler, Rodos Şövalyeleri, o zamanlar en iyi savaşçı olarak bilinen Türkmen ücretli askerlerini hizmete almaya başlamışlardır. Bu Türklerden bir kısmı o topraklarda yerleşerek Hristiyanlaşmış, *Turkopuloi* adıyla bu devletlerin esas askerî güçlerini oluşturmuşlardır. Devletler için en önemli sorun, ücretli profesyonel kumpanyalar için para bulmaktı. Buna karşı ganimet vaadiyle Osmanlılar para ödemeden istedikleri kadar Türkmen askerini kumandaları altına almaktaydılar. İşte bu askerî avantaj, Osmanlı beylerinin Hristiyan devletlere karşı zafer ve fetih başarılarını açıklayan en önemli faktörlerden biridir (Kantakuzenos hatıratında özellikle, bu gerçeği belirtir).

Yayalar

Beylikler tarihine ait güvenilir bir kaynağımız, Enverî'nin *Düsturnâme*'si beyliklerindeki Türkmen savaşçılarının örgütlendiği hakkında açık bilgi sağlamaktadır. İzmir'de Umur Gâzi, gazâ seferlerine çıkarken Türkmenlere haber salmakta, kendini profesyonel savaş mesleğine vermiş kızıl-börkli Türkmenler onun gemilerine savaşçı olarak girmekteydiler. Bu savaşçılar Ege adaları ve Balkanlar'a gazâ ve ganimet akınları yaparak geçinmekteydiler.[36] Osman Gâzi ve Orhan Gâzi zamanlarındaki ilk Osmanlı askerinin de bu biçim kızılbörkli Türkmen gâzileri tipinde olduklarına kuşku yoktur. Osman Gâzi'nin 1302 Bapheus (Koyunhisar)'da Bizans ordusuna karşı yaya ve atlı askerinden söz edilmektedir (Orhan Gâzi zamanında beyin kapısında her zaman emrinde *yaya* adı altında). Onlar, *ak-börk*le *kızılbörk*li Türkmen gâzilerden ayrılmaktaydılar.

İlk Osmanlı beyleri, sefere katılan Türkmen yaya gâzilerine fethedilen, yerlerde ahalisi kaçmış tarım topraklarını yaya-çiftlikleri halinde dağıtmakta ve kendilerine vergi bağışıklığıyla beraber devlet askerî statüsünü kazandırmaktaydılar. Elimizde 15. yüzyılın ilk yarısına kadar çıkan en eski yaya defterlerinde, yayaların köylerde yaya adı altında ayırt edilmiş bir veya birkaç aileden oluştuğunu görmekteyiz. Devletin ilk düzenli ordusu olan yaya ordusu 15. yüzyılın başlarına kadar padişahların seferlerinde, *yeniçeri* ordusuyla birlikte önemle anılan askerî bir örgüt durumundaydı. Sultan emrinde ilk düzenli orduyu temsil eden yayalarla sonradan kurulmuş olan *yeniçeri* ordusu arasında çetin bir rekabet ortaya çıktı. Yayalar, saltanat için şehzadeler arasında çıkan savaşlarda daima karşı tarafta yeralmaktaydılar. Türkmen aslından bu asker, önemini gittikçe kaybetmesi, Hristiyan çocuklardan ve esirlerden ibaret olan yeniçerilere karşı düşmanlığı ve rekabeti kuşkusuz aynı zamanda etnik-sosyal bir çatışmaydı. Bu karşıtlığı, Türklük duygularıyla yorumlamaya çalışanlar, yanılmaktaydılar. Bu iki sosyal grubun, devlet içindeki iç mücadelelerde önemli bir rol oynadığına kuşku yoktur. Yayalar, aldıkları harçlığın uzak seferlere yetmediği yahut bağlı oldukları *ocak* dağıldığı için seferden sık sık kaçmayı âdet edinmişlerdi, zaten yeniçeriler gibi profesyonel asker olmadıklarından savaşçı niteliklerini

36 Umur Gâzi'nin akınları üzerinde güvenilir önemli çağdaş kaynak: Enverî, *Düstûrname*, Yay. M. Halil, İstanbul, 1928.

zamanla kaybetmişlerdi. 15. yüzyılda onlara ulaştırma ve taşıma hizmetleri gibi geri hizmetler verilmeye başlanmış ve sonunda teşkilât tamamıyla kaldırılarak, ellerindeki çiftlikler/raiyyet köylü çiftliği halinde ellerinde bırakılmış yahut başkalarına devredilmiştir. Yaya askerinin Türkmen aslından ilk düzenli asker olduğuna 761-1360 tarihli Süleyman Paşa vakfiyesi[37] tanıklık etmektedir. Orada yayaları, *yayabaşılar* kumandası altında Gelibolu-Bolayır etrafında çiftliklerde yerleşmiş olarak bulmaktayız.

Akıncılar

Akıncılara gelince, *uc* beyleri kumandası altında Türkmen savaşçıları, ilkin Bolayır ve Gelibolu'da, 14. yüzyıl Rumeli fetihlerinde Karın-Ovası *akıncı* örgütü içinde savaş ve ganimet faaliyetlerini sürdürmüşlerdir. Dobruca, Deli Orman, Üsküp, Turhala *uc*'larında bu akıncıların ilk dönemde büyük bölümünü Yörükler oluşturmaktaydı.[38] Akıncı görevini üstlenmiş Yörükler, defterlere kaydedilmekte ve belli bir *uc* beyinin kumandası altında sefere çağırıldıkları zaman beyin bayrağı altında hazır bulunmaktaydılar. Akıncılar, devlet hazinesinden toprak veya para almazlardı. Başlıca gelirleri, akınlarda aldıkları ganimetten ibaretti. Mihaloğulları, Malkoçoğulları, Paşayiğit ve Turahanbeyoğulları, Evronosoğulları gibi büyük *uc* beylerinin kumandası altında 2.000-3.000 akıncı grupları bulunmaktaydı. Beylik irsî olduğundan akıncılar beylerine nispetle Mihallu, Turahanlu, Evronoslu adlarıyla anılmaktaydılar. Sonraları bu irsî *uc* beyleri kendilerine bağlı akıncılara yahut doğrudan doğruya kendi maiyetlerinde bulunan askerlerine timar sağlayarak uclarda adetâ yarı bağımsız irsî hanedanlar durumuna gelmişlerdir.[39] Osmanlı

37 Süleyman Paşa vakfiyesi metni İ. H. Uzunçarşılı tarafından yayımlanmıştır: *Belleten*, 27/107 (1963), 37-443.

38 T. Gökbilgin, *Rumeli'de Yörükler, Tatarlar ve Evlâd-i Fâtihân*, İstanbul, 1957.

39 *Uc* beyleri *fetret* devrinde Bayezid oğullarından şu veya bu Çelebi'yi destekleyerek bağımsız olmuşlar, önemli rol oynamışlardır: ayrıntılar için bkz. D. Kastritsis, *The Sons of Bayezid: Empire Building and Representation in the Ottoman Civil War of 1402-13*, Leiden, 2007.

tarihinin ilk döneminde onların iç bölgede saltanat kavgaları sırasında bir tarafı yahut öbür tarafı desteklemeleri çoğunlukla sonucu belirlemekteydi. Bunun en açık örneğini Fetret devrinde görmekteyiz. Çelebi Mehmed ancak *uc* beylerini elde ettikten sonra saltanata rakipsiz olarak sahip olabilmiştir. Çelebi, sancak *uc* beylerini elde ettikten sonra saltanata rakipsiz olarak sahip olabilmiştir.

Ordu

Merkez veya eyalet bütçelerinde en büyük payın asker ulufelerine gittiğini gördük. 1527-1528 mali yılı bütçesine göre devlet gelirlerinin başlıca gider yerleri şöyle saptanabilir.

1528 bütçesi

Osmanlı ordusunun sayısı, hangi askerden oluştuğunu göstermek üzere ilkin *Heşt Behiş*'teki listeyi inceleyelim. 1473'te Fatih Sultan Mehmed'in, Uzun Hasan'a karşı düzenlediği seferde topladığı büyük ordudaki birlikleri gösteren bu listeye göre:

Yeniçeriler	12.000
Kapıkulu Süvarisi	7.500
Rumeli Timarlı Sipahileri	40.000
Anadolu Timarlı Sipahileri	24.000
Azebler	20.000
Toplam	103.500

1528 tarihli bir belgeye göre, devletin maaşlı daimi ordusu sayısı 87.000 olarak gösterilmiştir. Bunun 37.000'ini eyalet timarlı sipahileri, 50.000'ini İstanbul'daki ulûfeli asker oluşturmaktadır. Timarlı sipahiler, ayrıca sefere yanlarında masrafını üstlendikleri yardımcı cebelüler getirmektedirler. Ö.L. Barkan, 1528'de halktan toplanan bu cebelülerin 50.000'e vardığını kabul etmektedir. Ancak bu belgede *azeb* bölüklerine yer verilmemiştir.

1470 tarihli bir İtalyan kaynağı ve *ahsan-al-Tavârih* muntazam kuvvetlerin ancak 70.000'e vardığını söylemişlerdir. 70.000 yahut 100.000, bugünkü ordular göz önüne alınırsa, aslında bu önemsiz bir rakam sayılmaz. Fakat o dönemde lojistik sorunları dolayısıyla 100.000 kişilik bir ordu çok büyük bir ordu olarak düşünülmelidir. 100.000 kişiyi Macaristan'a, İran'a veya Irak'a götürmek, bu kalabalığın ve hayvanların yiyecek ve yemini sağlamak o dönem için olağanüstü bir başarı demektir.[40] Böyle bir ordu için Osmanlı kaynakları *yer götürmez* asker deyimini kullanırlar. Fatih, imparatorluğunu bu orduyla kurmuştur. Avrupalı gözlemciler Fatih'in ordusundaki disiplini hayranlıkla kaydederler.

1528 Bütçesi'ne göre Ordu

1528'de eyaletlerdeki askerlere timar ve hâs olarak dağıtılan gelir, 200.000.000 akçaya, yani tüm Osmanlı bütçesinin %37'sine ulaşmaktadır. Bu tarihte timar alan eyalet sipahileri iki bölüğe ayrılmıştır. Sayıları 28.088'dir. Onun yanında timar alıp kalelerde muhafaza hizmetinde bulunan *hisar erleri* bölük 9.653 kişidir.

Timar ve *hâs* sahipleri tahsis edilen vergi ve resimleri sınırlandırılmış timar bölgesindeki reâyâdan doğrudan doğruya toplarlar. Bu vergilerin ortalama yaklaşık yarısını nakit, öbür yarısını ürün olarak toplarlar. Sonuç, 1528 yılında köylünün nakit olarak timarlılara ödediği para 100.000.000 akça civarındadır.

Timarlı sipahilerle merkezdeki ulûfeli (gündelik alan askerin) birlikte tahsisatı 265.000.000 akça, yani bütün bütçenin yarısı demek olur. Şunu da unutmamak gerekir ki, merkezdeki ulûfeli asker ayrıca her yıl giyim için kumaş alır, sultanın tahta gelişinde *bahşiş*, seferlerde ve bayramlarda bir ek ödeme ve *tayin* alırlar. Buna karşı timarlı sipahi seferde kendisinin, atının ve uşağının giderlerini tamamıyla kendisi karşılamak zorundadır.

40 1474 Boğdan Seferi'ne defterdar hizmetinde katılmış olan J. M. Angiolello (*Historia Turchesca*, Ursu, Bükreş, 1910) Osmanlı lojistiğini takdirle anlatmıştır.

Rumeli ve Anadolu eyaletlerinde toplam 129.000.000'a varan gelir, 28.000 ere dağıtılmıştır. 16. yüzyılda yeniden fethedilmiş eyâletlerde ise sayısı 10.000'e varan timarlılara dağıtılan para toplamı ancak 60-70.000.000 civarındadır. Bu durum 16. yüzyılda devletin timarlı sipahiler yerine, modern savaş teknolojisine daha iyi yanıt veren ateşli silahlarla donatılmış yeniçeri askerine önem ve ağırlık vermiş olmasından kaynaklanmaktadır. Öbür yandan 16. yüzyılda fethedilen Arap memleketlerinin çoğunda timar sistemi uygulanmıştır.

Merkezdeki ulûfeli asker: yeniçerilerden, altı sipahi bölüğünden, topçu ve top arabacılarından ve cebecilerden oluşur. 1528'de sayıları 24.146'ya varmıştır. Bunlara ödenen ulûfe yılda 65.880.000 akçayı yahut bütün devlet bütçesinin %12'sini kapsar. Önemli eyalet merkezlerinde ve kalelerde, merkezden kapıkulu arasından gönderilen yeniçeri, topçu ve cebeci gibi birlikleri unutmamak gerekir. Donanma personeli ise tümü 23.017 kişi olup gider 40.130.000 akça, yani tüm bütçenin %7.04'ünü oluşturur.

Ulufe veya Timar Almayan Askerî Gruplar

Yaya, müsellem, yörük, *tatar*, *cambaz*, bâzdar, *voynuk*, *eflak*, *martolos*, *akıncılar*, devletten ulûfe veya timar almayan asker gruplarını oluşturur. Bunlar, genellikle *avârız (olağanüstü salma vergiler)* vergilerinden affedilmiştir. Yayalar geçimlerini, devlet tarafından kendilerine verilen çiftliği işlemek suretiyle sağlarlar. Bu gruplardan her biri *ocak* sistemi denilen özel bir birim altında örgütlenmişlerdir. İlk zamanlarda çiftlikte 4 veya 5 aile bulunurken sayıları sonraki dönemlerde artmıştır. Birimde *eşküncü* adı ile biri aktif askerî hizmete gider. Sefer nöbeti gelen eşküncü, giderlerini karşılamak üzere ocağın askeri olmayan üyelerinden, *yumak*lardan 20 ile 60 akça arasında değişen bir miktar para alır. Bu para, reâyânın *avârız* vergisi karşılığı sayılmaktadır. Ocak üyeleri, *avârız* ödemezler. Genellikle, yaya birimindekiler akrabadırlar. Çocuklar, babaları yerine eşküncü olurlar. Eski yaya defterlerine göre, yaya ocağında yaya ve yamaklarına bir raiyyet çiftliği (50-150 dönüm) toprak verilmiştir. Bu *ocak* sistemi bu özellikleriyle Bizans İmparatorluğu'nda gördüğümüz *stratiot* denilen köylü askerlere benzer. Osmanlıların yaya *ocak* örgütünü Bizans örneğine göre örgütlediği öne sürülebilir.

Türk Yaya ve Müsellemler

Yardımcı askerî grupların, kuşkusuz en önemlisi *yayalar* ve *müsellemlerdir*. Müsellemler, atlı olduğundan vergi bağışıklıkları daha çoktur. J. M. Angiolello, hatıratında, yayaları *köylü piyade askeri* olarak anlatır. Yayalar kuşkusuz Osmanlı Devleti'nin ilk örgütlü askeridir ve yoğun şekilde Batı Anadolu'da bulunur. İlkin onlar sayıları 7.000 köylü hanesine varmakta, köyde bir veya birkaç imtiyazlı hane (aile) olarak rastlanmaktadır. *Yaya*ların Osman Gâzi'nin askeri olan *kızılbörklü Türkmen* akıncılarının yeniden örgütlenmesiyle ortaya çıktığını biliyoruz.[41] Orhan Gâzi'nin 1357'de ölen oğlu Süleyman Paşa için H. 760-1359 tarihli vakfiyesinde[42] Gelibolu etrafında yayaların Süleyman Paşa yanında Rumeli fütuhatında hizmet gören başlıca asker olduğu meydana çıkmaktadır. Yaya ve müsellem gruplarının Türkmen yurdu haline gelen Batı Anadolu'da merkezîleşmesi de kayda değer 15. yüzyılın ortalarında Teke sancağında 361 baş müsellem ve 172 müsellem kaydedilmiştir. Bunların yamakları ise 3.763'e varmaktadır. Şunu da belirtmek gerekir ki, 15. yüzyılda bu okçu ve müsellemler öteki yardımcı askerî gruplar gibi silahlarıyla (ok atıcılar) savaşa aktif olarak katılan askerlerdi. 16. yüzyılda Avrupa askeri karşısında önlemleri azaldı, geri hizmetler verildi.

Sonradan yeniçeri ocağı kurulunca (1363?) bu imtiyazlı padişah kulları ile devletin esas ordusunu teşkil etmiş olan yaya ve müsellemler arasında yüzyıllar süren bir rekabet ve çekişme yaşanmış ve Osmanlı tarihinde tanık olduğumuz bunalım dönemlerinde önemli

41 Bkz. Aşıkpaşazâde, *Tevârih*, yay. Atsız, *31. Bâb*: "İmdi, etraf dagı beglerin börkleri kızıldır, senün (ki) ag olsun, dedi Orhan Gâzi emr itdi. Bilecik'te *ak börk* işlediler, Orhan Gâzi giydi ve cemî' tevâbii bile giydiler."

42 Bkz. H. İnalcık, *Kuruluş Dönemi Osmanlı Sultanları*, İstanbul; Diyanet Vakfı Yayınları, 2010, "Orhan Dönemi," 43-77.

olayların nedeni olmuştur. Mesela II. Murad ve II. Bayezid'in yapmak zorunda kaldıkları saltanat mücadelelerinde yeniçeriler ve kullar pâyitahttaki sultanın yanında yer aldıkları halde onların rakipleri Türk aslından yaya ve azeb askerine dayanmışlardır. Anonim kroniklere göre 1389 Kosova Meydan Savaşı'nda ordunun büyük bölümünü 60.000 yaya oluşturuyordu.

14. yüzyılda yaya yazılmak ve böylece sultanın ordusuna girmek önemli çıkarlar sağlayan bir ayrıcalıktı. Anlaşıldığına göre sonraları yayalar için sefere gitmek fazla masraflı bir iş olduğundan sık sık kaçaklara rastlıyoruz, yaya ocakları da üyelerinin kaçma ve başka nedenlerle dağılması üzerine küçülmekteydi. 1466'da yapılmış bir teftişte 260 yayanın hizmetten kaçtığı, Hüdavendigâr eyaletinde kayıtlı 536 yayadan 260'ının firarı saptanmıştır. 16. yüzyılda savaş teknolojisindeki gelişmeler sonunda bu okçu yaya askeri artık bu savaşçı yetkinliğini tamamen yitirmiş, devlet onları geri hizmetlerde, ordu malzemesini ve zahiresini taşıma veya yol temizleme, hendek açma gibi hizmetlerde kullanmaya başlamıştır. 1582 yılında yaya örgütü tamamıyla kaldırılmış ve kendileri reâyâ statüsüne indirilmiştir.

Türk Yardımcı Kuvvetlerden Azebler

İlk yüzyıllarda Osmanlı ordusunda önemli bir yeri olan ikinci grup, azeblerdir. *Azeb* askeri Türk Müslüman ahali arasından toplanan bir nevi milis askeri sayılabilir. Şehirlerde belli sayıda Müslüman haneyi içine alan birimlerden Sultan'ın ordusu için asker yazılır ve masrafları bu halk birimlerince karşılanırdı. Bu askerî yardım genel olarak bir çeşit *avârız* hizmeti sayılmalıdır. Yerleşik halk piyade azeb sağladığı halde göçebelerden atlı *azeb* istenirdi. Azebler özellikle devletin çok sayıda askere ihtiyaç duyduğu büyük seferlerde toplanırdı. 1389 Kosova Savaşı'nda 40.000 azebin hazır bulunduğu rivayet edilir. Başka deyimle savaşa büyük ölçüde Türk halkı katılmıştır. Uzun Hasan'a karşı verilen meydan savaşında orduda 18.000 azebin bulunduğu kaydedilmiştir 1492'de Rumeli'de 9.000 iyi silahlanmış savaşçı azebin toplandığı anonim kroniklerde kaydedilmiştir. Rahip

Philelphus Ludovico'nun 1464 raporunda azeb sayısı 7.000 olarak gösterilmiştir. Osmanlı ordusunun teknik bakımdan oldukça geliştiği Kanunî Sultan Süleyman (1520/1566) zamanında bile azebler ordunun önemli bir bölümünü oluşturmaktaydı. Onun zamanında yalnız Rumeli'den 10.000 azebin toplandığı kayıtlıdır.

Ordu için azeb yazılması ilân olununca yazım işi şu düzenle yapılırdı.[43] Azeb yazılması şehir *kadısı* ve *subaşısı* (valisi) huzurunda yapılır. Kadılıkta her mahallenin imamı ve kethûdâsı vasıtasıyla mahalle halkından "azebliğe kâbil ve mukateleye ve muhasebeye havî ve kâdir olan kimseler" seçilir; çocuk yaşta olanlar, ihtiyar ve hasta olanlar yazılmaz. Yirmi hane (aile) başına bir *azeb* alınır, kalan 19 aile harçlık verirler, 20 aile arasında azebliğe yarar kimse çıkmazsa dışarıdan adam bulunur. *Azeb* için toplanan para herkese gönderilir, *Azeb Ağası* para için o yerinde kendisinden bir belge alır. Mahallede azebe yarar kimse olmazsa hariçten yazılabilir, bunun için *azeb* akçasını yazdırmak yasaktır. Her kadılıkta *azeb ağası* hazır bulunur yazılan *azeb*ler bir deftere yazılır, başına bir *hazinedâr* ve çavuş atanır. *Azeb* defterini yazan *emîn* ve kâtiplerin kötüye kaçmaları yasaktır. Her kadılıkta yazılan *azebler* iki deftere yazılıp, defterin biri kadıda kalır, öbürü padişah hazine idaresine gönderilir. Bu deftere göre *yoklama* yapılır. Azeb hizmetinden kaçanlar olur, *azeb* yazılan bu hizmetten kaçamaz, ta ki sefere gidemeyecek olana kadar, akçası kefilinden alınır. Toplanan *azebler* başına bir *reis* atanır, özel üniforması vardır. Donanmaya savaşçı er sağlamak için de azeb askeri kullanılmıştır. Onlara *deniz âzebi* denir. Başlangıçta bunların bayağı azeb olduğu fakat sonradan maaşlı, sürekli asker durumuna getirildiği düşünülmektedir. Osmanlılar, imparatorluğu savunmak için çok sayıda kaleye muhafız askeri bulmak için de azeblerden yararlanmışlardır. Bunlar erkenden Osmanlı kalelerinde başlıca maaşlı düzenli garnizon askerini oluşturmuştur. Çeşitli garnizon grupları arasında bunların, yeniçerilerden sonra en önemli asker olduğu biliniyor. Kale azeb örgütüne asker bulmak şu sırayla

43 II. Bayezid döneminde yazılıp Kanunî zamanında câri olan kanunname, bkz. *TOEM*, İlâve, 59-61.

yapılırdı; sayıları kısıtlı olan *gedik* kadrosunda yer açıldığı zaman, kalede hizmet gören *gönüllü* adlı maaşsız askerden geçiş yapılırdı. Başka deyimle, kale azeblerinin menşei yine halktan gelen gönüllü askerlerdir. Osmanlı ordusunda ilk 300 yılda reâyâ arasından kalabalık halktan askerî gruplarının önemli bir yer tuttuğu anlaşılmaktadır. Avrupa ordularında da düzenli askerî gruplar yanında köylü askerin önemli yer tuttuğu bilinmektedir.

Patrimonyal monarşilerde olduğu gibi, Osmanlılar da halktan avârız adıyla para, erzak gibi yardımlarla beraber askerî hizmet de istemekteydi. Devlet askerî hizmet isteklerinde Hristiyan tebaasını da kullanmıştır. Hristiyan halk arasından tıpkı azebler gibi *suhrahor* veya *cerrahor* denilen bir çeşit asker toplanırdı. Düşman istilası tehlikeli bir hâl aldığı zamanlarda *nefir-i 'âm* ilân edilir, eli silah tutan her Müslüman erin orduya katılması gerek sayılırdı.

Donanma ve Donanma Erleri[44]

Donanma giderleri imparatorluk bütçesini sıkan büyük giderler isteyen bir askerî sektördür ve sonunda Avrupa'daki çağdaş monarşilerde olduğu gibi, devleti mali bunalımlara sürüklemiştir. Osmanlı Devleti başlangıcından beri bir deniz devleti olarak doğmuştur. Osmanlı beyliğini, Aydın, Saruhan deniz beylikleri gibi bir deniz beyliği saymakta abartma yoktur. Osmanlıların ilk tersanesi Güney Marmara kıyılarında Gemilik (Gemlik), Kemer gibi Osmanlılardan önce Bizans tersanelerinin bulunduğu limanlardır. Tarihî bir gerçektir, 1334'te Orhan'ın donanma sahibi olduğu ve donanmanın İzmit kuşatmasına katılarak Bizans imparatorluk güçleriyle karşılaştığını, göz tanığı Kantakuzenos hatıratında kaydeder. Sultan Orhan oğlu Süleyman Paşa 1352'de Rumeli fütuhatına giriştiği zaman, Güney Marmara'da, Kemer limanından 3.000 kişilik bir orduyu gemilerle (belki Ceneviz gemileri) karşı tarafa taşımıştı. Osmanlı Devleti, Doğu Akdeniz'de bir deniz imparatorluğu olarak geliştiği zaman belli

44 Konu üzerinde geniş bir literatür mevcuttur. Belli başlı yazarlar: İ. Hakkı Uzunçarşılı, Haydar Alpagut, Daniel Panzac, İdris Bostan, Palmira Brummett.

başlı şu limanlarda tersaneler mevcuttu. Esas bahrî üs olan Gelibolu, İzmit, Galata, Sinop, Avlonya, Agriboz ve İskenderiye ayrıca Bartın gibi ormanlık tepelerde yakın tersane kurmaya elverişli birçok yerlerde küçük tersaneler kurmuşlardır. Herhalde I. Selim dönemine kadar devletin esas bahrî üssü ve tersanesi Gelibolu idi. Bu da doğaldır: Zira İstanbul'un fethinden önce orduları Lapseki üzerinden Çanakkale üzerinden geçirmek için Gelibolu'da bir deniz kuvveti bulundurmak zorunluydu. İstanbul alındıktan sonra da payitahtın Ege'den gelecek donanmalara karşı korunması için Gelibolu ileri bir savunma üssü oluşturmaktaydı. Osmanlı Devleti uzun kıyı hatlarını korumak için Kavala, Midilli, Rodos ve İskenderiye'de daha sonra Kızıldeniz'i Portekizlilere karşı korumak amacıyla Süveyş'te ve Basra Körfezi, Hint denizindeki çıkarları için Basra'da filolar tutmakta ve gemi yapmaktaydı. Yemen'de de birkaç gemi Portekizlilere karşı savunma maksadı ile Mokka'da üslenmişti.

Bir filo meydana getirmek ve bakımını yapmak büyük giderler isteyen bir işti. Bir kadırga filosunun bakım giderleri yılda 500.000 altın dukadan aşağı değildi. 1371'de I. Murad Güney Marmara'da *Pegae* (Kara Biga) yarımadası kuşatmasında Gelibolu ve Aydıncık'daki (Edincik) deniz üslerinden gelen gemilerle kuşatmayı tamamlamıştı. Yıldırım Bayezid Batı Anadolu beyliklerini ülkesine katınca (1390) beyliklerin donanması Osmanlı donanmasına katıldı ve Ege'de Venediklilerle sürekli bir mücadele başladı. Bununla beraber deniz gücü Venedik'le mücadelede Osmanlı vur kaç taktiği kullanıyor, donanma Gelibolu'da tahkimli limanına sığınıyordu. Nihayet Venedikli amiral Pietro Loredano Gelibolu'ya saldırdı ve Osmanlı donanmasını yaktı (Mayıs 1416). II. Mehmed İstanbul kuşatmasından önce donanmayı hayli geliştirdi. 1453 İstanbul kuşatmasından Osmanlı kadırgaları yardım getiren, yüksek bordalı 4 kalyona karşı bir şey yapamadı. Kalyonlar Haliç'e girmeyi başardılar (20 Nisan). 22 Nisan'da Fatih karadan yürüttüğü 72 gemisini Haliç'e indirdi, burada bu donanmayı yakmaya gelen Hristiyan gemileri bozguna uğradı. Fatih'in Ege adaları üzerinde egemenliğini kurmak için gönderdiği donanmalar fazla bir başarı kazanamadılar (1454-1455), ancak kuzey Ege'de İmroz, Taşöz, Semadirek adaları imparatorluğa katıldı. Venedik'in Ege'deki büyük adası Agriboz'u kuşatmak için Fatih güçlü bir donanma gönderdi. Donanma 3 sıra kürekli büyük 110 kadırga, 3 galeaza büyük *fuste* ve *parandarie* denilen küçük gemilerden oluşuyordu. Tüm donanma 300 gemi vardı. Venedik donanması, bu donanmaya saldırmaya cesaret edemedi. 1456 Belgrad kuşatması sırasında 200 gemilik ince donanma cepheye asker ve malzeme taşıdı.

Deniz seferlerinin büyük masraflara yol açtığına kuşku yoktur. 1539'da Nova'yı (Hersek-Novi) Venediklilerden geri almak için yapılan deniz seferi Osmanlı bütçesine 12.000.000 akçaya (20.000 altın dukaya) mâl olmuştur. Bu sefer ancak üç ay sürmüş olup filoda 82 standart savaş kadırgası, 58 ağır kadırga, 11 hafif kadırga ve dört nakliye gemisi vardı. Tüm personel 27.204 kişiye varmakta, bunun 22.538'ini kürekçiler oluşturmaktaydı. Askerin ve tayfanın maaşları 8.481.880 akça, peksimet ve su fıçılarının gideri 2.294.580 akça tutmaktaydı. Sair giderlerle yeniçerilere dağıtılan bahşişler de 201.411 akçayı bulmaktaydı. Donanmanın gerektirdiği büyük giderler karşısında devlet, olağanüstü kaynaklar aramak zorunda kalmıştır. Olağanüstü bir vergi olan avârız-ı divaniyeye 16. yüzyılda sık sık başvurulması başlıca donanma giderleri yüzündendir. Özellikle, kadırgaların temel yürütme gücü olan kürekçileri sağlama, devlet için büyük bir sıkıntı oluşturmaktaydı. 200 kadırgalık bir filo için 22.000 kürekçiye ihtiyaç vardı. Bu sayıyı Galata'daki esir fosalarla sağlayamayan devlet, bütün imparatorluk ölçüsünde halka kürekçi sağlama ödevini yüklemekteydi. Kürekçi toplamak için yerel kadılar *avârız*-hane (10-15 aile) ünitelerinin her birinden donanma için bir kürekçi bulmalarını ve masraflarını ödemelerini isterdi. 16. yüzyılda her Müslüman kürekçi için 106 akça ve her Hristiyan için 80 akça aylık geçim parası verilmesi emredilmiştir. Bazı bölgelerde hükümet kürekçi yerine onun karşılığı belli bir para isterdi. 1551'de bu kürekçi *avârız* vergisi, ünite başına 1.500 akça olarak saptanmıştır.

Lepanto'da Osmanlı donanmasının Venedik-İspanya müttefik haçlı donanması tarafından yok edilmesi (1571) Akdeniz'de Osmanlı deniz üstünlüğünün sonu sayılmalıdır. Tarihçi Andrew Hess ondan sonra da Osmanlıların Batı Akdeniz'de bazı başarılarını göz önüne alarak bu hükmü doğru bulmaz fakat bu tarihten sonra Osmanlı Devleti bir dünya politikası gütmekten tamamıyla vazgeçecek ve hatta Mısır ile İstanbul arasında hacı ve mal taşımacılığında 16. yüzyıl sonlarında Akdeniz'e hâkim olan güçlü İngiliz ve Flemenk gemilerini kullanacaktır.

Akdeniz, Karadeniz ve Hint Okyanusu'nda Osmanlıların büyük donanmalar tutarak bir dünya politikası gütmesiyle Osmanlı maliyesi darlığa girmiş ve özellikle reâyâdan sık sık istenen olağanüstü vergiler, *avârız*, dolayısıyla halk çaresiz bir duruma düşmüş, köylüler vergiden kaçmak için topraklarını bırakıp kaçmaya başlamış, devlet gerçekten bir kargaşa dönemine girmiştir.

Osmanlı denizciliğinde iyi bilinmeyen başka bir olgu, devlete ve paşalara ait gemilerin ticari ulaşımda kullanılmasıdır. Daha Fatih devrinde Antalya'dan, Fenike'den Mısır ve Suriye'ye odun ve tahta ihracatında *mîrî* gemiler kullanılmıştır. İstanbul'un iaşesi için keza *mîrî* gemilerin kullanıldığını biliyoruz. 1553'te Suriye limanları ile İstanbul limanları arasındaki geliş-gidişte devlete ait 26 gemi işlemekteydi. Paşalara ait gemiler kazanç için Kefe ve Karadeniz limanları ile İstanbul veya İstanbul ile Suriye ve Mısır arasında işlerdi. Bu gibi yük gemileri savaş sırasında taşımacılıkta kullanılırdı.

Osmanlı Sefer-i Hümâyûnu ve Lojistik

William McNeill, hareket halinde bulunan bir orduyu beslemek için tarihte başlıca iki metod kullanıldığını ileri sürer. Bir yöntem varılan yerde yerli halkın buğday stoklarına ve hayvanlarına el koymak, öteki yöntem sefer başlamadan önce ikmâl teşkilâtını, lojistiği örgütlemek. Bu ikinci yöntemde köylüden *avârız*, olağanüstü vergi olarak gıda maddeleri toplanır ve yol güzergâhında belli menzillerde depo edilerek hareket halindeki orduya bu depolardan ikmal yapılır.

Birinci yöntemi geçici istilalar yapan ordular tarafından uygulanır. Çünkü tahrib edilen bölge en az birkaç yıl eski üretim düzeyine gelemez. Köylüler kaçmış, tohumluk elden gitmiştir. Moğol ve Timur'un istilaları birinci yağma metodunun klasik örnekleri olduğu gibi, Yakındoğu imparatorluk geleneği lojistik sistemini simgeler. Osmanlı Devleti'nin göçebe bir toplumdan çıktığı ve öyle kaldığı iddialarına karşı lojistik sistemin en gelişmiş bir biçimini uyguladığı bir gerçektir. Osmanlı lojistik sistemi çağdaş Avrupalı gözlemcilerin hayranlığını çekmiştir.[45]

Dikkate değer ki, Osmanlı tarihleri başta Âşık Paşazâde, Osman Gâzi'ye ait bölümde bu iki metodu karşılaştırarak Osman Gâzi ağzından tartışmıştır.[46]

Osmanlıların, sonunda kendi toprakları ve vergi kaynakları olarak reâyayı nasıl bilinçli olarak koruduğuna dair şu örnek özellikle anılmaya değer. İsyan eden Boğdan voyvodalığını istila eden Osmanlı ve Kırım orduları farklı bir tutum sergilemiştir. Kırım Tatarları Boğdan halkını ve mallarını gâzilerin helâl hakkı sayarak halkı esir etmek ve hayvanlarını sürüp götürmek istemişlerdir. Osmanlı padişahı buna izin vermemiştir. Bununla beraber Osmanlılar *uc* bölgesine yakın düşman topraklarında direnişi kırmak için akıncıların amansız seferler yapmasına, halkı esir edip memleketi tahrib etmesine izin verirlerdi. İslâm'ın gazâ gelenekleri bunu onaylamaktadır. *Uc* aşamasındaki tahrib politikasını ele alan Batılı tarihçiler, tüm Osmanlı fütuhâtını tahribcilikle suçlamışlardır. Gerçekte, Âşık Paşazâde'nin belirttiği gibi, Osmanlı fütuhâtında ilhak ve yerleşme aşamasında *istimâlet* politikası uygulanırdı. Osmanlı padişahının egemenliğini kabul eden bölge, *ilik* veya İslâmî deyimiyle, *Dârü'l-İslâm* olurdu. Bu andan itibaren orada yaşayan gayrimüslimler devlet için Müslüman halk gibi, canları ve malları korunması gereken tebaa statüsünü alırdı. İslâmî terimi ile bu halk *eh'il zimme* statüsü kazanırdı. Sefer sırasında askerin gayrimüslim reâyânın mallarını

45 J. M. Angiolello, *Historia Turchesca*, yay. Ursu, Bükreş, 1910.
46 Atsız, Yay. 9. Bâb.

yağmaya kalkışması, en sert biçimde cezalandırılırdı. Kanunî'nin Mohaç Seferi'ne giderken reâyânın bahçelerine giren askerleri ibret için idam ettirdiğini çağdaş kaynaklardan öğreniyoruz. Bütün bunlar, Osmanlı Devleti'nin yerleşik merkeziyetçi bir imparatorluk yapısını belirten olgulardır. Devletin bu temel siyasetine karşı yine de Osmanlı askerinin geçtiği koridor bölgelerde tahribât önlenemezdi. Bu bölgelerde köylünün kaçtığını ve gelir kaynaklarının önemli düşüşlere uğradığını biliyoruz.

Osmanlılar kendilerinden önce İslâm devletlerinde ve Bizans'ta görüldüğü gibi, olağanüstü hallerde reâyaya *avârız* denilen olağanüstü vergiler ve hizmetler yüklendi. Aynî ve nakdî olarak beklenmedik devlet istekleri, özellikle savaş zamanlarında köylünün zaten çok nazik olan geçim ekonomisini sarsan etkiler yapardı. Veziriazam Lütfi Paşa bu âdeti kesin bir dille eleştirmiştir. Uzun seferlerde uygulanan bu gibi devlet istekleri özellikle 1587-1612 döneminde nakdî bir vergi haline getirildi. *Celâlî* kargaşalarıyla[47] aynı zamana rastlayan bu mali yük, Anadolu'da köylünün perişan olmasına ve tarım ekonomisinin büyük ölçüde çökmesine yol açmıştır.

Bir seferin başarıyla sonuçlanması, ordunun ve kale erlerinin yeterince beslenmesi koşullarının hazırlanmasına büyük ölçüde bağlı idi. Bir sefere karar vermek için, Divân-ı Hümâyûn'da o yılın bir bolluk yılı mı, yoksa kıtlık mı olacağı tartışılırdı. Osmanlılar, hareket halinde olan orduların yem ve yiyecek bakımından yeterli bir şekilde ihtiyaçlarının karşılanması için hayli gelişmiş bir lojistik sistemi meydana getirmişlerdir.[48] Lojistik alanında insanlar için buğday ve un, hayvanlar için arpa sağlanması yolunda belli başlı üç yöntem uygulanmaktaydı. İlki *Nüzul* yöntemi olup avârız hanesi denilen ve üçten otuza kadar aileyi içine alan vergi üniteleri tespit edilir, belli miktarda gıda maddesini karşılıksız vergi olarak vermeleri istenirdi. İkinci yöntem, belli gıda maddelerinin hükümetçe

47 M. Akdağ, *Celalî İsyanları (1550-1603)*, Ankara, 1963.

48 C. Finkel, *The Administration of Warfare: The Ottoman Military Campaigns in Hungary, 1563-1606*, Viyana, 1988.

saptanmış fiyatlar üzerinden belirlenen konaklarda orduya getirilip satma zorunluluğudur. Buna *sürsat* yöntemi denmekteydi. Üçüncü yöntem, hükümetin yerel pazar fiyatları üzerinden yaptığı satın almalardır ki, buna Osmanlı dilinde *iştirâ* denirdi. Nüzul gerçek bir vergi olduğu halde, *sürsatı* köylünün kendi rızasıyla malını getirip satması biçiminde yorumlansa da, aslında devletin saptamış olduğu fiyatlar üzerinden satın alındığı için yine de reâya için ağır bir yük oluşturmaktaydı. Öbür yandan sürsatta, alışları hükümet adına bir *emîn* yapar ve aynı emîn askere satardı. Çok kez köylüye parası geç verilir yahut tamamen unutulurdu. Köylünün hem *nüzul* vergisini vermesi, aynı zamanda *sürsat* zahiresini getirmesi istenebilirdi. Bu işlemlerde, köylüyü sıkan durumlardan biri de, erzakı kendi araçlarıyla taşıma zorunluluğuydu. Erzakın toplanması ve taşınması işlerini organize etme sorumluluğu, *toprak kadısı* denilen yerel kadının göreviydi. Çok defa kadılar, bu görevi yerine getiremezler ve azledilirlerdi. İstenen erzakı toplamakta, köylüyü zorlamakta kadılar büyük güçlüklerle karşılaşmaktaydı. Köylü, kendi ailesinin geçimi için ayırdığı erzakı teslim etmek yahut varsa bunu aşağı fiyatla pazarda satmak zorunda kalırdı. Örneğin, 1579'da her avârız ünitesinden yaklaşık 25 kg hububat ödenmesi istenmiştir. Ordunun buğday ve arpa ihtiyaçları gerçekte büyük miktarlara varmaktaydı. 1637'de Bağdat Seferi'nde ordunun ihtiyaçları 18.600 ton arpa, 1.312 ton un, 886.000 ekmek somunu olarak hesaplanmış, bunun Anadolu ve Arap vilayetlerinden toplanması istenmiştir.

Avârız devletçe olağanüstü hallerde alınan vergidir. Ayrıca beyler, kumandanlar reâyâya çeşitli mal ve hizmeti yüklerlerdi. Bey bir askerî kuvvetle bir yere vardığı zaman köylüden yem ve yiyecek isteyebilirdi. *Salgun* denilen bu yöntem yaygın bir âdetti. Öte yandan beylerin suçlu veya eşkıya aramak için, her indikleri köyde maiyetlerini ve atlarını köylüye beslettikleri genellikle rastlanan bir haldi. Devletin, salgınları önlemek için âşâr vergi sistemine *salarlık* adı altında bir ilâve yaptığını biliyoruz. *Salarlık*'ta vergi yükü yerellikten çıkarılıp geniş bir bölgenin vergilendirilmesi haline getirilmiştir.

Olağanüstü vergiyi geniş bir halk kitlesi paylaştığı için adalet ilkesi de yerine gelmiş oluyordu. Bu yükümlülük, ileriki dönemlerde para haline getirilmiştir. *Avârızın* aynîlikten nakit haline getirilmesi reâyâ için önemli bir güçlüğü ortadan kaldırmaktaydı. Böylece köylü uzak bölgelerden zahire taşıma yükünden kurtulmuş oluyordu. Devlet avârız karşılığı para topladığı zaman, bu parayla ordunun bulunduğu yerde satın almalar yapardı ve köylüye yük olmaktan kurtulurdu. *Sürsat* veya *iştirâ* zahiresi ordu harekete geçmeden önce merkezden emir gönderilir ve zahire yol üzerinde veya harekât yerine yakın kalelerde depo edilerek hazır tutulurdu. 1594'te *nüzul* vergisi, 2,5 *kile*, yaklaşık 64 kg olarak saptanmıştır. Bunun karşılığı, uzak bölgelerde 300 akça ödenmesi biçiminde nakde çevrilmiştir. Öyle görünüyor ki, 1578-1606 savaş yıllarında *avârız* genellikle nakdî ödemeler biçiminde olmuştur. *Aynî* vergilerin ve hizmetlerin, nakdî vergilere dönüştürülmesi Osmanlı idaresinde değişikliğin göstergesidir. Toplanan zahire, yol üzerindeki *menzil-hane*lerde depolara getirilip teslim edilirdi. Depolanmış zahireye ihtiyaç kalmadığı zaman satılır veya güç durumda bulunan ahaliye dağıtılırdı. Büyük miktarda zahire Mısır'dan yahut Tuna havzasının verimli topraklarından deniz ve ırmak yoluyla taşınıp hududa yakın kalelerde depolanırdı. Ordular düşman arazisinde harekete geçtiği zaman, bu kalelerden mesela doğu seferlerinde Van ve Erzurum kalelerinden, Avusturya-Macaristan seferlerinde Belgrad Kalesi'nden ikmal yapıldığını biliyoruz. Çok sıkışık zamanlarda hükümet imârethanelerin ve başka tesislerin depolarındaki zahireye el koyabilirdi.

Bütün güçlükleriyle beraber Osmanlı lojistik sisteminin genellikle iyi işlediği söylenebilir. Finkel'e göre, 150.000 kişilik bir Osmanlı ordusunun Rumeli'den Macaristan'a kadarki seferinde, ana gıda maddeleri bakımından oldukça iyi bir şekilde ikmali yapılmaktaydı. Hatta Finkel'e göre ekmek fiyatı, Osmanlı askeri için Avrupalıdan daha ucuza gelmekteydi. Ancak Doğu bölgesi seferlerinde İranlılar araziyi tahrib ettikleri zaman ordu büyük güçlükler karşısında kalırdı. Yavuz Sultan Selim gibi zorlu bir padişaha karşı bile, askerin kısıtlamalardan dolayı başkaldırdığını biliyoruz.

Savaş zamanında hâzinenin âcil ihtiyaçları için devlet bazı olağanüstü önlemlere başvururdu. Bunlar arasında, vakıfların artan gelirleri (*ziyâdeler*), bedestende saklanan yetimlere ait rehin paralar, hatta zenginlerden zorunlu ödünç para toplanırdı. Sultan III. Murat (1574-1595) devlet bütçesindeki açığı kapatmak için kendi ceplerinden kadırgalar yaptırmalarını emretmiştir (1590). Buna karşılık giderlerini önlemek için, devlet ricali ve valilerin İspanya'ya karşı sefer için kendilerine, geçmiş yılların *bekâyâ* vergilerinden ödenmek üzere, senet dağıtılmıştır. Bunun gibi, sefer zamanı zengin tüccarlardan para toplandığına dair kayıtlar vardır. Olağanüstü hallerde imparatorluk ölçüsünde halktan hane başına para ödemeleri avârız vergi sistemi içinde sayılır. Mesela Kanunî Sultan Süleyman'ın ilk seferleri (Belgrad (1521) ve Rodos (1522) seferleri) için avârız hanesi başına 15'er akça toplanmıştır. Bu padişah zamanında bütçede noksan görülmeye başlamıştır. Mesela 1557'de dış hazinedeki noksan üzerine iç hazineden 80.000 altın sikke verilmesi gerekmiştir. 1578-1606 savaş yıllarında bütçedeki sürekli açıklar olağanüstü yöntemlerle karşılanmıştır.

Osmanlı bütçesindeki para miktarını akça üzerinden hesaplarken akçanın değerinin 1584'te %100 düştüğünü unutmamak gerekir. Tablomuzda 1592-1593 mali yılına ait gelirin eski değerli akça üzerinden karşılığı 146.700.000 akçadır. Giderler ise 181.700 akçadır. Böylece giderlerde 95.878 akça azalma olduğu ortaya çıkar.

Osmanlı bütçesinde bunalımlara yol açan bir durum maaş ödemelerinde Hicri yılın, buna karşılık tarım vergilerinin toplanmasında Güneş yılının izlenmesidir. Güneş yılına bağlılık ürün vergisinin mevsime bağlı olmasından ileri gelmektedir. Bu durum, bütçe hesaplarında, özellikle asker maaşı ödemelerinde önemli bir fark ortaya çıkarmaktadır. Hicri yıl, ay hesabıyla hesaplandığından güneş yılından senede 11 gün noksandır. Böylece, 32 yılda bir sene fark ortaya çıkar. Başka deyişle 32 yıl sonunda hazine maaşlılara bir yıl fazla maaş ödemek zorunda kalır. Buna karşı devlet 32 yıllık vergi toplamıştır. Bu yüzden bu fazla parayı bulmak zorunluluğu karşısında devlet maliyesinde ciddi bir bunalım ortaya çıkar. Bu fazlalık, 16 yılda yarım yıllık maaş, sekiz yılda üç aylık maaş fazla ödeme ister. Demek ki, bunalım 32 yıl süresinde çeşitli aralıklarla kendini hissettirmektedir. Bu durumu inceleyen H. Sahillioğlu'na göre devlet maliyesindeki belli aralıklarla kapıkulu askerine fazladan ödemeler yapmak gerekmekte fakat hazinede bunun karşılığı olmadığından, ödemelerde gecikme ortaya çıkmakta, bu da maaş alamayan askerin ayaklanmasına neden olmaktadır. Unutmamak lazımdır ki, ulufe ödemeleri devlet bütçesinin %12'sine varmaktadır ve yeniçerilere her üç ayda bir maaş ödenir. Askere ulûfe yetiştirmek için şayet fazla gelir yoksa devlet olağanüstü önlemlerle para bulmaya çalışır. Sahillioğlu, Osmanlı tarihinde gördüğümüz yeniçeri isyanlarının çoğunu bu ödeme güçlüklerine bağlamaktadır. İç hazinede yeteri kadar ihtiat para olduğu zaman, bunalım dış hazineye para aktarmak suretiyle önlenebilir fakat uzun savaşların darlık yıllarında, özellikle 16. yüzyıl sonlarındaki mali sıkıntı döneminde iç hazinedeki ihtiyat parası tükenmiştir. Bu durumda hükümet, yeni vergiler koymak, akçada gümüş miktarını azaltmak gibi önlemlere başvurur. İran Seferi'nden sonra 1593'te Habsburglara karşı yeni bir savaş açılması, askeri tatmin etmek için ilân edilmiş olabilir. Yeniçeriler ve kapıkulları, bu savaşın açılmasında baskı yapmışlardır. Batıdaki savaşların ganimet getireceği ve kapıkuluna dağıtılmak için yeni timar arazisi sağlayacağı düşünülmektedir. Fakat hesaplar tamamıyla yanlış çıkmış, İran, Büyük Abbasi dairesinde karşı saldırıya geçmiş, her iki cephede savaşmak hazineyi altından kalkamayacağı bir yük altına sokmuş, kapıkulu ayaklanmaları birbirini kovalamıştır.

Devlet İçinde Seçkinler ve Osmanlı Kültürü

Padişah sarayı etrafında yüksek imparatorluk kültürünü temsil eden bir seçkinler sınıfı ortaya çıkmıştır. Hayata ve topluma bakış, yaşam tarzı, giyim kuşam ve âdetler itibariyle bu sınıf bir seçkin zümre kültürü olarak temsil ediliyordu. Osmanlı sarayı ve idare sınıfı, gelişmiş bir hayat stilini ve dünya görüşünü, *Kabusnâme* gibi İran kaynaklı kitaplardan öğrenmeye çalışmışlardır.[49] Mısır'dan ve İran'dan gelen ulema ve sekreterleri (*küttâb*) büyük bağışlarla baş tacı yapmışlar, kısaca gerçek bir kültürleşme sürecinden geçmişlerdir. Bu yüksek saray kültürü, İran, Orta Asya, Irak, Mısır ve Hindistan gibi daha eski yerleşik büyük İslâm devletlerinde tamamıyla belirli bir kültür sentezi olarak ortaya çıkmış bulunuyordu. Osmanlı hanedanı öteki büyük İslâm hanedanları düzeyinde dünyaya kendini kabul ettirmek için bu kozmopolit saray kültürünü tamamıyla ve bütün ayrıntıları ile benimsemek zorundaydı. Bu kültürleşme süreci 14. yüzyılda ileri bir düzeyde ilkin Germiyan (Kütahya)'da gelişti ve Osmanlı'ya örnek oldu.

Büyük mali imkânlara sahip Osmanlılar, bu kültüre yeni bir gelişme ve parlaklık kazandırdıkları gibi *uc* beyliğinin geleneklerini de aşılamışlardır. Osmanlı saray kültürü, ana çizgilerinde İran ve Hindistan'daki devletlerin yüksek saray kültüründen farksız olmakla beraber, kuşkusuz kendi özelliklerine sahip olmuştur; İtalyan yüksek *Rönesans* kültürü diğer Avrupa ülkelerinde kendine özgü ayrı *Rönesanslar* doğurduğu gibi... Osmanlı yüksek kültürünün en gelişmiş dönemi Kanunî Sultan Süleyman, II. Selim ve III. Murad saltanatları dönemidir (1520-1595).Bu imparatorluk kültürü, Budin'den Kahire'ye, Bağdad'a kadar İstanbul merkezinden yayılan bir devlet prestij kültürü olarak yerli kültürlere etki yapmaktan geri kalmamıştır. Böylece, uzak eyaletlerde imparatorluk yüksek kültürünün, ortak bir Osmanlı kültürü olarak ortaya çıktığını söyleyebiliriz. Örneğin, saraya bağlı *Mimârân-ı Hâssa* bir devlet sanat akademisi gibi işliyordu. Mimar Sinan bu mimarlık sitilini sanatkâr dehasıyla mükemmelliğe eriştirmiştir. Kayda değer ki, her önemli şehirde bir *hassâ* mimar bulunur, yerel cami vb. yapıları kontrol ederdi.

---

49 *Kabusnâme* 15. yüzyılda dört kez Türkçeye çevrilmiştir.

III. BÖLÜM

TİMUR

(1938-1939'da Prof. Fuad Köprülü'nün
Orta Zaman Tarihi Seminer Vazifesi)

ÖNSÖZ

Timur yazısını, 1938-1939 ders yılında, DTCF'nde Fuad Köprülü'nün Orta Çağ tarihi semineri için onun talimatıyla hazırladım. İstanbul Darülfünun'da Ziya Gökalp'in destek ve ilhâmıyla Türk kültür tarihi kurucusu büyük bilgin Fuad Köprülü, yalnız araştırma metodolojisiyle değil, o zaman hiç bilinmeyen bu öğrencisini himaye ederek akademik hayata girmesinde başlıca destek olmuştur. Aşağıda değiştirmeden tam metnini verdiğim *Timur* başlıklı seminer ödevini okuduğum zaman Köprülü seminerdeki öğrencilere dönüp şöyle dedi, "Hepinizden bu çocuğun yazdığı vazife gibi yazmanızı beklerim."

Seminer denemesinde bana verilen ödev, başlıca üç Batılı yazar, ikisi Fransız, biri Rus, L. Cahun, W. Barthold ve L. Bouvat'nın Timur üzerindeki incelemelerini karşılaştırıp kaynak ve metodoloji bakımından sonuç ve yetenekleri üzerine bir hükme varmaktı. Bu güç bir işti. Fransızcam iyiydi, Fransız tarihçi L. Cahun, Orta Asya Türk tarihi üzerinde ünlü eseriyle Türkçülüğün öncülerinden sayılır. L. Bouvat, bir genel tarihte Timur ve dönemi üzerinde bir bölüm yazmıştır. Rus oryantalisti Barthold ise o zaman Orta Asya tarihinin en tanınmış uzmanıydı.

DTCF'nde seminerlerde seminer denemeleri üzerinde genel tartışma açılırdı. Köprülü'nün Orta Çağ tarihinde en yakın gördüğü öğrencisi Osman Turan, Köprülü'nün övgülerini fazla bulmuş olmalı, "Ama efendim, hepimiz biliyoruz ki, bu konuda Barthold söz getirmez bir otoritedir," dedi, haklıydı. Ama seminer vazifesinden beklenen şey, konunun işleniş tarzıdır.

Aradan bir yıl geçti, fakülteden mezun oldum. Tarih bölümü için bir *ilmî yardımcı* (asistan) alınacaktı. Kıbrıslı bir Yeni Çağ tarihçisi arkadaşla ben namzettik. Kürsü onu destekliyordu, şansım azdı. Köprülü o zaman müdahale etti, Dekan Emin Erişirgil'e gitti ve beni destekledi. Büyük otorite olarak Köprülü'nün desteği aşılamazdı. Böylece ben, *ilmi yardımcı* olarak Yeni Çağ tarihi kürsüsüne atandım, yetmiş yıllık akademik hayatım başladı. *Timur* konulu seminer ödevimi bu itibarla, kişisel biyografim için ilk önemli kanıt olarak aşağıda aynen sunuyorum. Metin, Türkçe dil tarihi bakımından da ilginç olabilir. Bu denemede, Köprülü'nün yarattığı bilimsel dil ve üslûbu izledim, hatta gösteriş olsun diye, biraz da ağdalı bir üslûp kullandım. Köprülü bunu fazla buldu; metnin üzerinde bilgi ve dil bakımından düzeltmeler yaptı.

Soyadım o zaman *Bozkurt* idi; *soyadı kanunu*, üç ay içinde bir soyadı ile gelip tescil etmeyenler için nüfus idaresine soyadı verme yetkisi tanıyordu. Ailemiz için İnalcık adı tescil edilmişti. Tarihte İnalcık adı, Sirderya üzerinde Otrar valisinin adı olarak geçer. İnalcık, Cengiz Han'ın bir kervanını yağmalamış, bu hareket Moğolların İslâm dünyasını istila etmelerine neden olmuştur (1220).

Halil İnalcık

CAHUN, BARTHOLD VE BOUVAT'NIN KARŞILAŞTIRMALI İNCELENMESİ

Mevzu'un Tespiti

Cahun, Barthold ve Bouvat'nın Timur tarihi hakkındaki çalışmalarını ve ortaya koydukları netice ve izahları mukayese etmek ve sonunda bir kıymet hükmü vermek şüphesiz geniş bir anlayış ve bilgiye mutavakkıftır. Bunu kendim vazife olarak üzerime almaya cesaret edemezdim. Zira bu vazifeyi hakkıyla başarmak için şunları yapmak lazımdı:

1. Bu müelliflerin ilmî şahsiyetlerini tespit ve izaha yarayacak şekilde hayat ve ilmî yetişme tarzlarını bilmek,

2. Başlıca eserlerini ve bu eserler hakkındaki tenkidleri okumuş olmak,

3. Timur devri kaynaklarını bu müelliflerin yazılarıyla karşılaştırarak tetkik etmek ve kaynakları kullanış tarzlarını ve derecelerini tayin etmek.

Bunlar yapılamamıştır. Buna karşı vazifeme daha basit ve tabii nâtamam bir çerçeve çizmeye mecbur oldum. Bibliyografyada saydığım eserleri karşılaştırmak, verdikleri bibliyografyadan ve alttaki hâşiyelerden müelliflerin kaynaklarla münasebetini göstermek, istidlal tarzlarına, hükümlerine mevzu-bahs ettikleri meselelere dikkat etmek ve bütün bunlardan netice olarak müelliflerin umumi karakterlerini takribi olarak göstermek.

Müellifler

Müellifler hakkında bulduğum kısa malumatı burada vermeyi faideli buldum.

L. Cahun, Paris Edebiyat Fakültesi'nde serbest profesör ve Mazarin Kütüphanesi'nin hafız-ı kütübü idi. *Introduction à l'histoire de l'Asie* adlı bir eser yazmıştır. Şark dillerini bilmez.

V. Barthold, İstanbul Darülfünun'unda yaptığı takrirlerden mürekkep *Orta Asya Türk Tarihi Hakkında Dersler* adlı kitabın mukaddimesine göre, 1891'de Petersburg Darülfünun'u Şark Dilleri Fakültesi'ni bitirmiş, 1891-1892'de Almanya'da Profesör August Müller ve Nöldeke'nin derslerine devam etmiş, sonra Türkistan'a seyahatler yapmış, 1900'de doktor unvanı kazanmış ve 1913'te Rus Ulum Akademisi'ne tabii aza seçilmiştir. Muhtelif İslâm tarihi mecmualarına makaleler vermiş ve İslâm tarih ve medeniyeti üzerine mühim eserler yazmıştır. Orta Asya Türk Tarihi'nin en büyük mütehassısı olarak gösterilmektedir. İslâm Ansiklopedisi'nde Türklere ait makalelerin büyük bir kısmının yazılması onun selahiyetli kalemine tevdi edilmiştir. Bu makaleler Türk tarihi, Türk edebiyatı, tarihî coğrafya, Türk etnolojisi üzerinedir.

L. Bouvat hakkında da malumat bulamadım. İslâm Ansiklopedisi'nde yazılmış bazı makaleleri vardır. Bunlar arasında Timur ve Timuriler maddesi de bulunmaktadır. *Tarih-i Osmanî Encümeni Mecmuası*'nda Halil Edhem Bey'in bir bibliyografya tenkidinde, *Les Barmécides* adlı bir eseri olduğunu gördüm. Halil Bey eseri beğeniyor (Sene 5, sayfa 61). Bouvat'ın bu vazifeyi hazırlarken kullandığımız kitabı *Histoire du Monde* serisinde çıkan *Empire Mongole*'dır.

Mevzuu Tasnif Şekilleri

CAHUN

L. Cahun'un Yazısı Şurada:

Lavisse-Rambaud, *Histoire Generale*, III, Ch. XIX.

Asya'nın Siyasi Teşekkülatı: Timur. İkinci Mogol İmparatorluğu 1270-1405.

1.
Cengiz Han Sülâlesinden Son Gelenler

13. asır sonunda Mogol İmparatorluğu: Yeni seferler; Japonya, Hind-i Çinî, Malezya: Büyük ticaret yolları,

Dinî inkılâp: Türk Hristiyanlığının sukutu, İslâmiyet'in zaferi, XIIII. asır başlangıcında Mogol İmparatorluğu.

2.
Timur'un İlk Seneleri

Maverâünnehir'in siyasi ve dinî ahvali, -Timur'un doğuşu, -Timur'un ilk mücadeleleri, - Çagatay sultanına karşı Timur'un muharebesi, -Timur'un Maverâünnehir valisi olması, -Timur'un geniş emelleri, -sultana karşı yeniden mücadele: Timur halkın ve imanın müdafii, -Timur'un mahkûm edilmesi, -serseri şövalye ve soygoncular başı olması, -Timur Maverâünnehir'in kurtarıcısı olmazı, -arazi sahibi beyler ve büyük vassallarla mücadele, -Timur'un Maverâünnehir hükümdarı ilân olunması, -Sünnilik lehine Yasak'la kat-i münasebet, -Timur'un hükümet sistemi, bir teokrasi.

3.
Timur Tarafından Kurulan İmparatorluk

Timur'un portresi, şimalde fütühat, çetenin hezimeti, eski Hristiyan cemaatlerinin imhası, -Horasan'ın fethi, Kıpçak'la mücadele, Aks-i tesiri olarak Rusya'nın kurtulması, -İran'da fütühat, -Hind'in fethi, -Timur, Asya'nın hâkimi, Hilafeti ihya projeleri, -Osmanlı İmparatorluğu ile ihtilaf çıkması, -Avrupa ile münasebat, İspanya ve Fransa, -Timur'un son seneleri, -Maverâünnehr medeniyeti: Sanat ve Edebiyat.

Bir umumi tarihin icap ettirdiği şekilde konuların her birini birtakım safhalara ayırarak anlatmaktadır. Tarihî oluşu ve kuruluşu oldukça toplu ve mütesanid bir şekilde canlandıracak noktaları tespit etmiştir.

BARTHOLD

Orta Asya Üzerine Dersler kitabı İstanbul Darülfunun'unda verdiği derslerden mürekkebdir. 12 derstir. Fihrist yoktur. 11. ve 12. derslerde Timur tarihine ait kaynaklardan, Mogolların ve Çagatayların ictimaî ve dinî vaziyetlerinden, Timur'un şahsiyetinden, medeni hayattan bahsolunmaktadır.

Ulubeg ve Zamanı adlı eserinde asıl mevzuuna girişmeden: Mogol İmparatorluğu ve Çagatay Devleti ve Ulus Emirleri Timur'un Saltanatı başlıkları ile bir giriş yapmaktadır. 11. sahifeden 37'ye kadar devam eden: Ulus Emirleri ve Timur'un Saltanatı bahsinde fihriste göre şunlar görülmektedir: Emir Kazgan, onun halefleri ve Timur'un faaliyet sahasında görülmesi, Timur'un menşei, Timur'un 1370 senesine kadar faaliyeti, Timur ve ruhanîler, Timur'un askerî kuvvetleri, Timur'un sarayında kadınların vaziyeti, Timur'un halefleri Timur, Cengiz'le mukayese, Timur'un imari icraatı.

Görülüyor ki Barthold, askerî ve siyasi hareketlerden ziyade, modern tarih anlayışına daha yakın olarak ictimaî ve medeni vaziyetlere ehemmiyet vermektedir.

BOUVAT

Cahun'un aksine, Timur'un hayatında ilk devirlere ehemmiyet vermemiştir. Derhal askerî ve istilacı icraatına geçerek kronolojik bir şekilde bunları sıralamıştır. Sonra medeni bakımdan başlıca Garp eserlerinde görülen düşünceleri kısaca nakletmiştir. Eseri toplu ve kısa malumat almak için işe yarar.

Netice

Cahun ve daha esaslı olarak Barthold Maverâünnehr'in Çagatay İmparatorluğu dâhilindeki vaziyeti ve şekilleşme hareketini izah etmektedirler. Onlara göre Timur'da önceleri bu tarihî oluşumun bir mümessilinden başka bir şey değildir. Fakat Timur muazzam imparatorluğunu nasıl kurmuştur? Bunu kuvvetli şahsiyetine atfetmektedirler. Bouvat o zaman Yakın Asya'nın içinde yuvarlandığı siyasi teşeddüd ve kaynaşma devrini kısa tasvirlerle göz önüne koyarak onları tamamlamış görünmektedir.

Menbalarının Mukayesesi

CAHUN
Tüzükât

Bouvat bu eser hakkında, bütün vesikaları tanıyan Nizamüddin'i hiç zikretmediğine göre gayr-i mevsuktur, diyor. Hâlbuki bunu ve yine Timur'a izafe edilen hatıratı Cahun tamamıyla doğru gibi kullanıyor. Sayfa 968'de *Tüzükât*'ın Timur'a ait olduğunu tasrih eder. Timur Türkçeden başka Farisîyi bilirdi. Fakat okuması yazması yoktu.

Zafernâme

Şerefüddin Ali Yezdî

Cahun Petis de Lacroix'nın 1722'de yaptığı tercümesinden istifade etmiştir.

İbn Arab Şah

Cahun tercümesinden istifade etmiştir.

Ravzatu's-Safâ

Habibü's Siyer

Claviho

Cahun bilhassa Timur'un hatıratı ve *Tüzükât*'ı esas tutmuş, Şerefüddin, İbn Arab Şah ve Claviho başlıca kaynaklarıdır. Tabii, bunların tercümelerini kullanmaktadır.

BARTHOLD
Tarih-i Hânî

Uygur kâtipleri tarafından Uygur harfleriyle Timur'un emriyle yazılmış bir Vekayi'nâme, Barthold, bu eserden istifade eden bir Özbek müellifinin eserini görmüş.

Zafernâme

Nizâmüddin Şâmî

1403'e kadar gelir. Gayr-i matbudur. (Sonradan F. Tauer basmış, Profesör Köprülü tarafından düzeltme.)

Zafernâme

Şerefüddin Ali Yezdî

1419'da başlayıp 1425'te bitirmiştir. Barthold intikadsız bir şekilde basıldığını söylüyor. Bu esasen bir cihan tarihidir.

İskender Anonimi

1412'de Timur'un torunlarından sultan İskender namına yazılmış, müellifi meçhul bir eserdir. Yazma halindedir. Farisi bir cihan tarihidir. Müellifi Orta Asya anane ve âdetlerine Şerefüddin'den daha ziyade vakıftır.

Gıyasüddin

Zübdetü't Tevârih

Hâfız-i Ebru bu eserini 1423'te Timur'un torunu Baysungur için yazmıştır. Timur'a ait kısmının muhteviatı Abdurrezzak-i Semerkandî'nin eserinden malûmdur.

Essahu't-Tevârih

İbn Arabşah

Matbudur.

Ravzatu's-Safâ

Tahran ve Hint tabıları vardır.

Habibü's Siyer

(F. Köprülü'nün notu: Türkçe tercümesi vardır. Müellif Hondmir)

Matla'-ı Sa'deyn

Abdülrezzak-i Semerkandî'nin eseridir.
Claviho

Hamdullah-i Kazvîni: Tarih-i Güzide

Barthold, Timur ve torunları için şu eserlerden de istifade etmiş: *Tarih-i Alemârâ-i Abbasi*, *İskender-i Münşî*, *Tarih-i Vassâf*, *Bedaiül-vekayi*, *Âsafî*, *Devletşah*

Reşahad-i Ali İbn Hüseyin Vaiz, Samariya: Ebu Tahir Hoca
Tarih-i Reşidi (Köprülü Reşidi, Gayr-i Matbuh)
Mücmel-i Fasihî

Barthold'un haşiyelerinde şu eserler mezkûrdur: Şerefüddin, İskender Anonimi, Nizamüddîn, Claviho, İbn Arabşah, Abdülrezzak, *Tarih-i Reşidi*, Gıyasüddin Ali, *Tarih-i Güzîde*, *Devletşah*, *Hvandemir*, *Musevi*, *Fasihi*.

Bunlar içinde bilhassa *Zafername* (Şerefüddin), Abdülrezzak, İbn Arapşah çok kullanılmıştır.

BOUVAT
Tarîh-i Hânî

Timur Acem ve Mogol kâtiplerine her gün vekayii kaydettirirdi ve sonra tarihi yazmakla mükellef ediblere bu vesâik arz edilirdi. *Tarih-i Hânî* bu Vekayinâme'lerdir.

Zafername

Nizamüddin Şâmî
Tarih-i Hani'ye müsteniden Timur'un emriyle yazılmıştır.

Zafername

Şerefüddin Ali Yezdî
Tarih-i Hânî'ye istinad eder. Şami'nin eserini vesikalarla tamamlamıştır.

Cûş u Hurûş

Şeyh Mahmud-i Zengi ve oğlu Kudbüddin tarafından yazılmıştır. Daha ziyade dâstanî bir eserdir. Timur'un hayatında yazılmıştır.

Gıyasüddin

Hint seferine ait bir eser yazmıştır. Yegâne yazma nüshası Türkistan Kütüphane'sindedir.

Zübdetü't Tevârih

Timur ve haleflerinin mahmisi olan Hâfız-i Ebrî'nun bu eseri kompilasyon olup İran Müslüman hanedanlarına ait kısmı kayıptır.

Essahu't-Tevârih

1412-14'te Musevî tarafından yazılmıştır. Umumi tarihtir.

İbn Arabşah

Eserinin ismi: *Acaib el Makdûr Fi Nevaib-i Timur*'dır.

Ravzatu's-Safâ

Mirhond'un eseridir. Umumi tarih olup 6. Cildi Timur'a aittir.

Habibü's Siyer

Hvandemir'in eseridir. Kıymetli bir mecmuadır.

Matla'-ı Sa'deyn

Claviho

Hamdullâh-i Mustevfî Kazvini

Zafernâme namıyla romanesk neviden bir manzume yazmıştır.

Hâtıfi

Zafername adında romanesk neviden manzum bir eseri vardır.

Schiltberger ve Boucicault'in Hatıraları

Bouvat, eserindeki haşiyelerde şu eserleri zikrediyor: Blochet, Şerefüddin, İbn Arabşah, Vamberi, Brown, Grousset, Howard, Barthold, İslâm Ansiklopedisi, Deginyi, Hammer, *Tüzükât*, Heyd, Saladin.

En çok Şerefüddin ve Arabşah'ı kullanıyor. Brown'dan ve Grousset'den de çok istifade etmiş.

Bouvat, *Tüzükât*'ı sahte gösterdiği halde eserinin 66. sayfasında başlayan "Hükümet, İdare ve Ordu" bahsinde bu kitabı esas tutmaktadır.

Netice

Üçünün de kaynaklarını gösterdikten sonra diyebiliriz ki Barthold ve Bouvat kaynakları iyi tanımaktadırlar. Mamafih Bouvat gösterdiği muhtelif kaynakların ekserisinden tarihinde istifade etmemiştir. Hâlbuki Barthold küçük büyük her meselede muhtelif kaynakları mukayeseli bir surette kullanmaktadır. Cahun'un mehazları ise mahduddur ve asıl kaynakların yanlış tercümelerinden ve sıhhati şüpheli eserlerden ibarettir.

Timur Devleti'ni Doğuran Tarihî Şerâit

CAHUN

13. asır sonundan itibaren Mogol İmparatorluğu müstakil devletlere ayrılarak parçalanmaya başladı. Bu ayrılmanın en mühim sebebini garptaki Mogolların İslâmiyet'e girmesinde aramalıdır. Mamafih daha 14. asır ortalarına kadar Altın Ordu, İlhanî ve Çagatay imparatorlarının, metbuları Kağan'la bağlılıklarını gösteren bazı alâmetler vardır. Garbın Türkleriyle şarkın Mogolları arasında temas yeri olan Maverâünnehr'de dinî bir kuvvetin, Müslümanlığın tesiriyle bağlar kopacak ve Mogol İmparatorluğu tamamen inhilâl etmiş olacaktır. Timur bu vetirenin en son noktasıdır. O, Maverâünnehir Müslümanlarını, müşrik Mogolların tâbiyetinden tamamen kurtaracaktır. Cahun iktisadî ve ictimaî bir nokta-i nazardan ilâve ediyor: Tür-

kistan göçebeleriyle İran ve Maverâünnehr'in büyük şehirleri halkı arasında zıddiyet ve mücadele yeniden doğmaktadır. Tabii Timur bu ikincilerin kahramanı olacaktır.

Maverâünnehir'de iki hâkim unsur vardı: Bir yanda İslâm dini ve tarikatler, ulema, vakıflar bunu temsil ediyordu, öbür yanda Türk büyük ailelerinden mürekkep büyük arazi sahibi askerî aristokrasi.

Bu askerî aristokrasi arasında Mogol kabileleri de vardı. Çagatay hanlarının Maverâünnehir'de nüfuzları kalmamıştı. Memleketi hakikatte dört kabile reisi idare ediyordu. Bu askerî aristokrasi memleketi iki düşmana karşı müdafaa mecburiyetinde idi: şimalde kendi hükümdarlarına ve onunla beraber gelen asker göçebeler, cenupta Horasan'dan Hüseyin Kert'in hücumuna karşı Kazgan bunu başararak Maverâünnehir'in hakiki hâkimi oldu. Onun yetiştirmesi olan Timur da kendisine bu vazifede ona halef olacaktır.

BARTHOLD

Çagatay hanları göçebelik ananelerine bağlıdırlar:

Çagatay hanı Algu ölünce (1266) yerine üvey oğlu Mübarek Şah, Çagatay hanı ilân olunmuştu. Bu adam İslâmiyet'i kabul eden ilk Çagatay hanıdır. Bundan Kubilay'ın yardımıyla tahtı kapan Barak -ki o da Müslümandı- Ögedey'in torunu Kaydu'nun hâkimiyeti altına girmeye mecbur oldu. Kaydu, 1269'da Talas boyunda topladığı Kurultay'da dağlar ve bozkırlarda yaşamayı ve davarlarını tarlalara salıvermemeyi taahhüt etti. Kaydu'nun, sırf ahalinin menfaatine Andican şehrini inşa ettiğini de biliyoruz.

Türkistan'ın ticari ve zirai harabîsi:

Mogol gruplarının muhtelif medeniyetler tesirinde kalması ve muayyen bir verâset kanunu bulunmaması yüzünden birçok karışıklıklar çıkmaktaydı. Bu da ticarete ve şehir hayatına muzır tesirler yapıyordu. Ticaretin inkıtaından, denize mahreçleri olan Mogol devletlerinden ziyade Orta Asya Mogolları müteessir olmaktaydı. Ogeday Han soyu ile Çagatay sülalesi arasında 1305-1306'da başlayan muharebe, Maverâünnehir ve Türkistan'da ziraat ve ticaretin tamamen sükûtunu mucip olmuştur. Ziraat ananeleri kuvvetli ve toprağı müsait olan Maverâünnehir kendisini toplayabilmiştir. Fakat Türkistan harap kaldı. Bundan sonra Çin'den gelen Mogol orduları da burasını tahribde devam ettiler.

Orta Asya Mogollarının Türkleşmesi ve İslâmlaşması:

13. asırda, gayet yavaş olmakla beraber Türkistan'ın İslâmlaşması ve Türkleşmesi devam etmekteydi. Karakitaylar Müslüman olmuşlardı. Mogollar, güçlük zamanında yapılan İslâm takibatını tecdid etmediler. 1318'de Kebek Çagatay hanı oldu. Bunun saltanatı, Orta Asya Mogollarının İslâm medeniyetine tedrici temessülleri tarihinde büyük ehemmiyeti haizdir. Bu han da selefleri gibi müşrik kaldı. Fakat Maverâünnehir'de Kaşka-derya Vadisi'nde kendisine bir saray yaptırdı. Bu, göçebelik ananelerini, binaenaleyh Cengiz yasasını terk etmek demekti. İran usûlü sikke bastırdı. Çagatay hanlarının sikkelerinde yazılar Türkçedir. Mogolca kelimelere rastlanmamıştır. İbn Batuta, Kebek Han'ı Türkçe konuşan biri olarak göstermektedir. Marco Polo Kaydu'nun ülkesine Büyük Türkiye ismini vermişti. Maverâünnehir'de birçok Türkleşmiş Mogol kabileleri vardı. Kebek'in kardeşi Tarmaşirin (1326-1334) Müslüman oldu. Bu hanın Müslüman olması Maverâünnehir ile diğer Müslüman memâliki arasındaki ticari münasebatın canlanmasında âmil oldu. Fakat yine aynı sebepten bu kıtanın Çagatay ülkesinin şark vilayetleriyle yabancılığı arttı. Tarmaşirin yasaya riayet etmiyordu. Bu sebeple Türkistan'da yeniden kargaşalıklar başlamış, 1346'da ve bundan sonra 1370'de Timur'un hâkimiyetine kadar devam ederek Maverâünnehir'de hanlar hâkimiyetinin zavali ve burasının da Kazgan'ın hâkim olması ve şark eyaletlerinden tamamıyla ayrılmasıyla neticelenmiştir.

Mogollar zamanında İran'da lâ-dinî ilimler fevkalâde bir varlık gösterirken Orta Asya'da bilhassa dinî ilimler büyük bir ehemmiyet kazandı. Mühim eserler yazıldı. Dervişler kendi tarikatlarını, Sir-derya boyunda, steplerdeki göçebe halk arasında muaffakiyetle yayıyorlardı. İslâm medeniyeti tedricen göçebeleri ve hanları nüfuzu altına aldı.

İslâmiyet'e Aksulamel, Maverâünnehir'in ayrılması:
Tarmaşirin yasaya muhâlif hareket ettiği için hâl ve katl edilmiş ve hanın makarrı tekrar şarka nakledilmiş ve İslâmiyet'in nüfuzu azalmıştı. Mamafih Tugluk ve Timur zamanında Mogolistan'da hâkim din İslâmiyet oldu (1348-1362). Kazan'ın ölümünden sonra (1347) Maverâünnehir'de hâkimiyet Türk emirlerine intikal etti. Bunlar, başlıca dört kabilenin, Arlat, Celayir, Kavçin ve Barlas kabilelerinin reisleriydi. Bu kabileler, Türkleşmiş Mogolardandı. Bu emirlerin ilki Kazgan göçebe hayatı sürüyordu. Maverâünnehir'de bu emirlerden müstesna bir şahsiyet, Timur çıkarak vasi bir devlet kurdu.

Timur, Türklerin Mogollarla mücadelesini mi temsil eder?
Şarkî Türkistan'daki göçebe ahali kendisine Mogol adı verdiği halde, Timur hükümeti göçebelerine Çagatay deniliyordu. Mogollarla Çagataylar arasındaki muhasamatın Mogollar ve Türkler arasında millî bir husûmet addedilmesi câiz olup olmayacağı tamamen tavazzuh etmemiştir. "Mamafih Türkistan'daki Mogolların Türkleştiğini gösteren kuvvetli deliller olduğu halde, 14. ve 15. asırlarda Mogolcanın devamına ait ancak bazı zayıf emareler vardır."

BOUVAT

Bouvat Çin'den Rusya'ya, Kıbrıs'a kadar Timur'un zuhurunda mevcut bütün devletlerin vaziyetinden kısaca ve ayrı ayrı bahsetmektedir. Ben mühim gördüklerimi hülasa ediyorum.

Türkler ve Mogollar

Çagatay'ın ve Ögedey'in ölümünden sonra Çagatay İmparatorluğu karıştı (1241-1242). Birçok saltanat müddeileri mücadelelere giriştiler. Bunun neticesinde 1321'de Maverâünnehir'le Çete ayrıldı. Çungarya ile Şarki ve Garbi Türkistan'ın büyük bir kısmı Çete'ye dâhildir.

Çin'den eski yurtlarına atılan Mogollar da orada Çin metbuiyetini tanıyarak birtakım beylikler teşkil ettiler (1370).

İran

Son derece taksime uğramış ve anarşiye düşmüştü. Hanedanlar içinde en mühimi Muzafferîler İran ruhunu temsil ediyordu. Fars ve Irak-i Acemi ve Kirman'a hâkimdi. Merkezleri Yezd idi. Bağdat ve Tebriz'e Celayiriler hâkimdi. Kurt hanedanı merkezi Herat olmak üzere İran'ın şimal-i şarkisinde hükümet sürüyorlardı. Sebzaver ve civarında müfrit Şii olan Serbedaran hanedanı hâkimdi. Taht kavgaları bu hükümetlerin hepsinde birer zaaf amiliydi.

Hindistan

Burada Mehmed Tuğlug'un dinî tazyikatı yüzünden umumi bir isyan çıkmış ve memleket valiler arasında parçalanmıştı. Bouvat Barwne'nin fikrine iştirak ederek, "Timur, asırlardan beri ezilen, parçalanan, İran'ın vahdetini ve intikamını hazırlamıştır," diyor.

Timur'un Menşei

CAHUN

Timur, 1333'te doğmuştur. Babası Taragay yahut Turgay adıyla anılırdı. Taragay'ın mensup olduğu Barlas kabilesi daha ziyade Türk menşeinden görülmektedir. Esasen, muhakkat surette Mogol olan Arlat, Celayir, Solduz gibi kabileler, Maverâünnehir'de yerleşmiş, dil, din ve ruh itibariyle tamamen Türklerle bir olmuşlardı. Timur irsen Barlasların hâkimiydi.

BARTHOLD

Timur 1336'da doğmuştur (Şerefüddîn). Anası Tekina Hatun'dur. Babası Emir Taragay'dır. Kaşga-Derya Ovası'na ve Keş şehrine hâkim olan Barlaslardandır. Fakat Barlas kabilesinin reisi ve Keş'in hâkimi değildir (Nizamüddin). Şerefüddin'e göre Timur'un ceddi, Çagatay ulusunun hâkimi ve Çagatay'ın muâsırı Karaçar'dır. Hâlbuki Reşîdüddin'de Karaçar'ın Barlas kabilesine mensup bir

Çagatay emiri olduğu mukayyettir. Kaşga-Derya Cengiz'in, sonraları Çagatay hanlarının konma yeri olmuştur. Kebek Han'ın burada kendisine bir saray yaptırdığı malumdur. Barlaslarla hanların munasebeti hakkında kayıt yoktur. Maverâünnehir, hanlar tarafından, gelen kabilelere arpalık olarak verilmişti. İbn Arabşah'a göre başlıca dört kabile vardı: Arlat, Celayir, Kavcın ve Barlas. Barlas (Mogol telafuzu Barulas) Türkleşmiş Mogol kabilelerindendir. Çagatay İmparatorluğu'nun şark vilayetlerininde de Barlas soyu vardır. Mogollar, Türkleşmiş hemcinslerine tezyifen (Karavnas-melez) derlerdi.

BOUVAT

Timur, 1336'da Keş civarında doğmuştur. Timur'un ceddi Cengiz'in amcaoğlu Karaçar'dır (Şerefüddîn). Timur'un şeceresi mezar kitabesinde yazılıdır. Bu şecere, Tumana Han'a kadar çıkar. (Not: "Tumana'nın oğlu Kaçuli'dir. Bunun İrdemci Barulas namında bir oğlu vardır. Barulas kabilesi ve Timur bundan gelir. Barulas, kumandan demektir." Şecere-i Türkî, s. 67)

Netice

Cahun Barlasların Türk olması ihtimalini ileri sürüyor. Ona göre Timur'u, Türk saymalıdır. Barthold, Şerefüddîn'in rivayetlerini Reşidüddin'in eseriyle karşılaştırarak sağlam neticelere varıyor ve Timur'u Türkleşmiş Mogollardan gösteriyor. Bouvat ise Şerefüddîn'in rivayetini tenkitsiz olarak kitabına geçiriyor. Timur'un irsen Barlas kabilesinin hâkimi olması meselesinde Barthold'la Cahun ayrılıyorlar. Timur, Nizamüddin'de kabilenin reisi Haci ile (birader) olarak gösteriliyorsa da, aynı müellif bu tabiri kabilenin diğer birkaç başbuğu için de kullanmaktadır. Şerefüddîn'e göre Timur'la Haci'nin müşterek cedleri Çagatay'ın muâsırı Karaçar'dır (Barthold, *Ulugbey ve Zamanı*, s. 13). Keza Bouavat ile Barthold, Şerefüddîn'den alarak doğum yılını 1336 olarak tespit ettikleri halde, Cahun nereden aldığını göstermeden 1333 gösteriyor.

Maverâünnehir Hâkimi Olana Kadar Timur

CAHUN

Cahun, Timur'un kendisinin yazdığı iddia olunan tercüme-i haline istinaden hayatının ilk devrelerini uzun uzun anlatmaktadır (Hâlbuki bu eser Barthold'a göre sahtedir. Zira bundan resmî tarihte hiç bahsolunmamıştır). Cahun, Timur'u seciye bakımından ideal bir şövalye olarak tasvir etmektedir. Tuglug Timur'un oğlu İlyas Hoca'nın Maverâünnehir'deki yağmalarından bizar olan halkı kurtarmak, halkın ve dinin hamisi ve kurtarıcısı olmak Timur'un başlıca gayesiydi. Bunun için ilk hareketinde han tarafından âsi ilân olundu ve öldürülmek üzere takip edildi. Bundan sonra bir müddet serseri hayatı geçirdi. Kuvvetlerini yavaş yavaş çoğalttı. Halk onu, kahraman tanıyordu. 1363'ten 1369'a kadar Çagataylar, Horasanlılar ve Maverâünnehir'de rakipleri beylerle mücadeleden sonra siyasi hâkimiyeti eline geçirdi. Başlangıçtan beri din adamları, kendisine maddi ve manevi destek olmuşlardı. Hüseyin'i de yendikten sonra 1369'da Belh'te Maverâünnehir hükümdarı ilân olundu.

BARTHOLD

Timur'un babası dindar bir adam olup ulema ve şeyhlerle samimi münasebeti vardı. Keza Maverâünnehir ve Mogolistan'da birçok mühim emirleri tanımakta ve münasebette bulunmaktaydı. Timur bunlardan sonraları istifade etmiştir. Timur, babasının ölüm tarihi (1360) ile 1370 senesi arasında müstakbel kudretini hazırlıyor, Çagatay ve Mogollar arasındaki mücadeleye iştirak ediyor, etrafına silah arkadaşları topluyordu. Bunları bilhassa kendi kabilesinden alıyordu. Hayatında çok yalnız kaldığı ve düştüğü zamanlar oldu. Fakat asla yeis göstermedi. 1360'da Mogol hâkimi Tuglug Timur'un yardımı ile Keş ve Karşi şehirlerinin idaresini eline geçiriyor. Kazga'nın torunu Hüseyin'le ittifak ve Mogollara isyan ediyor. Çercik'te mağlup oluyor (1365). Nihayet Hüseyin'le beraber dâhili ve harici düşmanlarını alt ederek Maverâünnehir'in idaresini eline geçirmeye muvaffak oluyor. 1370'e kadar gâh Hüseyin'le beraber gâh Hüseyin'e karşı mücadelede bulunuyor. Bu tarihte Hüseyin'i de bertaraf ederek Çagatay hükümetinin reisi ilân olunduktan sonra, Arlat ve Celayir emirleri ile uzun zaman hâkimiyet için çarpıştı. Celayir ulusu 1376'da mahvedilmiş ilân olundu.

BOUVAT

Bouvat, 1370'e kadar Timur'un hayatından gayet kısa bahsetmektedir. Timur'un gençliğinde cesaret ve zekâsı ile şöhret aldığını yazdıktan sonra Tuglug Timur'dan bahsetmekte ve Timur'un saltanatı hakikatte Çete'nin ve Hvarezmin fethiyle başlar (1369-1370) diyerek seferlerine geçmektedir.

Timur'un fütuhatını aşağıda kronolojiden takip edebiliriz. Bunları uzun uzun yazmayı lüzumsuz buldum.

Timur İmparatorluğu ve Timur Devri Medeniyeti

CAHUN

Siyasi ve ictimaî teşkilatı:

Timur'un hükümet sistemi bir teokrasidir. Yasa'yı (Cengiz'in kanunu) kaldırmış yerine şeriatı koymuştur. Bundan başka kendisi yeni bir saltanat kanunu (droit souverain) ikâme etmiştir. Bu da *Tüzükât*'ıdır. Cengiz kanunu mucibince yasaya reayet etmeyen hükümdarı Kurultay hâl' ederek Cengiz soyundan birini hükümdar ilân edebilirdi. Hâlbuki şimdi Timur, İslâm hukukuna istinaden hâkim-i mutlaktır. Yeryüzünde Allah'ın vekilidir. Türk-Mogol cemiyetlerinde başta hanedan azası ve Tarhanlar gelirdi. Hâlbuki Timur tebaasını 12'ye ayırıyor ve en başa Peygamber'in ahvâdını koyuyor. Bütün evkâfı ve idaresini, kazâ selâhiyetini, belediye işlerini bir seyidin eline bırakıyor, dinî takibata ve propagandaya başlanıyor ve adlî sahada din esasları hâkim oluyor.

Timur *halife* olmak istemiştir. Peygamber soyundan Seyitler kendisine bîat etmişlerdir. O, asrında ve memleketinde dinin ihya edicisi sayılıyordu. Müşriklere karşı Hind'e sefer açmıştı. Bayezid'e yalnız *Kayser-i Rum* unvanı kullanıyordu. İslâmî unvanını ondan esirgiyordu.

Timur, cihan hâkimiyeti hülyasındaydı. Dinin mümessili ve cihanın hâkimi olmak, hilâfetten başka neye delâlet edebilirdi?

Askerî Teşkilât:

Timur umumiyetle askerliğe sevk olunan Türkler için ayrı bir kadı (kadıasker) tayin etti. Bütün Türkleri askerliğe sevk etmek için askerî çoban kolonileri teşhis etti. Tarhanlıkları olanların elinden bu araziler alınarak Sard'lara taksim olundu. Birinciler göçebe oldular. Cengiz'in bozduğu kabile vahdetleri yeniden teessüse başladı. Timur ulusunda 40 umak (klan, asil hanedan) vardı. Bunlardan 12'si tamga imtiyazını haizdi. Bu umaklar Türk ordusunu teşkil ediyordu.

Medeniyet:

İslâm dini ve medeniyeti, Orta Asya Türklerini tamamen değiştirmiştir. 15. asıra kadar Avrupalılarla medeniyetçe müsavi seviyede olan Orta Asya Türkleri İslâm'ın parlak devirlerindeki felsefe ve ilme tekrar başlamakla yerlerinde saydılar. Skolastik'e saplanıp kaldılar. Pîr, manevi sahada, Sultan dünyevi sahada Türk'ün hâkimiydi. Sanat ve edebiyat, dinin tesirinde bütün şaşaasıyla parladı. Fakat din, plastik sanatlara ve eğlenceli rahat hayata müdahale etmedi. Bu hususta Çin tesiri Türkleri müsamahakâr yapmıştı. Orta Asya Türkleri, 15. asırda birçok mühim mimari eserler yükselttiler. Claviho, Semerkant'ta birçok muhteşem saraylar, camiler, bahçeler görmüştü. Bir yerde "buradan en mahir sanatkârların bulunduğu Paris'e kadar herkes, bu kemerler, mozaikler, mermerler, mavi ve yaldızlı çiniler karşısında hayran kalır diyor."

Semerkant silahhanesinde her gün bin amele çalışırdı. Şehirde hastaneler, hamamlar vardı. Timur zamanında Mâveraünnehr'de ipekçilik, pamuk ziraati inkişaf ettirildi. Mühim kanal şebekeleri inşa ve tamir edildi. Memlekete keten ve kenevir ziraati getirildi. Herhalde Timur, memleketini Çin'den sanayi tefevvukundan kurtarmaya çalışıyordu.

Timur'un saraylarının duvarlarında seferlerini tasvir eden resimler vardı. Musuki de Timur ve halefleri zamanında takdir ve rağbet buluyordu ve oldukça yüksek bir derecede idi. Minyatürler o devrin Garp eserlerinden geri kalmamaktadır. Timur'la Türk dili İran diline galebe çaldı. Maverâünnehir Rönesans adamları, Çağatayca yazmaktadırlar. Fakat saray ve ilim dili Farsça idi. 15. asır ortasına kadar Maverâünnehir'de Uygur harfleri de kullanılmakta idi. Timur devrinde Türkçe, Farsça ve Arapça birçok edebî eserler, lügatlar, dinî eserler yazılmış ve bütün İslâm âlemince şöhret kazanmış büyük âlimler yetişmiştir.

BARTHOLD

Devlet ve Ordu:

"Timur'un kurduğu devlet, Türk-Mogol devlet esasları ve Türk-Mogol askerî teşkilât unsurları ile İslâm, bilhassa İran Medeniyeti unsurlarının kendine mahsus bir telkibini gösterir." Timur'un manevi hâmileli olan şeyhlere olduğu gibi (Şemsüddin Kular, Seyit Berke, Şeyh Zeynüddin) seyitlere de hürmetle muamele ettiğini biliyoruz. Zamanında bunlar zâhiren memleketin en nüfuzlu ricali sayılmıştır. Memlekette Timur'un haleflerinden başka yalnız seyitlerin hayatı tehlikeden masun sayılırdı. Hafız-i Ebrû, Timur'un şeriat ve dinî takviyeye uğraştığını yazıyor. "Bununla beraber din Timur'un elinde daha ziyade siyasi maksatlarına nail olabilmesi için kullandığı bir aletten başka bir şey değildi." Suriye'de Ali taraftarlarının hâmisi görülen Timur Horasan'da Sünniliği ihya etti. Timur, din adamlarının sadakatine ehemmiyet verirdi. İmparatorluğunu kurarken herhalde Türk millî gayeleri gözetmiyordu. Gayesi, kabilse bütün dünyayı hükmü altına almaktı. Ömrünün sonunda, bütün İslâm fatihlerini cezbeden Çin'e sefere çıkmıştı. Zengin ve yüksek medeniyet sahibi Garp ülkelerinden başka şarktaki Türk-Mogol göçebelerini de inkiyad altına almak için teşebbüslere girişmiş, bozkırlarda kaleler inşa ettirmiştir.

Timur zamanında Kurultay'ın hükmü kalmamıştır. Kurultay, Tuva'lar vasıtasıyla toplantıya çağrılırdı. Bu memurlar devlette hükümdardan sonra gelirlerdi.

Timur, her şeyden evvel Mogol tipinde bir asker ve başbuğdur. Mogol ananesinin bir mümessili olmak üzere Timur, Cengiz Han sülalesiyle karabete çok ehemmiyet verirdi.

Kazan Han'ın kızı Saraymülk'e sarayında baş zevce pâyesini vermişti. Çagatay soyundan Soyurgatmış'ı ve o ölünce oğlu Mahmud'u tahta çıkarmış han tanımıştı. Bunun da ölümünde artık han tayin etmedi. Hutbede ve sikkede bunların adı geçerdi.

Timur, Mogolların "daima göç etmek" ananesini bırakarak cürüm addolunan bir fiilde bulunmuştu: Semerkant'ı payitaht yapmış ve şehirleri surlarla çevirmiştir. Mamafih Timur, İslâm'dan ziyade Mogol kıyafeti taşıyan askerlerini kendisine bağlamış ve çok muntazam bir ordu vücuda getirmişti. Timur kendisini şehir ve köy ahalisinden ziyade bu askerlere yakın görürdü. Claviho Çagatayları şöyle tavsif etmektedir: "Yaz ve kış istedikleri yerde sürülerini otlatmaya giderler. İstedikleri yerde ekin ekerler ve yaşarlar. Tamamen serbest olup imparatora vergi vermezler. Çünkü davet olundukları vakit orduda hizmet ederler." Çagataylar, diğer Müslümanların kendilerini kâfir saymalarına rağmen, tamamıyla Müslüman askerleri olduklarına inanıyorlardı.

Askerî teşkilât Türk-Mogol ordularında olduğu gibi idi. Timur askerlerine belli bir şekilde serpuş tayin etmişti. Yedi(?) koldan hücuma girmekten ibaret yeni bir tâbiye şekli tatbik etti. Timur'un askerleri arasında bir şövalyelik ananesi yaşamaktaydı. Harbe kadınlar da beraber giderdi. Timur istila ettiği yerler ahalisinden de asker alır ve bu askerler içinde putperestler de bulunurdu. Timur, yağma ve kıtalleri dinî sebeplerle haklı göstererek askerine büyük ganimetler temin ediyordu. Onlar da kendisine sonsuz bir bağlılık gösteriyorlardı.

Muayyen bir verâset kanunu yoktu. Prensler hususi ihtimam ve terbiye görürdü. Bu bir devlet işi sayılır, çocuk pek küçük yaşta annesinden alınarak mürebbilerin eline verilirdi. Sonra müstakil bir hükümdar kabiliyet ve bilgileri aşılamak için *atabekler* tayin olunurdu. Devlet, bütün sülale âzâsının malikânesi sayılıyor ve prensler kendi ülkelerini adeta müstakil birer hükümdar gibi idare ediyorlardı. Timur, hanedan azasından kimseyi, en ağır suçu da işlese, idam ettirmezdi.

Timur'un idaresi çok şiddetliydi. İsyanları vahşi bir şekilde katliâmlarla cezalandırırdı.

Medeniyet:

Timur ve halefleri zamanında Türkistan, medeniyet itibariyle en parlak devrini yaşamıştır. Timur, devletinin medeni unsurları için yalnız yabancı bir istilacı olarak kalmamıştır. Aynı zamanda aman vermeyen tahribkâr ve azimkâr yapıcıydı. Eski şehirleri ihya ettirmiştir. Resmî tarihe göre, Timur ekilebilecek olan bir karış yerin boş kalmasına müsaade etmezdi. Timur'un imarcı faaliyeti tahribkâr faaliyetinden daha küçük olmayan bir intiba bırakmaktadır. İslâm mimarisinin en güzel devri Timur ve haleflerinin ismine bağlıdır. Semerkant'ta yapılan binalar umumiyetle İran mimarisinden sayılıyorsa da, büyüklük ve harici ihtişam itibariyle asıl İran numunesine faiktir. Timur millî bir ehemmiyeti haiz olan Ahmed-i Yesevi türbesini inşa ettirmiştir. Saraylar, camiler, büyük bahçeler yaptırmıştır. Timur tarafından vasi mikyasta yapılan irva ve iska işleri yalnız vatanı olan Maverâünnehir'de değil, Mogol sahrası Kâbil havzası gibi Semerkant'tan uzak memleketlerde de icra edilmekteydi. Timur, Semerkant'ı dünyanın en büyük şehri haline getirmeye çalışmıştı, burası Timur ve halefleri zamanında büyük bir ticaret merkezi olarak kalmıştı. Buraya Çin emtiası da geliyordu. Timur fethettiği memleketlerin sanatkârlarını zorla oraya gönderirdi. Payitahtına âlimleri celbetmeye de dikkat ederdi. Mimari ve ilim sahasında aslen İranî olan kimselere tâbi bulunuyordu.

Timur'un vefatından sonra medeni faaliyet daha kesif bir hal aldı. Herat, Semerkant'ın yerine geçti. Timur'un torunları zamanında yapılan binalar daha sağlam, daha muhteşemdir. Bu devrede Türk Edebiyatı da mühim bir inkişâfa mazhar oldu. Kabilşâh, Seyfüddin Barlas, Timur devrinde Türkçe şiirler yazıyorlardı. Timur'un ölümünden sonra yetişen iki şair halk arasında meşhur oldular. Bunlar da Sekkakî ve Lütfi'dir. Bütün Çagatay şairlerini 15. asrın ikinci mısrında yetişen Mir Alişîr Nevaî gölgede bırakmıştır. Babür'ün eserleri ise sonraları unutulmuştur. Nevaî ömrünün sonuna doğru bir eserinde Türk lisanının Acem lisanına üstünlüğünü ispata çalışıyordu. Timur'un torunu Ulug Beg de, Türk-Mogol ananatının taraftarı ve bir dereceye kadar Türk vatanperveriydi. Timurîler arasında ilk defa Türkçe sikke bastıran odur. Timurîler için millî Türk pîri Ahmed Yesevi idi. Timur kendisi ve ahlâfı Türkçeden başka Farsça biliyorlardı. Timur zamanında hükümdarın ziyafetlerine halk da iştirak ederdi. Semerkant'ta şehir hayatı ve eğlence inkişaf etmiş ve dinî taassup gevşemişti.

Göçebe fatihler için halk, Müslüman hükümetlerindeki cizyeye tâbi' gayrimüslim ahali gibi göçebelere para vermek ve onların hesabına çalışmakla mükellef cizye-güzâr bir sınıftı. Göçebelerin İslâmiyet'i kabul etmeleri de, İslâmiyet'le zıddiyet teşkil eden bu şeraiti değiştirememişti. Hükümdar, cizyeden muaf tutmak için yine göçebe âdetlerine müracaat ederek Tarhan ilân ederdi.

Timur'un ahlâfı, bozkırlardan çıkmış diğer bir Türk kolu olan Özbeklerle mücadelede mahvolmuşlardır.

BOUVAT

İslâm'ın müdafii ve nâşiri olan Timur, rakipleri Cengizhânîlerin gevşek olarak takip ettikleri şeriatı, *Yasak* ile beraber kabul ettiriyor ve din adamlarını ictimaî sınıfların başına koyuyor. Şerefüddin'e göre Hind'e seferini dinî bir gaye ile yapmıştır. Timur, casus olarak kullandığı tüccarlara da cemiyet sınırları arasında yüksek bir mevki veriyor, adetleri 40 olan Mogol kabilelerinden 12'si rütbeli kumandanların idaresinde güzide bir sınıf teşkil ediyordu.

Bir Divan Beyi'nin riyaset ettiği nazırlar meclisi, halk ve eyalet veziri, ordu veziri, seyyahlar ve emval-i mektrûke veziri, hükümdar hanedanı veziri ve üç tane de hudutlar ve dâhiliye vezirinden mürekkeptir. Vilayet idaresi yeknesak değildi. Her vilayette halk, ordu ve metrûk emvale mahsus olmak üzere üç vekil vardı ki nizam ve asayişi muhafaza ve ticaret ve senâyiin inkişaf ettirilmesiyle mükellef idiler. Timur, her taraftan kendisine haber getiren 3.000 kişilik mükemmel bir istihbarat cihazı kurmuştu. Şehirlerde ve köylerde Kurçi adını taşıyan polis teşkilâtı yapılmıştı.

Timur, fethettiği yerlerin ahalisiyle uzlaşmak için yerli memurları ve vergi sistemini ibka ediyordu. Prensip olarak vergi aynen ve mahsulün üçte biri veya yedide bir olarak tespit edilmişti. Suiistimal yapan tahsildarlar şiddetle cezalandırılırdı.

Timur, nafia işlerine ehemmiyet verdi. Köprüler, kervansaraylar inşa ettirdi. Kendi parasıyla birçok cami, tekke ve medrese yaptırdı.

Dilenciliği şiddetli tedbirlerle men' etti. Suçlular, kadılara teslim edilirdi. Dine riayet etmeyenler sudura verilirdi. Dinî teşkilât diğer Müslüman devletlerinde olduğu gibiydi.

Timur zamanında Kadiriye, Mevleviye, Yeseviye tarikatları en çok müritleri olan tarikatlardı. 40 Mogol kabilesi ordunun esasını teşkil ederdi. Askeri teşkilât, başkumandan, emirler, binbaşılar, yüzbaşılar, onbaşılardan mürekkep bir hiyerarşi teşkil ederdi. Orduda teknik sınıflar da vardı. Teçhizata itina edilirdi. Yürüyüşte lazım gelen malzeme, hayvan ve insan ahaliden angarya olarak alınırdı.

Timur imparatorluğu dâhilinde, ticaret ve sanayiyi teşvik için elinden geleni yaptı. (Fransa kralı) VI. Şarl'a yazdığı mektupta, tacir göndermesini istiyor ve onlar vasıtasıyla dünya refaha kavuşur diyordu. Timur'un fütuhatıyla Garp'la Hint ve Şarkî İran sahaları arasında ticaret için yollar açıldı.

Timur devrinde edebiyat ve ilim sahasında büyük ve meşhur adamlar yetişti. Fakat bunlar Farsça ve Arapça yazıyorlardı. Mimaride mühim eserler vücuda getirildi. Çiniler bina tezyinatında bol bol kullanıldı. Tebriz'de ve Semerkant'ta Çinli çiniciler vardı.

Umumi Netice

Cahun, Timur'un hatıratı denilen esere *Tüzükât*'a tâbi olmuştur ki, bunların sahte olduğu sanılıyor. Sonra Şerefüddin ve ibn Arabşah'ın ancak tercümelerini kullanabilmiştir ki, bunlar da Barthold'a nazaran doğru tercümeler değildir. Cahun bunlara ve bilhassa ilk iki kitaba dayanarak ve muhayyelesine de fazlaca serbestî vererek Timur'un tarihini canlandırmaya çalışıyor. Onda, okuyucusunun zihninde kahramanını tamamıyla yaşatmak için hususi bir itinâ görülmektedir. Bazen hakikatı tagyir edebilecek teşbihlerden çekinmez. Esasen canlı bir üslubu vardır. Vekayii mantıki ve güzel teselsül ettirir. Umumi fikirlere dayanan istidlâller yapar. Mesela, "Türkler fıtraten disiplinli bir dehaya sahip olduklarından ilâhiyat münakaşalarına müstaid değildirler," der. Mamafih Barthold'la verdiği malûmat ve hükümler itibariyle bazı noktalarda birleşmektedir. Dinî, iktisadî, ictimaî amilleri göz önünde tutar ve vekayii geniş izahlarla aydınlatmaya çalışır. Cahun, tahlilî-ilmî bir karakter göstermekten ziyade canlandırıcı, toplayıcı ve terkib edicidir.

Barthold bulunabilen bütün kaynakları tanımakta ve mükemmelen kullanmaktadır. Nâdir yazma eserleri bile gözden kaçırmamıştır. Vekayii sıra ile dizmekten ziyade, Timur devrinin siyasi, dinî, iktisadi, ictimai, etnolojik meselelerini, kaynaklardan muntazam ve sıkı bir şekilde istifade etmek suretiyle aydınlatmaya çalışmaktadır. Timur'un faaliyette bulunduğu sahaların evvelki tarihi ve oraların hayat şeraitini de iyi bildiğinden, meseleleri bulmakta ve selâhiyetle izah etmektedir.

Barthold, ilmî ve mükemmel tahlilî çalışmadan sonra sağlam hükümlere varan bir tarihçidir. Bouvat mahdud kaynaklara bağlıdır. Umumi hükümlerinde bilhassa Browne'nın tesirindedir. Merkez sıkleti, Timur'un seferlerine vermiştir. Timur devrinin şerâitini, oluşunu gösterememiştir. Komşu hükümetlerin vaziyetini anlatmakla, Timur'un fütuhatını izah etmiş görünmektedir. Hâlbuki bu noksandır. İdare ve hükümet kısmında Timur'un *Tüzükât*'ı denilen eserden ve Grousset'in Asya tarihinden istifade etmiştir. Sanat bahsinde C. Huart ve Saladin'in eserlerini kullanmıştır. Bouvat, umumiyetle basittir ve bir toplayıcı gibi görünmektedir.

KRONOLOJİ: TİMUR'UN FÜTUHÂTI

1333	Horasan hâkimi Hüseyin Kert'in Maverâünnehir'e hücumu ve Emir Kazgan tarafından mağlup edilmesi.
1336	Timur'un doğumu.
1343	Emir Kazgan'ın Kazan Han'a isyanı.
1346-47	Kazan Han'ın mağlup olması ve öldürülmesi Kazgan'ın fiilen Maverâünnehir'e hâkimiyeti.
1358	Hüseyin Kert'in tekrar hücumu, Kazgan'ı püskürtmesi ve Horasan içlerine kadar ilerlemesi ve Emir Kazgan'ın damadı tarafından öldürülmesi.
1361	Tuğlug Timur Han'ın Maverâünnehir'e gelmesi oğlu İlyas Hoca'yı memlekete vali nasbetmesi.
1364	Tuğlug Timur'un ölümü, Timur ve diğer Çağatay beylerinin İlyas Hoca'yı kovmaları, Maverâünnehir'de anarşi.
1365	İlyas Hoca'ya Hüseyin ile Timur'un Çarçık'da mağlup olmaları, Hüseyin'in emir olması.
1368	Timur'la Hüseyin arasında mücadele.
1369	Timur'un 34 yaşında Berh'de emir ilân edilmesi.
1370-81	Çete'ye (Şarki Türkistan ve İli Havzası) beş defa, Harezm'e dört defa sefer yaparak buraları fethetmesi, Togtamış'ın Timur'a ilticası.
1381	İran fethine başlanması, Horasan'da Kertlerin mağlup edilmesi.

1382-83 Müşrik Mogollara karşı sefer, Cürcan, Mazenderan, Şimali İran'ın fethi, Seyistan'ın zaptı, Serbedarilerin ve diğer hâkimlerin inkiyadı.

1384 Herat'ta kertlerin tamamen imhası.

1386-87 Fars-İran ve Azerbaycan'ın istilası.

1387 Erzurum, Muş, Ahlat ve Reva'nın fethi, Fars'a avdet ve isyan etmiş olan ahalinin katliamı, Ömer Şeyh'in Maverâünnehr'de Togtamış'a mağlup olması.

1391 Togtamış'a karşı hareket ve Togtamış'ın mağlubiyeti.

1392 Beş Sene Harbi'nin başlaması, İran'da isyanların tenkili, İsmaîlilerin imhası.

1393 Fars'a tekrar girmesi, bazı kalelerin alınması, Muzafferi Hanedanı'nın tamamen imhası, Bağdat'a yürümesi, Sultan Ahmed Celayir'in Berkuk'un yanına kaçması, Bağdat'ın zaptı, Berkuk'un Ahmed Celayir'i vermemesi üzerine Urfa'nın Musul'un alınması, Sultaniye'ye avdet.

1394 Kara Yusuf'un arazisine girmesi, Avnik'in zaptı, Gürcistan ve Tiflis'in fethi, Mezopotamya'ya dönüş.

1395 Togtamış'ın yeniden hücumu, Timur'un Togtamış'ı takibi, Kıpçak'a girerek Moskova'ya kadar ilerlemesi, İran'da isyanların bastırılması.

1396 Semerkant'a dönüş, Beş Sene Harbi'nin sonu. Bayezıd ile Mısır sultanının ittifakı, Kadı Burhaneddin'in ölümü, Bayezid'in Karaman'ı zaptı.

1398 Hint seferi, Ahmet Celayir'in Bağdat'a girmesi, Bayezid'in Sivas'ı ve Malatya'yı zaptı.

1399-1401 Timur'un Hint'ten Semerkant'a avdeti, Yedi Sene Harbi'ne başlaması, Miranşah'ın azli ve Azerbaycan'da işlerin yoluna konması, Gürcistan'ın yeniden zaptı, Küçük Asya'ya girmesi, Sivas'ın zaptı, Malatya'yı alması, Suriye'ye dühul, Halep, Humus ve

Şam'ın sıra ile zaptı, Mısır sultanı Alfereç'in mağlup olması, Bağdat'ın tekrar zaptı, Ahmed Celayir'in Bayezid'in himayesine sığınması, Karabağ'da kışladıktan sonra Timur Kayseri'ye yolundan Ankara'ya yönelir.

1402 Ankara Harbi, Bayezid'in mağlubiyeti, İzmir'in alınması.

1043 Bayezid'in ölümü Mısır sultanının Timur'un tabiiyetini tanıması.

1404 Karabağ'da kışlaması, Semerkant'a avdet, Çin seferine çıkması.

1405 Timur'un ölümü.

BİBLİYOGRAFYA

1. E. Lavisse - A. Rambaud, *Histoire Generale*, 1892-1901, 3. cilt içinde, L. Cahun, "Formation Historiale de L' Asie".
2. W. Barthold:
   a. *Orta Asya Türk Tarihi Hakkında Dersler*, İstanbul 1927.
   b. *Ulug Beg ve Zamanı*, tercümesi İstanbul 1930.
   c. İslâm Medeniyeti, F. Köprülü yayını.
3. L. Bouvat: *L'Empire Mongole*, Paris 1927.
   İslâm Ansiklopedisi: *Timur ve Timurîler* maddeleri.

FUAD KÖPRÜLÜ'NÜN SEMİNERİNE SUNULAN ÇALIŞMANIN ESKİ HARFLİ ORİJİNALİ

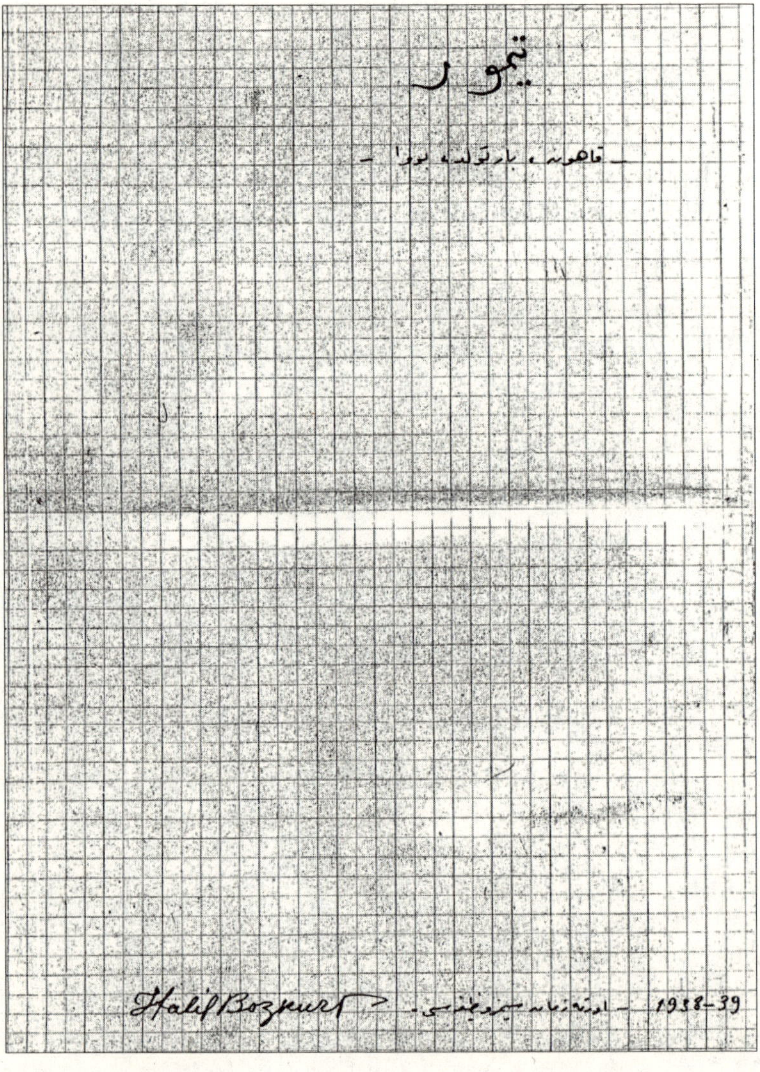
تیمور

Halil Bozkurt — 1938-39

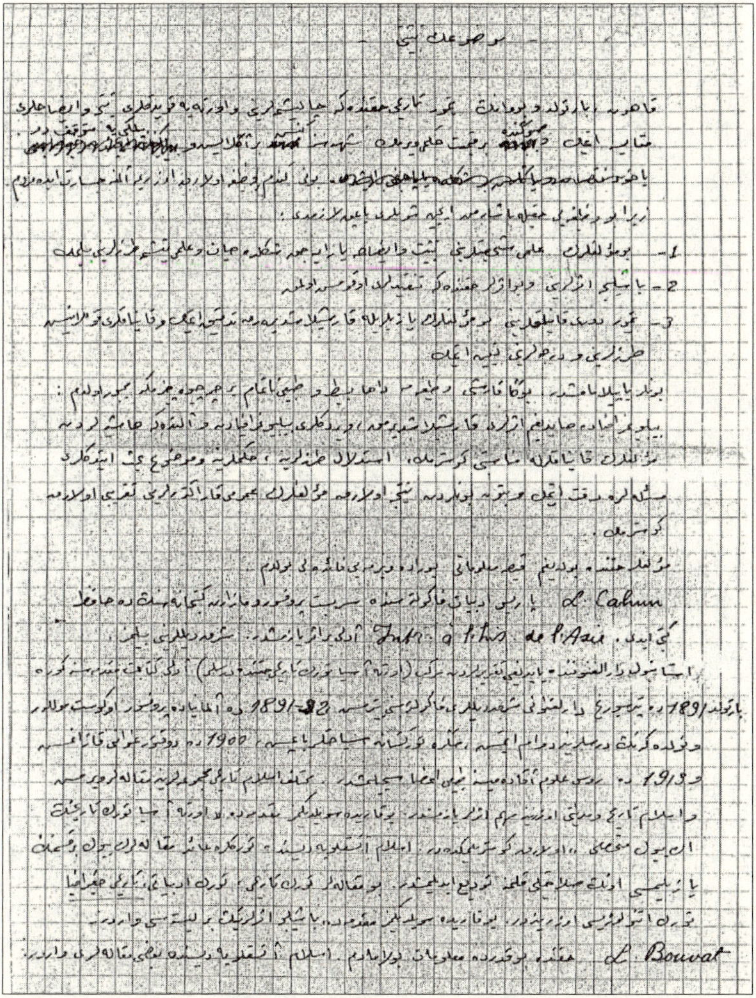
1-
2-
3-
L. Cahun
Intr. à l'his. de l'Asie
1891
1891-92
1900
1913
L. Bouvat

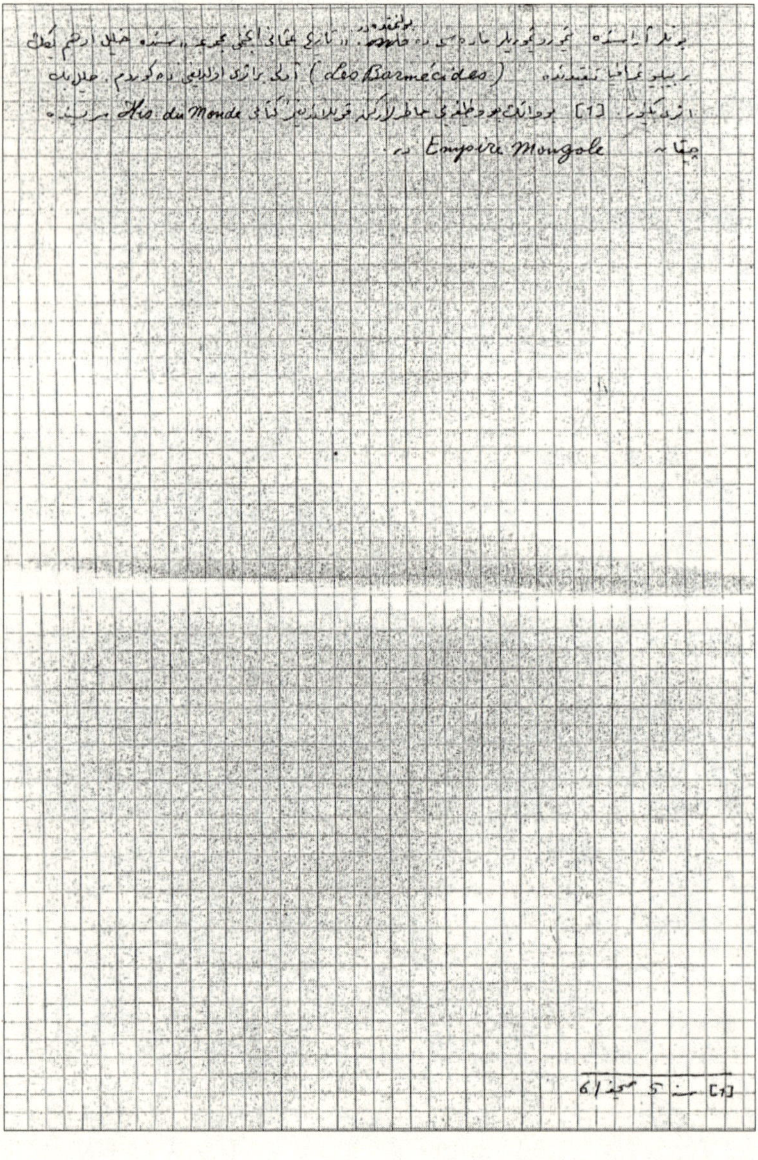
(Les Barmécides)
[1] His du Monde
Empire Mongole
[1] سنه 5 صحیفه 61

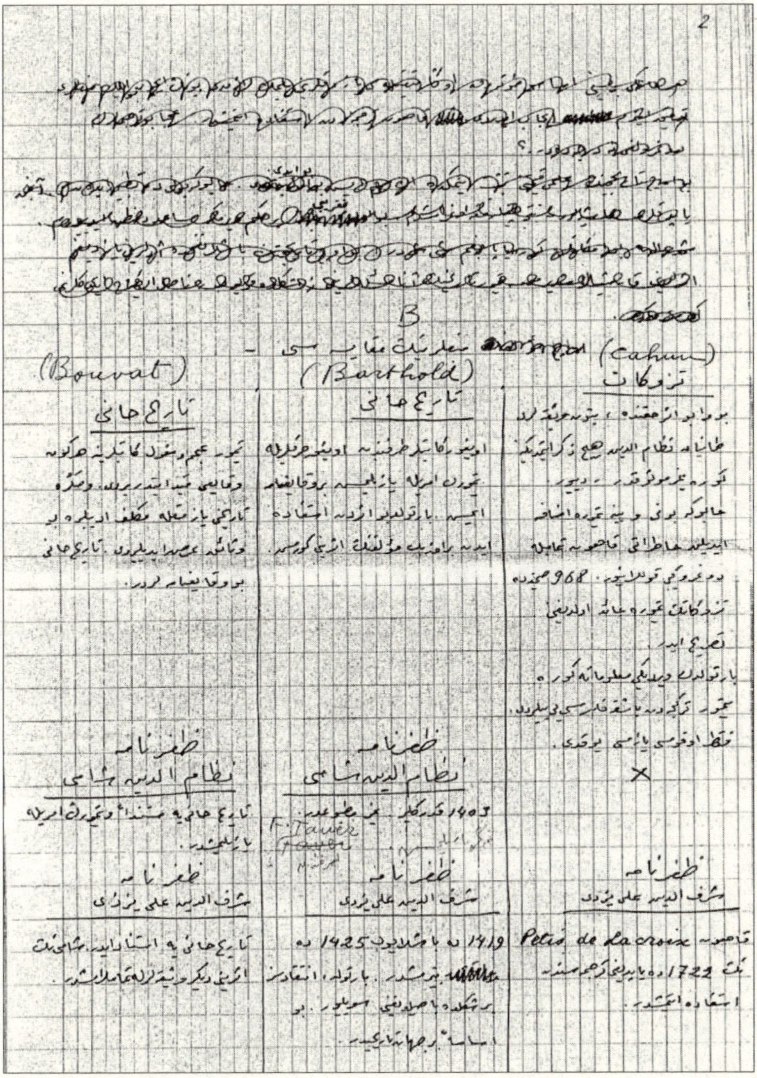
2
B
(Bouvat)
(Barthold)
(Cahun)
تزوكات
تاريخ خانى
تاريخ خانى
ظفرنامه
نظام الدين شامى
ظفرنامه
نظام الدين شامى
ظفرنامه
شرف الدين علي يزدي
ظفرنامه
شرف الدين علي يزدي
ظفرنامه
شرف الدين علي يزدي
Petis de La croix
1722
1403
1425
1419
968
F. Tauer

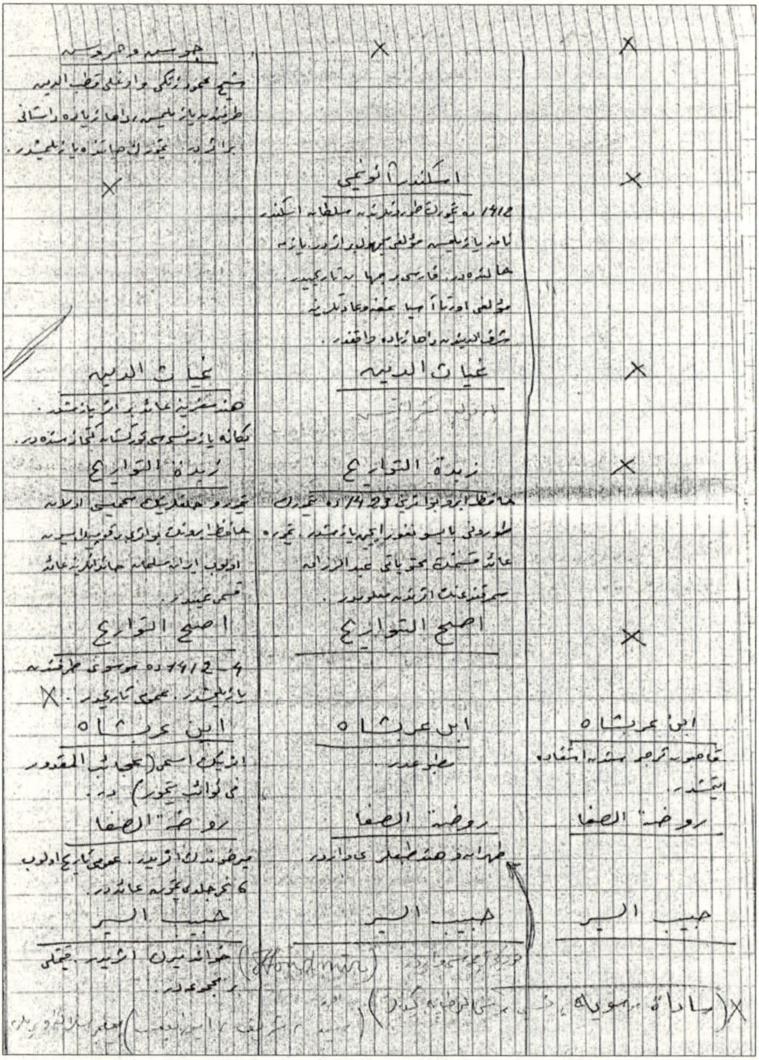
اسكندر انونيمى

غياث الدين

زبدة التواريخ

اصح التواريخ

ابن عربشاه

روضة الصفا

حبيب السير

(Hondmir)

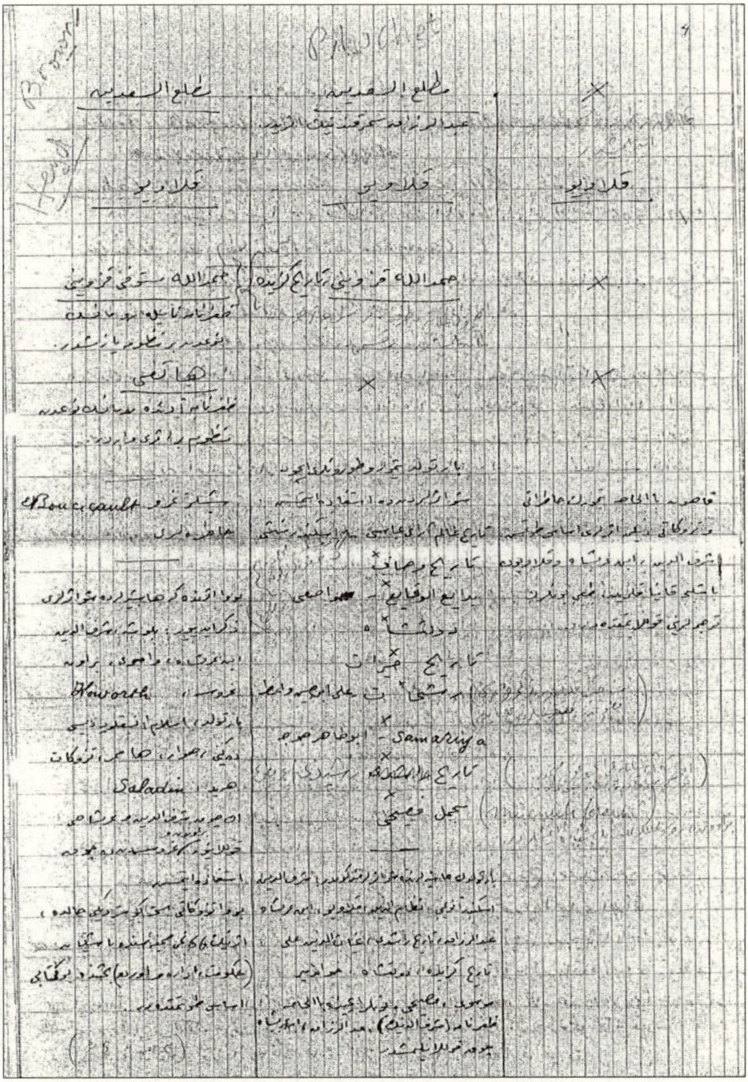

5

نتیجه . او حالده قاپیاقلرینی کوچرکلردن صکره ده دیبلرنده بارتولد و بووا قاپیاقلری ای طاعتده درلر .
مع مافیه بووا کوستردیکی مختلف قاپیاقلرک آراسنده تاریخنده اعتقاد ایتمشدر . حالبوکه بارتولد
کرچه بیوک جزءده مختلف قاپیاقلری مقابله ایدرسه ده قوللانمقده در .
قاعده [illegible] ایدرده در و [illegible] و صحیح بشمه لی آثارده عبارتدر .
ماخذلری — اصل قاپیاقلرک یا کلسه ترجمه لرنده

C

I

(تیمور دولتنی دوغوران تاریخی شرائط)

— L. Cahun —

اونه اوجنجی عصر صوکلرندن اعتباراً مغول امپراطورلغی مستقل دولتلره آیریلارق پارچه لانمغه باشلادی .
بو آیریلیشک ان مهم سببی غربده کی مغوللرک اسلامیته کیرمسنده آرامالیدر . مع مافیه د ۱۶ XIV
عصر اورته لرینه قدر آلتین اوردو ، ایلخانی و چغتای امپراطورلقلری [illegible] قاآن لره باغلیلقلرینی کوسترن
بعضی علامتلر واردر . غربده کی ترکلریله شرقده کی مغوللر آراسنده تماس یوق اولارق ماوراءالنهرده دینی بر
ترکیب ، مسلمانلغک تأثیریله باغلیلق [illegible] و مغول امپراطورلغی تماماً [illegible] پارچه لانمش اولاجقدر . تیمور
بو وضعیتک اک صوک [illegible] نظامیدر . او ماوراءالنهر مسلمانلرینی مشرک مغوللرک تابعیتنده
تماماً قورتاراجقدر .

قاعده سی اقتصادی و اجتماعی بر تنظیم نظرده علاوه ایدییور . ترکستان کوچرلریله ایران و ماوراءالنهرک
بیوک شهرلری خلقی آراسنده ضدیت و مجادله یکیسندن تحققده در . طبیعی تیمور بو ایکیلیکک قهرمانی
اولاجقدر .

ماوراءالنهرده ایکی حاکم عنصر واردر : اسلام دینی — طریقتلر ، علما ، و فقها بونی تمثیل ایدییور — ،
ایکنجیسی ترک بیوک عائله لرندن مرکب و بیوک آراضی صاحبی عسکری آریستوقراسی .
بو عسکری آریستوقراسی آراسنده متعدد قبیله لر ده واردی . چغتای خانلرینک ماوراءالنهرده نفوذلری
قالمامشدی . مملکتی حقیقتده درت قبیله رئیسی اداره ایدییوردی . بو عسکری آریستوقراسی مملکتی ایکی
دشمن قارشی مدافعه مجبوریتنده ایدی . شمالده کندی حکمدارلرینی و اولکه برابر کلن کوچبه لره ؛ جنوبده
خراسانده حسبه [illegible] صحرا [illegible] قارشی . قازغان بونی باشارده رق ماوراءالنهرک حقیقی حاکمی
اولدی . اونک تیشدرمسی اولان تیمور ده کندیسنه بو وظیفه ده خلف اولاجقدر .

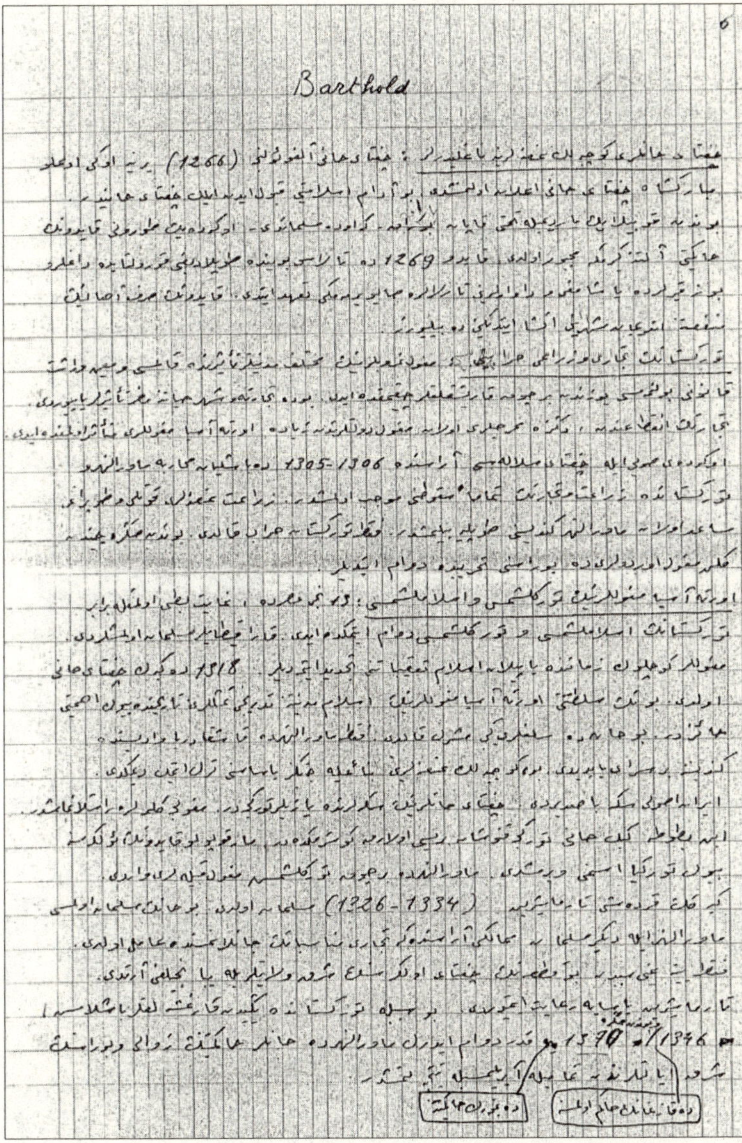
6
Barthold

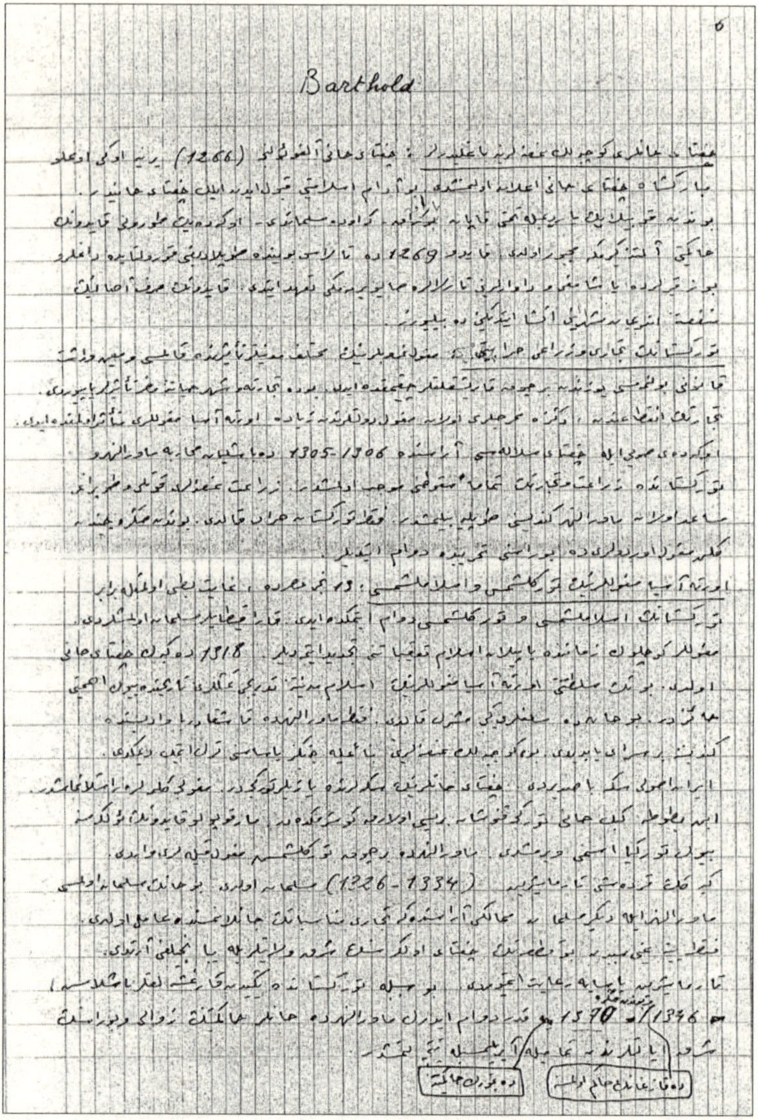
6

Barthold

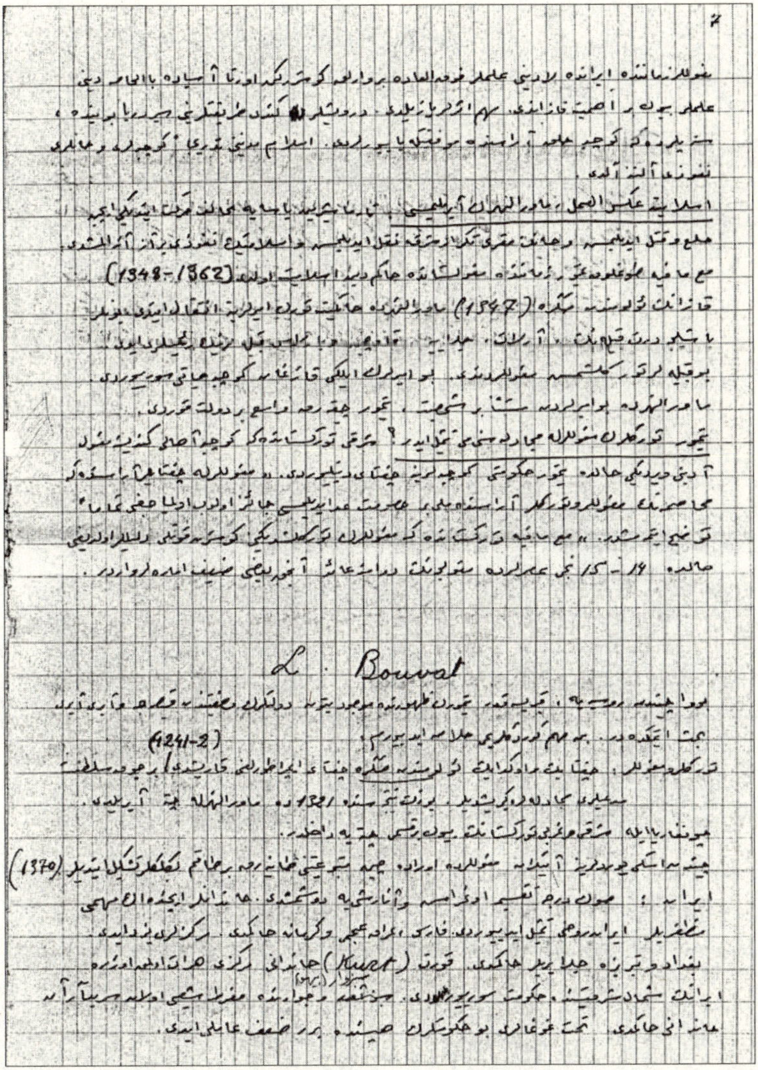
7
(1348-1362)
(1367)
L. Bouvat
(1241-2)
(1370)
(Kurt)

8

صنعتنه ؛ بو راده محمد طوغلو‌غلی‌نك دینی تحقیقاتی یوزندن عمومی بر علاقه‌یه جلب ایتمسی و ممالك
والیلرینه استمداد ایتمسی …

(۱) Browne لك تذکره‌یه اشتراك ایدن تیمور، عالملرینی ازلیه یاردم ایله
درایة وحدتی وانتقالی حاضرلامشدر دیور.

II

— تیمورك منشأی —

L. Cahun

تیمور 1333 ده دوغمشدر. باباسی Turgay یاخود Taragay آدینه ایدی.
طارغای منسوب اولدیغی برلاس (Barlas) قبیله‌سی داها زیاده تورك منشأدن
گورونمکده‌در. اساساً مغول تورده منسوب اولان آرلات، جلایر، صولدوزلی قبیله‌لرده
ماوراءالنهرده یرلشمه‌سی و دیل دینه مرور اعتباریله تماماً تورکلرله برابر اولمشلردی. تیمور اثنا
بارلاسلرك حاکمی ایدی.

W. Barthold

تیمور 1336 ده دوغمشدر (شرف‌الدینه). آناسی Tekina خاتوندر. باباسی امیر
Taragay در. قاشقادریا اوغلی ... کش شهرینه حاکم اولان برلاسلردندر. فقط بارلاس قبیله‌سینك
رئیسی و کشك حاکمی دکلدر (نظام‌الدینه). شرف‌الدینه گوره تیمورك جدی چغتای اولوسنك حاکمی و
چغتاینك معاصری قاراچاردر. حالبوکه رشیدالدینده قاراچارك برلاس قبیله‌سنه منسوب بر چغتای
امیری اولدیغی مقیددر. قاشقادریا چنگیزك، صکره‌لری چغتای خانلرینك موطنلری اولمشدر. کرك
خانلرك بوراده کندیسی بر سرای یاپدیردیغی معلومدر. برلاسلرله خانلرك مناسبتی حقنده قید یوقدر. ماوراءالنهر
خانلرینه تابع قبیله‌لرده اک بیوك اوجالر بر واریخه ابن عربشاهه گوره باشلیجه درت قبیله واردی:
آرلات، جلایر، قاوجین و بارلاس. بارلاس (مغول تلفظی Barulas) تورکلشمه
مغول قبیله‌لریدر. چغتای ایلی طوغلقلرلک بارلاسلرده بارلاس میری واردی. مغوللر بو تورکلشمه
ممیزلرینه قراونا (Karavnas - ...) دیرلردی.

L. Bouvat

تیمور 1336 ده کش جوارنده دوغمشدر. تیمورك جدی چنگیزك عموزاده‌سی قاراچاردر. (شرف‌الدینه)
تیمورك شجره‌سی تیمورنامه کتابه‌سنده یازیلیدر. بو شجره تیمور خانه‌دنه چیقار. [1]

[1] تارودتوسنك اوغلی قاچولی در. بونك اوغلی‌ده بجی بارولاس نامنده برانوغلی وار در. بارولاس قبیله‌سی ده
تیمور بونلردن گلیر. بارلاس قومانداننه دیمکدر. (شجرهٔ تورکی صحیفه 67) — جمیل

9

نتیجه : قاضیزاده برلاسلی توران اوجسی احتمالی ایلری سوریور. اوڭا كوره تیمورك [1] بارتولد، شرف الدینك
روایتلرینی رشید الدینك اثریله قارشیلاشدیره‌رق صاحبلرینی تجزیه ایدیور. و تیموری تورکلشمش
منغوللردن كوستریور. بوڭا ایسه شرف الدینك روایتی تنقیده یكانه ... تیمورك اجدادی بارلاس
قبیله‌سنڭ حاكمی اولمسی مسئله‌سنده بارتولد ایله قاضیزاده آییریلیورلر. تیمور، نظام الدینده قبیله‌نڭ رئیسی
حاجی ایله (برادر) اولارق كوستریلیورده. یعنی مؤلف بونلری قبیله‌نڭ دیكر برقاچ باشبوغی ایچنده
توتولمقده‌در. شرف الدینه كوره تیمور ایله حاجی‌نڭ مشترك جدلری جغتاینڭ معاصری قاراچاردر [1]
كذا بوده ایله بارتولد شرف الدینده آرالرنده دوغوم یللری 1336 اولارق تثبیت ایتدیكلری حالده قاضیزاده‌نڭ آلدیغی كوسترمیورده 1333 كوستریور.

III

ماوراءالنهر حاكمی اولانه قدر تیمور

L. Cahun

قاضیزاده تیمورك كندیسنك یازدیغی ادعا اولنان ترجمهٔ حالنه استناداً حیاتنڭ ایلك دورلرینی اوزون اوزادیه
آڭلاتمقده‌در. (صاحبلری بونی بارتولده كوره شبهه‌در. زیرا بونده رسمی تاریخه صحیح ایدلمامشدر.)
قاضیزاده تیموری هیچ یا تیمیده ایده آل بر شوالیه اولارق تصویر ایتمكده‌در. طوغلوق تیمورك اولكی الیاسی خوجه نڭ
ماوراءالنهرده كی تعمالرینده برابر اوراده حلقی تحریك ایتمه، حلقك و دینڭ حامیسی و تیمورتایكسی اولمغه تیمورك
یاشلیجه غایه‌سی ایدی. بونك ایچون ایلك حركتده حاجی طرفنده عاصی اعلان اولندی و توركلره ربطلی اولوب اوزره تعقیب
ایدیلدی. بوندن صكره بر مدت سرسری حیاتی كچیردی. توركلری بواسطه‌سیله جغتایلری جلعرادی قهرمانه طانیدیلر
1363 دن 1369 ه قدر جغتایلری حوراسانلیلر و ماوراءالنهرده رقیبلری لكلرله مجادله‌دن صكره
مبارزه‌سی حاكمیتی آلدی كچیردی. باشلانغجده بری دیه آدلری كندیسی مادی و معنوی دستك اولمشلردی.
حسین ده تیكدردن صكره 1369 ده بلخده ماوراءالنهر حكمداری اعلان اولندی.

W. Barthold

تیمورك باباسی دیندار بر آدم اولوب علما و شیخلر ایله صمیمی مناسبتی واردی. كذا ماوراءالنهر و منغولستانده
بر چوق مهم امیرلر كه طایفه‌ده و رضا بسنده بولنمقده‌یدی. تیمور بونلر ده بر صكره‌لری استفاده ایتمشدر. تیمور
بابا ایستك توغوم تاریخی ایله (1360) ، 1370 سنه‌سی آراسنده مستقل قدرتنی حاضرلیور. جغتای و منغوللر
آراسنده كی مجادله‌یه اشتراك ایدیور. اطرافه سلاح آرقداشلری طوپلیورده. بونلرله بالا ده‌ستنده
قبیله سنده‌ایدیورده. حیاتنده حوجه یالكز قالدیغی و دربدرلكی زمانلر اولدی. فقط آصلا یأسی كوسترمیوردی.
1360 ده منغول حاكمی طوغلوق تیموره یاردیمی ایله كسه و قارشی شهرلرینڭ اداره‌سی آلنه كچیریور. قازغانڭ
طورونی حسین ایله اتفاقه و منغوللره عجاربه ایدیور. چیرچیقده مغلوب اولیور (1365) نهایت حسین برابر
داخلی و خارجی دشمنلرینی آلت ایدرك ماوراءالنهرك اداره‌سی آلنه كچیرمكه موفق اولیور. 1370 ه قدر
كاه حسین برابر كاه حسینه قارشی بجا دلرده بولنیور. بوتاریخده حسینی ده برطرف ایدرك جغتای حكومتنڭ

[1] بارتولد : اولوغ بك و زمانی، ترجمه‌سی صحیفه 13

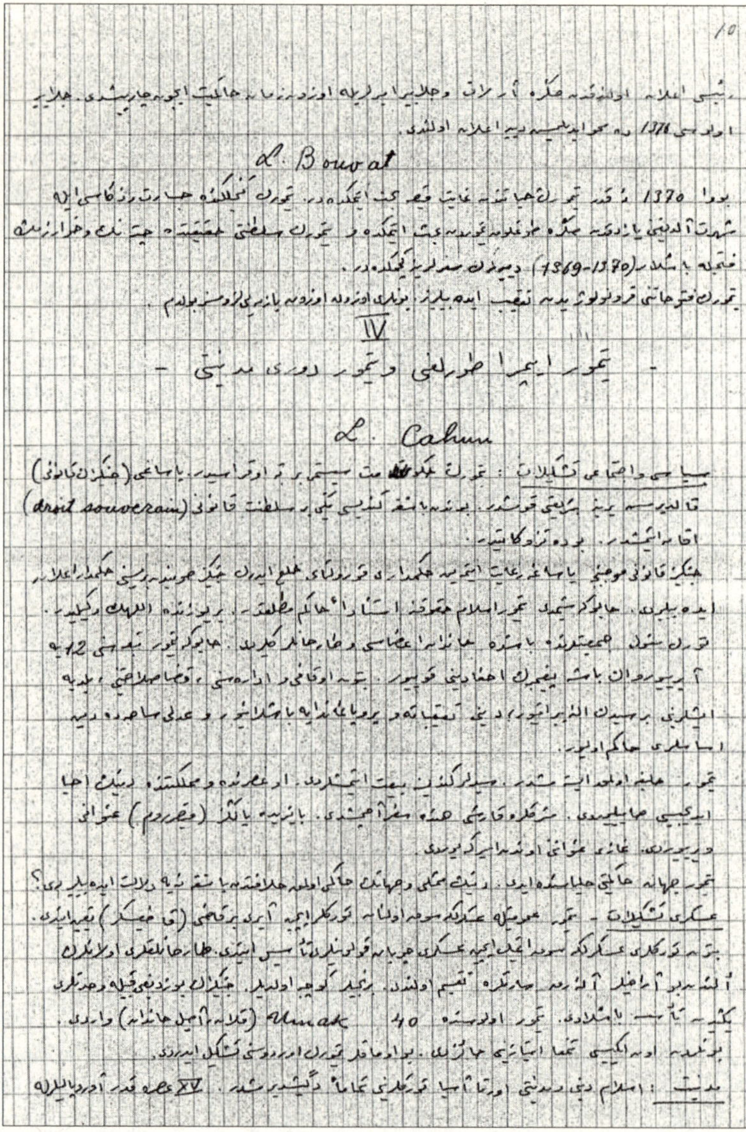

10

[illegible] اعلان اولندقده صکره [illegible] وجلایرلر ایله اوزون زمان حاکمیت ایچون چارپیشدی. جلایر
اولوسی 1376 ده [illegible] اعلان اولندی.

L. Bouvat

بووا 1370 ه قدر تیمورک حیاتنده غایت قیصه بحث ایتمکده در. تیمورک [illegible]
شهرت آلدیغنی یازدقدن صکره [illegible] تیمورک سلطنتی حقیقتده [illegible] و خوارزمک
فتحیله باشلار (1369-1370) دیمکده [illegible] تحکمکده در.
تیمورک فتوحاتنی قرونولوژیک بر صیره ایله تعقیب ایده بیلیرز. بونلری اوزون اوزونه یازمغی لزومسز بولدم.

IV

- تیمور ایمپراطورلغی و تیمور دوری مدنیتی -

L. Cahun

سیاسی واجتماعی تشکیلات : تیمورک حکومت سیستمی [illegible] (چنگیز قانونی)
[illegible] (droit souverain
[illegible]
چنگیز قانونی موجبنجه [illegible]
ایده بیلیرلر. [illegible] تیمور اسلام [illegible]
[illegible] 12 ه
[illegible]
[illegible]
[illegible] حاکم اولیور.
تیمور [illegible]
[illegible] (قیصر روم) عنوانی
[illegible]
تیمور جهانه حاکمیت [illegible]؟
عسکری تشکیلات - تیمور [illegible] (آق عسکر) [illegible].
[illegible]
[illegible]
[illegible] Ulumak 40 [illegible] واردی.
[illegible] تیمورک اوردوسنی تشکیل ایدردی.
مدنیت : اسلام دینی و مدنیتی اورتا آسیا تورکلرینی تماماً دگیشدیرمشدر. XV عصره قدر [illegible]

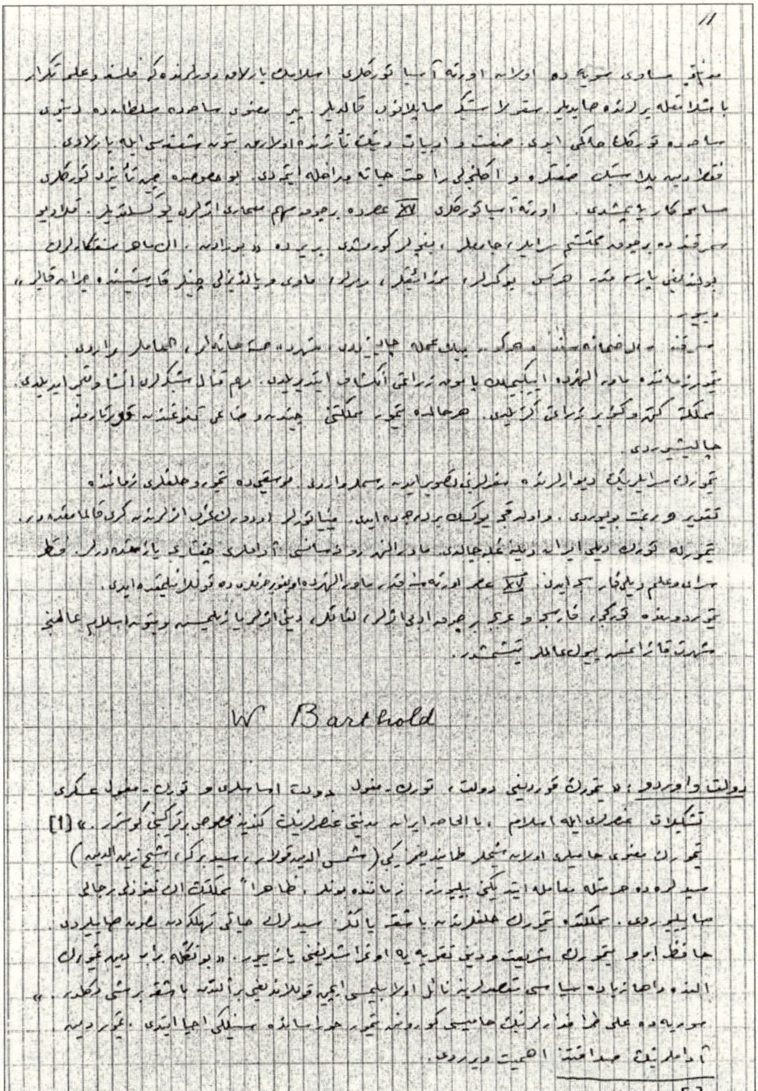
11
W Barthold

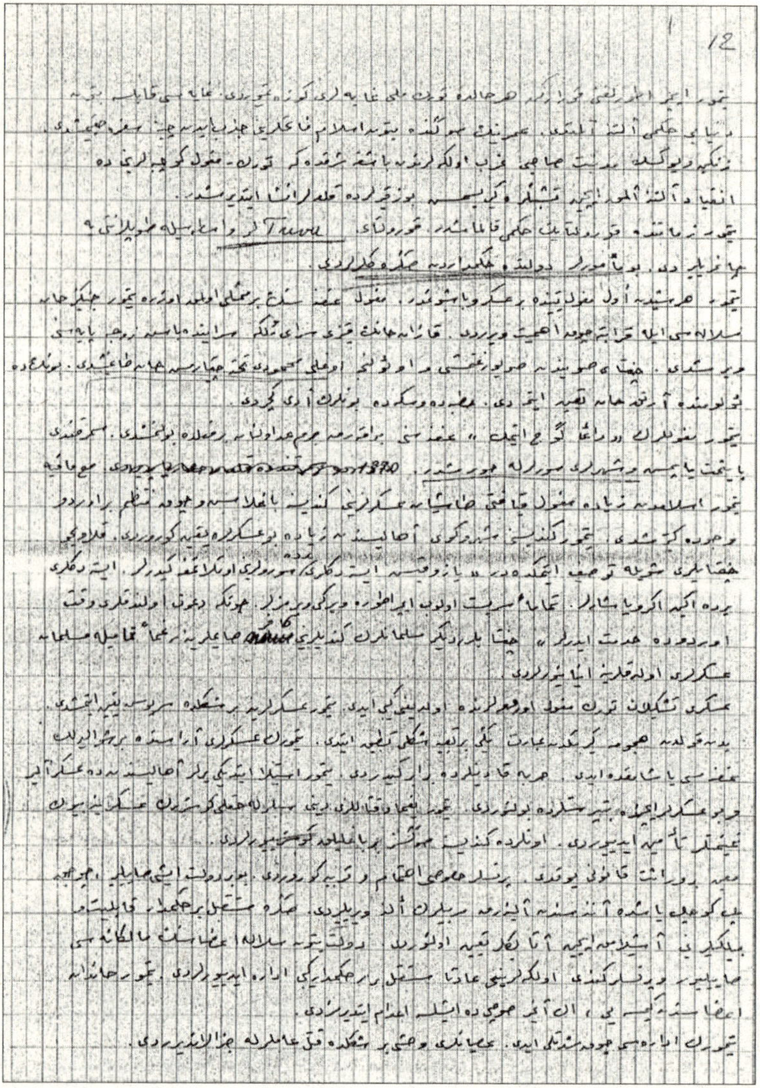

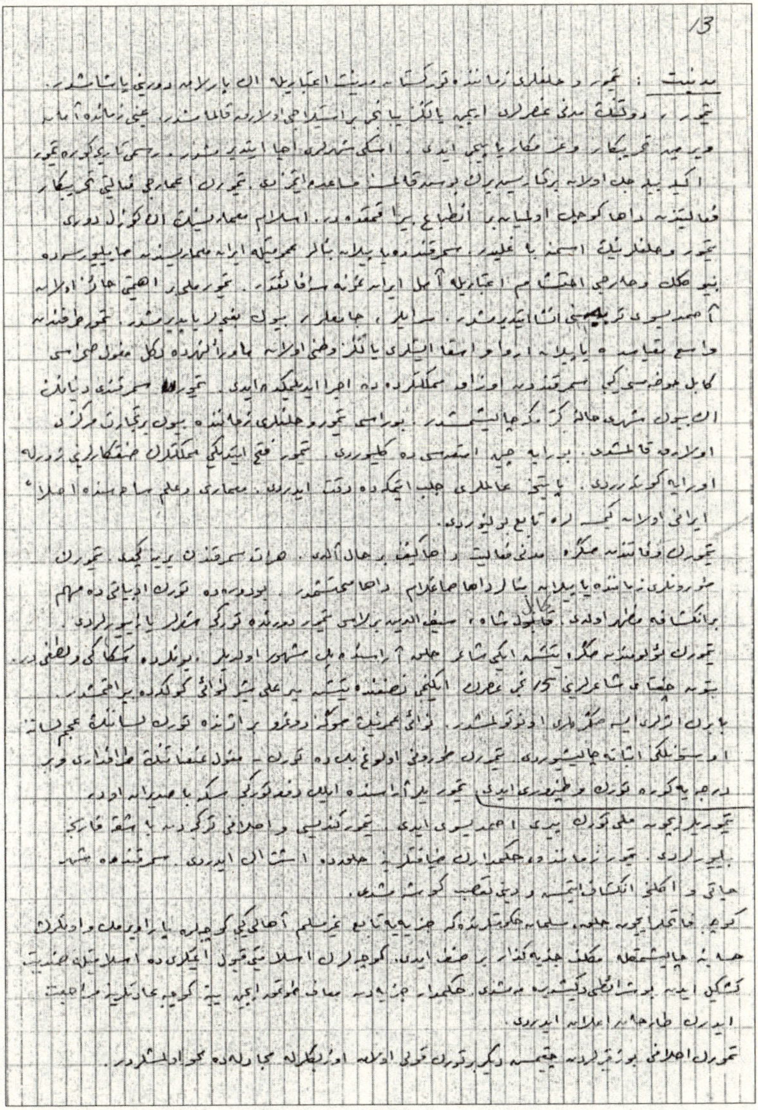

13

مدنیت : تیمور و خلفلری زماننده تورکستان مدنیت اعتباریله اك پارلاق دورینی یاشامشدر.
تیمور ، دوقتمش مدنی عنصرلری امحا ایتمکله یالکز یاپیجی بر استعدادجی اولارق قالمامشدر. عینی زمانده ماهر
بر میمار تخریبکار و غزا مکارینی یاپمش ایدی. اسکی شهرلری احیا ایتدیرمشدر. رجحمی تاریخه کوره تیمور
اکثریتله جلب اولارق برکاره سیدرك بویسه قالمسی جامعدم ایمزلردی. تیمورك اعمارجی قابلیتی تخریبکار
فعالیتنده داها کوچوك اولمایه بر انطباع بیراقمقده‌در. اسلام معمارلیغنك اك کوزل دوری
تیمور و خلفلرینك اسمنه باغلیدر. سمرقندده یاپیلان باکر تحمر ایران معمارلیغنده حاکم اولیور سرده
بیوکلك و حشمتجه الحقیقه هم اعتباریله آثار ایران غونه‌سنه سبقت ایتمکده‌در. تیمورملیلر الحیثی جامع اولارق
آ همدیسوی تربه‌سنی انشا ایتدیرمشدر. سرایلر ، جامعلر ، بیوك بنجبورلر یاپدیرمشدر. تیمور طرفندن
واسع بتقاییده یاپیلان ارواح و اهتقا ایتدیرلری یالکز وطنی اولان ماوراء النهرده دکل مغول حوامی
کابل حوضه‌سی کبی سمرقنددن اوزاق مملکتلرده ده اجرا ایدلمکده ایدی. تیمور سمرقندی دنیانك
اك بیوك شهری حالنه کتیرمکه چالیشمشدر. بو شهر تیمور و خلفلری زماننده بیوك بر تجارت مرکزی
اولارق قالمشدر. بورایه چین امتعه‌سی ده کلیوردی. تیمور فتح ایتدیکی مملکتلرك صنعتکارلرینی زورله
اورایه کوتورردی. پایتخته عالملری جلب ایتمکده ده دقت ایدردی. معماری و علم ساحه‌سنده اهلا
ایرانی اولانلره کیمسه اره تابع بولنیوردی.
تیمورك وفاتندن صکره مدنی فعالیت دا لایقیله بر حال آلدی. هرات سمرقندك یرینی کچدی. تیمورك
مؤرخلری زماننده یاپیلان بنالر داها مکمل داها صنعتلیدر. بو دورده تورك ادبیاتی ده مهم
بر انکشاف مظهر اولدی. خلیل شاهرخ شاه ، سیف الدین برلاسی تیمور دورنده تورکجه شعرلر یازیورلردی.
تیمورك اولومندن صکره ، شیشه ایکی شاعر حلیه آرسنده بك مشهور اولدیلر. بونلرده سکاکی و لطفی‌در.
تیمور حلفاسی شاعرلری ١٥ نجی عصرك ایکنجی نصفنده میرعلی شیر نوائی کوکلرده پرایتمشدر.
بونلرك اثرلری ایله صکره‌لری اونوتولمشدر. نوائی تیمورینك شوکتی دوغرو بر اثرنده تورك لساننك عجم لساننه
اوستونلکنی اثباته چالیشیوردی. تیمورك حوردینی اولوغ بك ده تورکدی. مغول عنعنه‌سنك طرفداری ویا
درجه‌یه کوره تورك وطنپرور ایدی. تیمور بیراق آرسنده ایلك دفعه تورکجه سکه باصدیران اودر.
تیموریلر ایچونده ملی تورك ایدی. ا همدیسوی ایدی. تیمور کندیسی و اصلافنی ترکجه ده بو مشعله قاریکه
بیلیورلردی. تیمور زماننده حکمدارلك حیاتلری جمعیتده اشتراك ایدردی. سمرقندده شهر
حیاتی و اهلی انکشاف ایتمشه و دینی تعصب کوسترمشدی.
کوچه‌به تیمور ایچونده حلمه سلطانه حکومتنده اکر جزیه‌یه تابع غیر مسلم اهالی کبی کوچبه‌لره یار اولدرملك و اوبکرك
همه بر چالیشمقله مکلف جزیه کذار بر صنف ایدی. کوچرلك اسلامیتی قبول ایتکلری ده اسلامیتك حضور
کشکن ایدیسه بو شرطی دکیشدیرمه‌مشدی. حکمدار جزیه‌دن معاف طوتمق ایچون کوچبه حالنده مراجعت
ایدنلرك طاغچیلره اعلان ایدردی.
تیمورك اصلافی بوزتیرلردن حقیقه دیکر تورك قومی اولان اوزبکلرله محاربه‌ده تحمو اولمشلردر.

14

(L. Bouvat)

اسلامك بر حافظی و ناشری اولان تیمور، رقیبلری جنگیز خانیلرك [illegible] اولارق [illegible] ایتدكلری شریعتی
یاساده ایله برابر قبول ایدیوردی و [illegible] دینه آدملری اجتماعی جنگیزلر یاساسی تویریوردی. شرف الدینه گوره
جنده مذهبی دینی بر غایه ایله یاپیشدی. تیمور جاسوسی اولارق قوللاندیغی تجارلرده جمعیت خفیلری
آراسنده یوكسك بر موقع ویریوردی. عددلری ٤٥ اولان سنوف قبیله لرندن ۱۲ سی رتبه لی قوماندانلرك
اداره سنده گزیده بر صنف تشكیل ایدیوردی.
بر دیوان بكلك ریاست ایتدیكی [illegible] مجلسی (حلیه و ایالات وزیریكی، اوردو وزیریكی) سپاهیلر و اموال
تورك وزیری، حكمدار خانه‌لی وزیرلرده و [illegible] دائره ده جدولری و داخلیه وزیرلیگی [illegible]
ولایت اداره سی [illegible] دكلدی. هر ولایتده حاكم، اوردو و مستوفی امر ایله مخصوص اولمدیلر ده اوچ
وكیل واریدی كه نظام و آسایشی محافظ و تجارت و جنایتلری الكشاف ایتدیرمسیله مكلف ایدیلر.
تیمور هر طرفدن [illegible] هر كیده ۳۰۰۰ كیشیلك مكمل بر استخبارات مهارتی گوستریشدی. شهرلرده
و كویلرده [illegible] Kuzz آدینی طاشیان بر پولیس تشكیلاتی یاپیلمشدی.
تیمور فتح ایتدیكی یرلرك آهالیسیله [illegible] مأمورلری و وركی سیستمی القا ایدیوردی.
بر نسبت اولارق وركی عشاری و محصولك ۱/۳ ویا ۱/۴ ی اولارق تثبیت ایدلمشدی. حتی استحصال
یاپانلر محصولاتلری نسبتله جزالاندیریلیردی.
تیمور [illegible] انشا [illegible] صحبت [illegible] كوپرولر، كروانسرایلر انشا ایتدیردی. گنجه یا راسیله بر چوخ
جامع تكیه مدرسه‌لر یاپدیردی.
دیلنجیلكی شدتلی تدبیرلرله منع ایتدی. [illegible] تسلیم ایدیلردی. دینی عبادت ایتمیانلر
[illegible] ویریلردی. دینی تشكیلات دیگر مسلمان دولتلرنده اولدیغی كبی ایدی.
تیمور زماننده [illegible] (۹) مولویه [illegible] ال چوقه مریدلری اولان طریقتلردی.
٤٥ سنوف قبیله سی اوردونك اساسنی تشكیل ایدیوردی. عسكری تشكیلات [illegible] قوماندانه ایدیلر.
بیك یا اونبیك [illegible] بر [illegible] تشكیل ایدیوردی. اوردوده [illegible]
صنفلرده واردی. [illegible] ایدیلیردی [illegible] آهالیسینه
آنفار به اولارق آلیردی.
ایمپراطورلغی داخلنده، تیمور تجارت و صنعی تشویقله [illegible] یاپدی. VI شارله یازدیغی مكتوبده
تجار گوندرمسنی ایستیور و [illegible] دنیا رفاه [illegible] بریوردی. تیمورك فتوحاتیله
[illegible] هند [illegible] آراسنده تجارت ایچین یوللر آچلدی.
تیمور دورنده ادبیات و علم ساحه سنده بیوك و مشهور آداملر یتشدی. [illegible] تاریخ و عربی [illegible] یازیلیوردیلر.
معماریده مهم اثرلر وجوده گتریلدی. [illegible] پوللرده قوللانیلدی. تبریزده و سمرقندده
[illegible] واردی.

١

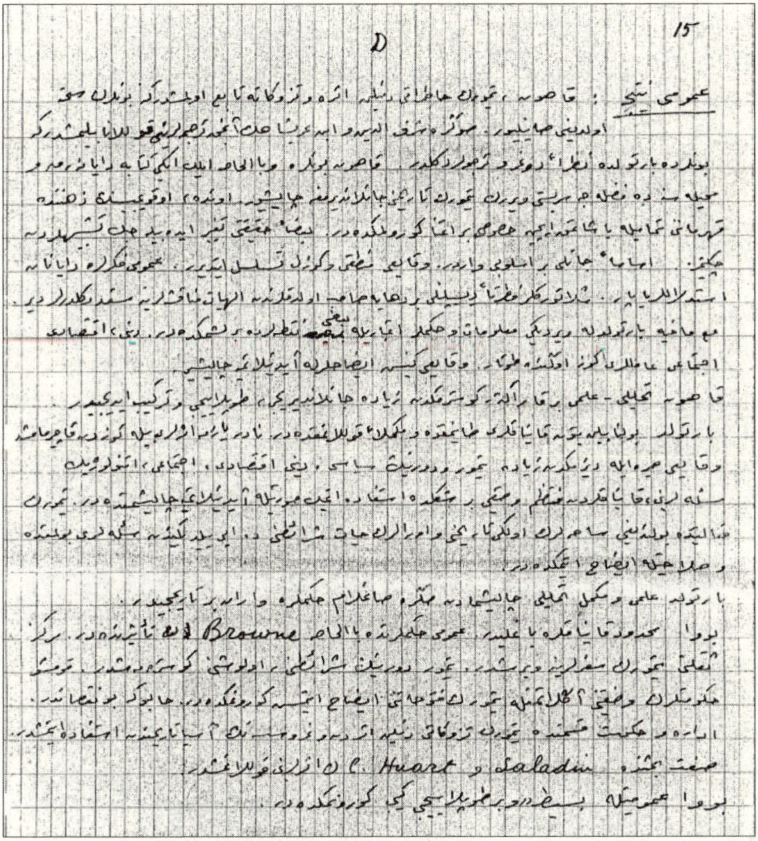

D

15

Browne

C. Huart

Saladin

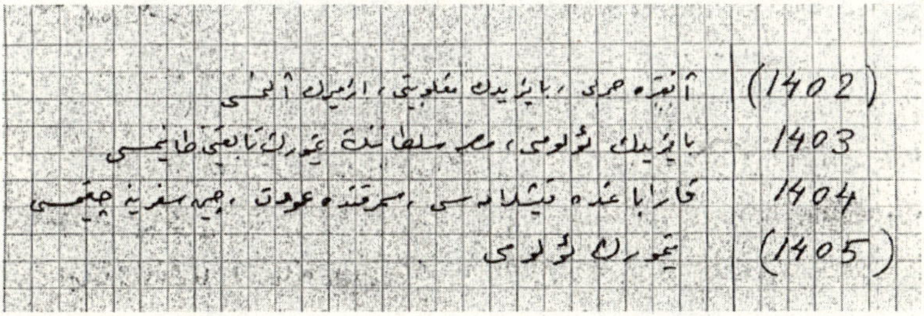

(1402)	آنقره حربی، بایزیدک مغلوبیتی، ازمیرک آلینمسی
1403	بایزیدک اولومی، مصر سلطاننک تیمورک تابعیتنی طانیمسی
1404	قاراباغده قیشلامسی، سمرقنده عودت، چینه سفرینه چیقمسی
(1405)	تیمورک اولومی

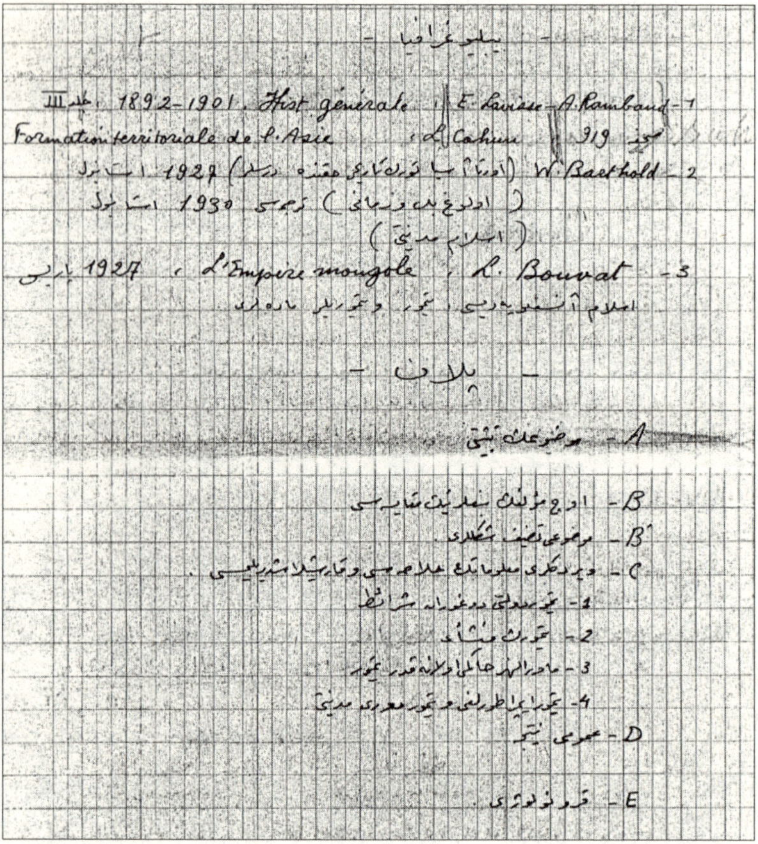

1

\- ببليوغرافيا -

1- E. Lavisse-A. Rambaud, Hist. générale, 1892-1901, III جلد

L. Cahun, Formation territoriale de l'Asie, ترجمه 919

2- W. Barthold (اورته آسیا تورك تاریخی حقنده درسلر) 1927 استانبول

(اولوغ بك و زمانی) ترجمه‌سی 1930 استانبول

(اسلام مدنیتی)

3- L. Bouvat, L'Empire mongole, 1927 پاریس

اسلام آنسیقلوپدیسی، تیمور و تیموریلر ماده‌لری

\- پلان -

A - موضوعك اهمیتی

B - اوچ مؤلفك بحثلرینك مقایسه‌سی

B' - موضوعی تصنیف شکللری

C - ویردکلری معلوماتك خلاصه‌سی و تاریخیله مشترکلیکی.

1- تیمورك ظهوری دوغوران شرائط

2- تیمورك منشائی

3- ماوراءالنهر حاکمی اولنجه قدر تیمور

4- تیمور امپراطورلغی و تیمور عصری مدنیتی

D - عمومی نتیجه

E - قرونولوژی.

16

قرونولوژی - تیمورك فتوحاتی -

1333	خوراسان حاكمی حسین كرتك ماوراءالنهره هجومی و امیر قازغان طرفندن مغلوب ایدلمسی
(1336)	تیمورك طوغومی
1343	امیر قازغانك قازان خانه عصیانی
1346-47	قازان خانك مغلوب اولمسی و اولدورولمسی، قازغانك فعلاً ماوراءالنهره حاكمی
1358	حسین كرتك تكرار هجومی، قازغانك پوسقویه دوشمسی و خوراسانه چكلمه‌یه قدر ایتلمسی، امیر قازغانك داماداری طرفندن طرفندن اولدورولمسی
1361	طوغلوق تیمور خانك ماوراءالنهره كلمسی، اوغلی الیاس خواجه‌یی مملكته والی نصب ایتمسی
1364	طوغلوق تیمورك اولومی، تیمورله امیر حسینك بكلربكی الیاس خواجه‌یی قوغملری، ماوراءالنهره آزادلغی
1365	الیاس خواجه‌نك تیمور و حسینی چته‌ده مغلوب ایتملری، حسینك امیر اولمسی
1368	تیمورله حسین آراسنده مجادله
(1369)	تیمورك 34 یاشنده بلخده امیر اعلان ایدلمسی
1370-8	جته‌یه (شرقی توركستان و ایلی خوطه‌سی) بش دفعه، خوارزمه درت دفعه سفر یاپارق بونلری فتح ایتمسی، طوقتامیشك تیموره التجاسی
1381	ایرانك فتحنه باشلامسی، خوراسانده كرتلرك مغلوب ایدلمسی
1382-5	شرقی مغوللره قارشی سفر، جرجانه، مازندرانه، شمالی ایرانك فتحی، سیستانك ضبطی، سربداریلر و دیگر حاكملرك انقیادی
1384	عراقده كرتلرك تماماً امحاسی
1386-87	فارس، ایران و آذربایجانك استیلاسی
1387	ارضروم، موش، وان، اخلاط و … فتحی، فارسه عودت و عصیان ایدن اصفهان اهالیسنك قتل عامی، بو صیره‌ده ماوراءالنهره طوقتامیشك مغلوب ایدلمسی
1391	طوقتامیشه قارشی حركت و طوقتامیشك مغلوبیتی
(1392)	بش سنه حربنك باشلامسی، ایرانده عصیانلرك تنكیلی، اسماعیلیلرك امحاسی
1393	فارسه تكرار كیرمسی، بعض قلعه‌لرك آلینمسی، مظفر خاندانینك تماماً امحاسی، بغداده یورومسی، سلطان احمد جلایرك برقوقه یانینه قاچمسی، بغدادك ضبطی، برقوقك احمد جلایری … ، سلطانیه‌یه عودت
1394	قاراباغده قیشلادقدن صوكره ارمنستانه كیرمسی، Aonik ضبطی، كورجستان و تفلیسك فتحی، …
1395	طوقتامیشك یكیدن هجومی، تیمورك طوقتامیشی تعقیبی، قپچاق ایلنه كیررك موسقوه‌یه قدر ایلرلمسی، ایرانده عصیانلرك باصدیرلمسی
1396	سمرقنده دونوشی، بش سنه حربنك صوكی، بایزیدله مصر سلطاننك اتفاقی، قاضی برهان الدینك اولومی و بایزیدك قاراماننی ضبطی
(1398)	هند سفری، احمد جلایرك بغداده كیرمسی، بایزیدك سیواسی و ملاطیه‌یی ضبطی
(1399)	تیمورك هنددن سمرقنده عودتی، 7 سنه حربنه باشلامسی، میرانشاهك عزلی و آذربایجانده اشیایی بولمه توقیفی، كرجستانك یكیدن ضبطی، كوچك آسیایه كیرمسی، سیواسی ضبطی، ملاطیه‌یی آلمسی، سوریه‌یه دخول، حلب، حمص و شامك یغما ایله ضبطی
1401	مصر سلطانی (الفرج)ك مغلوب اولمسی، بغدادك تكرار ضبطی، احمد جلایرله بایزیدك حمایه‌سنه صیغنمسی، قاراباغده قیشلادقدن صوكره تیمور قیصریه یولنده آنقره‌یه یورودیلر.

DİZİN